海外归国人才的
创新网络嵌入激励开发研究

李永周　李静芝　著

科学出版社
北京

内 容 简 介

百年未有之大变局时代背景下，新一轮科技革命和产业变革加速发展，国际人才市场竞争"高移""前移""外移"态势明显。运用异质性人力资本、创新网络和网络嵌入理论，基于海外归国人才的异质性特征分析，结合国内外海外人才引进的经验模式和政策实践比较，构建创新网络嵌入激励开发理论模型并进行实证调查研究，提出海外归国人才的创新网络嵌入激励开发的政策支持体系。

本书适合高等院校、科研院所从事创新性人才开发、科技创新与管理、区域创新与发展管理相关研究领域的教学、科研人员，政府机关、企事业单位人才开发与管理实践工作者，以及经济管理类研究生、本科生等阅读。

图书在版编目（CIP）数据

海外归国人才的创新网络嵌入激励开发研究 / 李永周，李静芝著. -- 北京：科学出版社，2025.5. --ISBN 978-7-03-081783-9

Ⅰ.C964.2

中国国家版本馆 CIP 数据核字第 2025WX1489 号

责任编辑：邓 娴 / 责任校对：姜丽策
责任印制：张 伟 / 封面设计：有道文化

科 学 出 版 社 出版
北京东黄城根北街 16 号
邮政编码：100717
http://www.sciencep.com

三河市骏杰印刷有限公司印刷
科学出版社发行　各地新华书店经销

*

2025 年 5 月第 一 版　开本：720×1000　B5
2025 年 5 月第一次印刷　印张：13
字数：262 000
定价：148.00 元
（如有印装质量问题，我社负责调换）

前　　言

近年来，百年未有之大变局时代背景下，新一轮科学技术革命和产业变革加速发展，推动人类社会进入前所未有的创新活跃期。以人工智能、大数据、云计算、物联网、区块链等为代表的数字技术迅猛发展和不断创新应用，不仅深刻地影响和改变了人类社会的生产方式、生活方式，更成为新时期新能源、新材料、先进制造、电子信息等战略性新兴产业快速迭代演进的重要驱动力。在这一时代背景下，自主创新越来越成为社会生产力解放和发展的重要基础和标志，科技人才，特别是基础科学和高精尖技术领域的战略科技人才是创新驱动发展的核心要素，是决定国家竞争优势的关键变量，也是国家间博弈争夺的主要目标，国际人才市场竞争"高移""前移""外移"态势明显。为了弥补国内科技人才资源的不足，发达国家和新兴发展中国家纷纷放宽移民政策，提供工作签证和居留许可等便利措施，提高薪资、提供优厚的福利和职业发展机会，设立奖学金和研究基金，加大国际人才引进和激励开发政策支持力度，着力吸引全球范围内优秀人才，谋求科技创新的领先优势，构筑国家和地区核心竞争力。

作为全球化人才链的一部分，海外归国人才具有高人力资本投资与价值创造、高创新创业意识与成就动机、高社会资本和知识信息需求以及兼具本土和海外双重文化嵌入等异质性特征。随着国家和地方激励开发政策支持力度不断加大，海外归国人才数量持续攀升，不仅带来了国际先进的技术和管理理念，促进了知识和技术的全球化配置，增强了国际人才交流，也为我国科技创新注入了新的活力。但由于现有海外归国人才引进和激励开发公共政策支持体系仍较多停留在薪酬福利待遇、住房补贴、项目资助等外在物质激励层面，对创新氛围、组织支持、创新效能、营商环境、社会文化制度等内在激励因素关注和应用不够。随着时间的推移，这种外在物质激励导向的公共人才政策的边际激励效用逐渐递减，保健化趋势越来越明显，各城市和地区之间甚至陷入了同质化恶性竞争的境地。以城市区域创新网络、科技园区产业创新网络、留学人员创业园孵化网络等为主要形式的创新网络组织致力于构建系统性创新的基本制度安排，建立创新主体和要素间松散、非正式和复杂性的合作关系。海外归国人才的创新网络嵌入激励开发能有效构建创新生态和氛围，促进异质性创新知识信息资源流动，激发创新潜力和活力，实现高层次人才与市场的有效对接和资源优化配置，是继股权激励保健化趋势之后海外归国人才激励开发的有效新模式。

本书是国家社会科学基金一般项目"基于创新网络嵌入的境外优秀人才来华创业发展战略研究"（14BGL017）研究成果。研究以异质性人力资本理论、创新网络理论、网络嵌入理论等为理论基础，构建海外归国人才创新网络嵌入激励开发理论模型并进行实证验证研究，旨在揭示影响海外归国人才激励开发的关键影响因素及其作用机制和路径。研究的主要内容和结论包括：一是海外归国人才作为一类特殊的人才群体，其异质性人力资本特征显著。他们不仅拥有高人力资本投资、高价值创造能力、高信息需求以及强烈的创新创业意识，还具备独特的双重文化嵌入背景。二是作为知识、信息和技术流动的重要平台，创新网络对于海外归国人才的创新创业活动具有深远的影响。创新网络结构嵌入有助于海外归国人才获取更多的创新资源和市场信息，关系嵌入能使海外归国人才通过频繁的交流与合作促进知识的共享与扩散。三是创新支持感、创新效能感、个体吸收能力是影响海外归国人才创新网络嵌入作用于创新行为和结果的重要中介机制，网络能力和协同创新氛围是企业海外归国人才与海外归国高校教师创新网络嵌入激励开发的前提。促进海外归国人才创新网络嵌入激励开发要突出情感性支持作用，完善网络内信任与信息交流机制，优化创新生态，打造宜人、宜居、宜业、宜创的国际生态圈。

本书的研究内容涵盖了海外归国人才的异质性特征，创新网络嵌入激励开发的影响因素、作用机制和路径设计等多个方面。我们期望这些研究能够为政府、各级各类创新网络、高校、科研院所、高新技术企业以及各类创新主体提供有价值的参考与借鉴，推动形成更加开放、包容、高效的创新生态系统，为海外归国人才提供更加广阔的发展舞台和更加优越的创新创业环境。在国家社会科学基金项目调查研究期间，武汉东湖新技术开发区、济南高新技术产业开发区、西安高新技术产业开发区、武汉留学生创业园、西安软件园、烟台留学人员创业园区、苏州启迪科技园发展有限公司以及湖北省留学人员联谊会等园区、机构和企业相关管理部门、工作人员以及海外归国人才代表为我们的调查和访谈提供了大力支持与指导。在本书的撰写过程中，我们得到了众多专家学者的支持与帮助，也借鉴了国内外大量优秀的研究成果。科学出版社责任编辑邓娴女士为此书的出版付出了大量辛勤劳动。在此我们一并表示衷心的感谢。

全书由武汉科技大学科教创新与人才开发研究院研究团队完成。李永周、李静芝负责拟定研究框架，确定写作内容，在前期国家社会科学基金项目研究成果的基础上合作完成。各章执笔人如下：第1章李永周，第2章李永周、李静芝，第3章李永周、李静芝，第4章李永周，第5章李静芝，第6章李永周，第7章李静芝、李永周，第8章李永周，第9章李静芝。博士研究生苏穆清，硕士研究生权德衡、袁波、吴礼雄、张宏浩、周仁鹏、文娱、杨小丽、赵泽楷、张翔栋、田冠洋等参与了书稿文献资料整理、统计调查数据分析和书稿审校工作。最后，李永周、李静芝负责对全书进行统稿。

  由于时间和水平限制，本书难免存在疏漏和不足之处，恳请广大读者批评指正。

李永周

2024年9月30日

目　录

第1章　绪论 ··· 1
　1.1　研究背景、目的和意义 ·· 2
　1.2　国内外研究综述 ·· 6
　1.3　研究内容与研究方法 ··· 13
　1.4　研究创新点 ·· 17
第2章　国际人才流动新态势与海外归国人才开发新特点 ············ 20
　2.1　当代科技创新新发展与国际人才竞争新态势 ····················· 20
　2.2　我国海外归国人才创新创业发展新特点 ·························· 26
　2.3　引进海外归国人才创新创业发展新举措 ·························· 31
　2.4　本章小结 ··· 35
第3章　海外归国人才的创新网络嵌入激励开发机理与机制 ········ 37
　3.1　海外归国人才的异质性人力资本特征 ···························· 37
　3.2　海外归国人才的创新网络嵌入激励开发的理论基础 ··········· 41
　3.3　海外归国人才的创新网络嵌入激励开发的运行机制 ··········· 47
　3.4　本章小结 ··· 53
第4章　创新网络嵌入、创新支持感与海外归国人才激励开发 ····· 55
　4.1　文献综述、理论模型与研究框架 ·································· 55
　4.2　研究假设 ··· 60
　4.3　研究方法与数据分析 ··· 65
　4.4　研究结论与管理启示 ··· 72
　4.5　本章小结 ··· 75
第5章　创新网络嵌入、创新效能感与海外归国人才激励开发 ····· 76
　5.1　文献综述、理论模型与研究框架 ·································· 76

  5.2 研究假设 80
  5.3 研究方法与数据分析 85
  5.4 研究结论与管理启示 91
  5.5 本章小结 94

第6章 创新网络嵌入、个体吸收能力与海外归国高校教师激励开发 95
  6.1 文献综述与理论模型 96
  6.2 研究假设 100
  6.3 研究方法与数据分析 104
  6.4 研究结论与管理启示 115
  6.5 本章小结 120

第7章 企业网络能力、创新网络嵌入对海外归国人才创新绩效的影响研究 121
  7.1 文献研究与理论基础 121
  7.2 研究假设 124
  7.3 研究方法与数据分析 130
  7.4 研究结论与管理启示 135
  7.5 本章小结 139

第8章 协同创新氛围、创新网络嵌入与海外归国高校教师激励开发 140
  8.1 文献综述、理论模型与研究框架 140
  8.2 研究假设 145
  8.3 研究方法与数据分析 150
  8.4 研究结论与管理启示 158
  8.5 本章小结 160

第9章 促进海外归国人才创新网络嵌入开发政策建议 162
  9.1 研究总结 162
  9.2 政策建议 166
  9.3 研究展望 170

参考文献 173

第 1 章

绪　论

　　近年来全球科技创新进入密集活跃时期，信息、生物、能源、新材料等新兴领域颠覆性技术不断涌现，新一轮科技革命、产业变革与我国加快经济转轨、社会转型形成历史性交汇。在以新一代信息技术、移动互联网技术和人工智能、大数据技术等为主要标志的工业革命新时代，自主创新越来越成为社会生产力解放和发展的重要基础和标志，人才尤其是科技领域高层次创新创业人才成为科技创新的核心力量与提升国家和地区竞争力的关键因素，对优质人才、高层次创新创业人才的白热化竞争已成为全球化新时代各国家和地区政治经济竞争的核心。海外归国人才在专业技术、创新创业、国际视野以及促进中外跨文化交流等诸多领域具有独特优势，迅速扩大的海外归国人才群体已成为我国高层次人才队伍和战略人才力量建设的重要组成部分。然而，海外归国人才是一种异质性人力资本，具有明显的异质性需求特征。现有海外归国人才的激励开发政策支持体系较多集中在薪酬福利待遇、住房保障和项目资金支持等外在物质性激励方面。随着各地海外引才力度的不断加大，这种同质化的激励开发政策支持体系开始呈现明显的保健化[①]趋势。如何有效识别海外归国人才群体的异质性人力资本及其异质性需求特征，针对性设计引进、激励、开发和留住方案，有效激发其创新创业动机和活力，提升创新创业效能，是新时期公共管理、人才开发与管理理论研究和公共人才政策、科技政策实践亟待解决的重点和难点问题。

---

　　① 保健化源于美国心理学家弗雷德里克·赫茨伯格（Frederick Herzberg）提出的双因素理论或"激励-保健理论"，认为影响员工工作态度的因素可分为激励因素（motivators）和保健因素（hygiene factors）两类，其中激励因素是指与工作内容和个人发展相关的因素，能激发员工的成就感和动力；而保健因素则是与工作环境相关的基础条件，若缺失则会导致员工不满，但即使员工满足也不会显著提升满意度。海外归国人才的政策支持措施被制度化和各地区同质化竞争后，其原本的激励效果逐渐减弱并转变为保健因素，因而呈现保健化趋势。

1.1 研究背景、目的和意义

1.1.1 研究背景

近年来，随着以人工智能、云计算、区块链、大数据等为代表的数字技术迅猛发展，新一轮科技革命和产业变革推动着人类生产、生活与生态的深刻变化，重塑着世界经济格局和产业结构。在贸易和投资全球化的推动下，全球劳动力市场对高科技人才的需求不断增加，国际人才流动规模不断扩大、速度不断加快，对国家和地区经济社会发展的影响越来越明显，国际人才市场竞争越来越激烈，人才尤其是科技领域人才的流动已成为新时期全球化的核心内容之一。为了抢占科技创新的制高点，各国家和地区纷纷制定各种政策吸引和留住海外人才。欧盟通过大幅度增加研究人员培训、流动和职业发展资金，改善研究人员整体科研环境，促进研究人员职业发展等多种方式，开发开放跨欧洲劳动力市场。英国、日本、加拿大、新加坡、澳大利亚等国家也通过改革签证制度强化杰出人才及优秀留学人才的吸引力，增设高度专门职业签证和调整积分制度，设置专门的人力资源服务计划，通过技术移民政策创新吸引国际高科技企业和人才进驻，引进海外高层次创新创业人才。国际劳工组织（International Labour Organization，ILO）的研究报告指出，2000年至2012年，经济合作与发展组织（Organisation for Economic Co-operation and Development，OECD）19个国家移民政策呈现学生求职者签证扩散、危机后技能选择政策普遍性相对稳定、更多利用财政政策激励吸引高技能工人以及增加雇主对目的地移民的可转移性等新趋势。Tonby等（2019）的研究也表明，2010年OECD成员约2800万名高技术移民，相比1990年增加近130%，同期受教育程度较低的技能移民增长率仅40%左右，受教育程度对全球劳动力跨境流动影响显著。

新中国成立初期，由于国内外形势复杂多变以及国家重建与发展急需大量人才，尤其是科技和教育领域的专业人才，政府采取了一系列积极措施，吸引了钱学森、邓稼先、华罗庚、朱光亚、李四光等一大批海外留学生归国人才积极参与新中国高等教育体系和科研机构建设，为我国的科技发展奠定了重要的基础。海外归国人才带来的先进技术、管理经验和国际视野也在我国工业化起步阶段起到了重要作用，促进了我国经济的恢复和发展。改革开放初期，邓小平做出了扩大派遣留学生的重要指示，旨在加速人才培养，让中国能够学习和吸收国外先进的科学技术、经营管理经验以及其他有益的文化，从而开启了中国留学史进而促进海外留学人才回归的新篇章。新一轮科技革命和产业变革加速演进，与我国全面建设社会主义现代化国家新征程形成历史性交汇。以习近平同志为核心的党中央在党和国家事业发展全局的高度，统筹谋划和推进引进海外归国人才与智力工作。2013年10月，习近平总书记在欧美同学会成立100周年庆祝大会上明确提出"支持留学、鼓励回国、来去自由、发挥作用"[①]的十六字方针。为响应国家政策，各地区积极出台地方引才计划，坚持高端引领与紧缺急需并重，突出创新创业政策支持，保障生活和福利待遇，优化营商环境与平台建设等，形成了多层次、多渠道、相互衔接的引才格局，一大批在海外学习和工作的科学家、工程师、企业家与留学生纷纷回国发展，为中国科技创新注入了强大动力。教育部统计数据显示，1978~2019年，我国各类出国留学人员累计达656.06万人，其中86.28%的人在完成学业后选择回国发展。猎聘《2024中国海外留学人才洞察报告》对2019~2023年毕业留学生进行调研，发现超九成留学生已归国或明确表示有归国意愿，仅约4%的留学生计划长期留在国外。

海外归国人才在基础研究领域取得了一系列高水平原创性成果，在信息技术、能源技术等应用领域获得了重大革命性突破，拓展了我国融入世界核心创新网络的广度和深度，成为加快构建具有全球竞争力的人才制度体系、增强我国企业核心竞争力的有效手段。然而，由于海外归国人才的异质性人力资本特征及其激励开发体系的系统性、复杂性，尽管近年来许多地区、城市纷纷加大海外归国人才引进和激励开发的政策支持力度，掀起海外高层次人才引进的热潮，但在政策支持体系与管理实践中也暴露出一些明显问题。有的城市或地区片面强调海外人才引进的数量、规模，过度重视海外人才的学历、国外工作经历，忽视了海外高层次人才引进的数量、规模、结构与本地区或城市优势产业主导产业、紧缺急需岗位需求精准匹配，存在产才脱节、结构错位、盲目引进现象。有的地区或城市海外高层次人才引进过度依赖政策支持、资金和项目资助等物质性激励手段，导致同质化竞争，存在政策落实难到位、执行标准难统一、操作程序烦琐复杂，以及人才评价体系兼容性、人才流动壁垒与制度衔接等瓶颈制约和制度障碍，海外归国人才的激励开发措施单一且精准性、长效性不够。由于创新环境、市场规则和制度文化差异，有的海外归国人才在本地科研、教育、产业网络中嵌入遭遇文化、语言、人脉关系等障碍，一些海外归国人才科技创新成果难以有效转化。因此，近年来我国整体国家竞争力实现跨越式提升，海外归国人才也呈明显上升态势，但人才吸引力、竞争力却与我国大国地位不相符合，结构性瓶颈仍然十分突出。中国科协创新战略研究院中国科技人力资源研究项目组（2025）统计数据表明，2022年，我国科技人力资源总量为12 446万人，相比2012年增长了71.8%，无论是总量、增量还是从事R&D（research and development，研究与开发）活动的

---

① 《习近平在欧美同学会成立100周年庆祝大会上发表讲话》，https://www.gov.cn/ldhd/2013-10/21/content_2511394.htm，2024年11月15日。

人员数都稳居世界第一。但科技人才队伍仍存在一些结构性问题，《中国科技人才发展报告（2020）》统计数据表明，我国 R&D 人员中具备中级以上职称或博士学位的 R&D 研究人员占比仅为 43.9%，世界主要国家都在 50.0% 以上，韩国占比甚至高达 81.5%；丹麦、韩国等发达国家的万名就业人员中 R&D 人员数量是中国的 3 倍以上，我国的 R&D 人员投入强度仅高于土耳其等发展中国家。

1.1.2 研究目的和意义

从宏观的视角来看，近年来对海外归国人才需求的爆发式快速增长，是我国综合国力增强、产业转型加快、国家中长期发展战略目标进入攻坚阶段的具体表现。通过吸引一大批海外高层次人才回国或来华工作，加强了我国科技创新团队队伍建设，优化了人才队伍结构，促进了人工智能、生物医药、新能源等新兴、高科技产业的快速发展，实现了许多关键领域的技术创新和突破。但现有海外高层次人才引进、激励、开发和留住的公共政策过于强调薪酬福利、项目资助、住房保障等外在激励因素，对内在激励因子，特别是宏观与中观层面的创新网络嵌入、营商环境、制度和文化建设等研究不够。中国人事科学研究院课题组的调研表明，海外留学归国人员对创业环境满意度得分均低于重要性得分，创业环境的现状与留学归国人员的期望存在一定差距，其中尤其是"教育与培训"、"金融支持"以及"商业和专业基础设施"的评价较低（范巍和蔡学军，2012）。本书运用相关理论，基于海外归国人才的异质性需求特征分析，结合国内外海外人才引进的经验模式和政策实践比较研究，构建创新网络嵌入激励开发的理论模型进行实证调查研究并针对性提出激励开发对策建议，其理论和实践意义主要表现在以下三个方面。

一是基于异质性人力资本理论剖析海外归国人才的异质性特征，丰富个性化人才开发与管理理论体系。近年来，移动互联网、数字化和人工智能、大数据等新技术的快速演进与迭代，深刻改变了人类社会的生产、生活和工作方式。技术进步、数字化转型还推动社会转型和价值观转变，员工更加追求工作意义、工作生活平衡和职业发展机会，对工作环境以及个人价值观与组织文化的契合度提出了更高要求。在历经人事管理、人力资源管理、战略性人力资源管理革命之后，现代人才开发与管理理论从传统的重视精益管理、制度体系建设和同质性劳动力资源开发快速过渡到更强调以人为本、赋能授权以及员工的个性化心理需求和社会化动机等，人力资源管理开始迈入社会化和网络化人力资源管理发展新阶段。本书聚焦于海外归国人才这一特殊群体的异质性特征，综合运用人力资本理论、异质性人力资本理论以及国际人才流动理论，深入剖析海外归国人才的异质性人力资本个性、行为和需求，揭示了海外归国人才的高成就动机、高创新知识与信息需求、高价值创造潜力、高社会资本和网络需求以及双元文化嵌入性等鲜明异质性特征，并在此基础上进一步提出创新网络嵌入对海外归国人才激励开发的重要性和现实紧迫性。本书不仅深化了对海外归国人才这一异质性人力资本群体的理解，丰富了人力资本和异质性人力资本理论体系，更在全球化、数字化背景下为理解人才流动、人力资本配置以及异质性人力资本创新动力提供了全新的视角。

二是构建海外归国人才个体创新网络嵌入激励开发理论模型，拓展网络嵌入理论应用范围和研究框架。由于高层次人才成长规律和科技创新创业活动自身规律双重因素的叠加影响，海外归国人才兼具高人力资本和价值创造、高知识信息和社会资本需求、高成就动机和创新创业等异质性特征，是一种以创新创业为己任的异质性人力资本，作为重要的知识节点在创新网络中发挥关键作用。理论研究和管理实践表明，当海外归国人才创新创业面临认知冲突、需求局限、风险评估过高等问题时，将不利于其科技创新能力和活力的激发，不利于提升其价值创造和自主创新能力。从社会资本、网络嵌入视角看，城市创新系统、高新技术产业开发区、留学人员创业园、科技企业孵化器等创新网络将时空分散、资源互补、相对独立的知识主体组织起来，通过自发、动态的互动与协作实现多方需求的"一站式"解决，构建有效的知识获取、知识融合、知识共享和知识占有机制。创新网络结构嵌入能有效提升海外归国人才创新网络内创新知识和信息获取的规模及数量，关系嵌入能提升创新网络内创新知识共享与信息交流的质量和程度，而认知嵌入能强化海外归国人才创新网络的组织创新氛围、创新支持和创新效能感知。本书将网络嵌入理论的应用范围从组织层面进一步拓展到了以海外归国人才为代表的人才节点的个人层面。同时，本书通过深度剖析海外归国人才的创新网络嵌入开发机理和逻辑结构，识别创新网络嵌入开发和海外归国人才创新创业绩效提升的关键影响因素。

三是探讨海外归国人才创新网络嵌入激励开发模式和运行机制，赋能人才开发与管理体制机制深化改革实践。与建设创新型国家对各类高层次人才的迫切需求相比，我国海外人才引进工作力量不够集中、力度不够大、政策不够完善，激励开发政策保健化趋势严重，引进人才的数量和质量都有待提高，难以满足经济社会发展需要。无论是对国内外创新创业网络的差异进行比较，还是深入分析海外归国人才创新创业的现状，都是为了从根本上解决我国人才体制机制面临的深层次矛盾与问题，构建市场化引才用才的体制机制，为海外归国人才提供一个良好的创新创业环境。本书实证检验了海外归国人才创新网络嵌入激励开发的多层次关键影响因素，如组织支持感、创新效能感、网络能力、组织创新氛围等，结构嵌入和关系嵌入如何影响海外归国人才行为与绩效的作用机制和边界条件，以及高新技术产业开发区、留学人员创业园、科技企业孵化器、高校、科研院所等人才平台在促进海外归国人才创新创业方面的有效性和优势。本书揭示了海外归国人才如何有效地融入并受益于创新网络嵌入，从而实现个人创新绩效提升，为促进人才创新活动、提升创新效率、优化创新生态系统提供了坚实的理论支撑，也为全球知识经济时代下的人力资源管理、创新管理和政策制定提供了新的思路。

1.2 国内外研究综述

"海外归国人才"一词最早出现在20世纪90年代，是指相对在国内学习、工作的本土人才，在海外留学或海外进修后返回国内创业、就业、居留的人员。人事部印发的《关于鼓励海外高层次留学人才回国工作的意见》（人发〔2000〕63号）明确规定，海外高层次留学人才是指国家公派或自费出国留学，学成后在国外金融机构、跨国公司、国际组织、著名高校、科研院所等从事金融、工程技术、教学、科研、管理等工作，取得显著成绩，并为国内急需的中青年高级经营管理人才、专业技术人才、学术技术带头人，拥有具有产业化开发前景的专利、发明或专有技术等人才。对海外归国人才这一异质性人力资本群体进行集群式、创新网络嵌入激励开发，其理论基础和研究视角主要涉及异质性人力资本理论、创新网络理论和网络嵌入理论。

1.2.1 异质性人力资本理论

人力资本的"异质性"（heterogenicity）是指由于遗传基因、教育和环境等因素差异，作为经济主体的个体素质、能力（或智力）特征的差异程度。萨伊在其代表作《政治经济学概论》中较早将劳动力划分为理论型、应用型和技术型劳动力，认为企业家是能把生产率低、产出低的生产资源转向高效率、高产出的行业的特殊经济行为者。马克思区分了社会化大生产条件下的体力劳动者和脑力劳动者，认为人的劳动过程是"在自己的头脑的支配下使自己的肌肉活动起来"，在自然机体中，人的"头和手组成一体……把脑力劳动和体力劳动结合在一起"[1]；而脑力劳动者特指"有科学知识"的"高级的工人"[2]。Schumpeter（1912）则从源头上拓展了异质性人力资本理念，认为企业家是一种特殊的类型，他们的行为是一个特殊的问题，是大量重要现象的动力。20世纪五六十年代，技术进步和人的因素在经济增长中的地位和作用日益凸显，现代人力资本理论在此情景下开始

---

[1] 《资本论 第一卷》，中共中央马克思恩格斯列宁斯大林著作编译局译，人民出版社，2004年，第581~582页。

[2] 《资本论 第一卷》，中共中央马克思恩格斯列宁斯大林著作编译局译，人民出版社，2004年，第483~484页。

萌芽发展。Drucker（1954）极富预见性地创造了"知识员工"（knowledge worker）的概念，认为知识员工是"那些掌握和运用符号与概念，利用知识或信息工作的人"，是受过高级培训、极具智慧的管理专家，具备较强的学习知识和创新知识的能力，能充分利用现代科学技术知识提高工作效率。罗默、卢卡斯在新经济增长模型中将人力资本划分为纯体力的原始劳动和包含劳动技能的人力资本，认为人力资本的专业化越高，用于生产知识的人力资本边际产出率就越高，并首次提出异质性人力资本的边际产出问题。Neal（1995）研究提出，异质性人力资本是员工在企业中通过长期的"干中学"（learning by doing）潜移默化所获得的专用性、隐含性知识积累，有效地提高了员工的企业价值。

进入21世纪，随着知识经济、信息经济、网络经济日渐成为经济主流，异质性人力资本、创新性人才成为社会主导资源，当代科学技术日新月异，经济一体化、多元化不断深化，复杂性知识工作越来越难以标准化，人才管理实践应充分了解人才多样性、多层次性和复杂性（Cantrell and Smith，2010），异质性人力资本理论研究也日渐成为经济管理理论关注的热点和难点。Lepak和Snell（1999）则明确提出包括拥有创新才能的企业家，承担研究开发和专业管理职能的特殊性人才，以及具有某种专门技术、工作技巧或拥有某些特定信息的专用性人力资本等是具有报酬递增性质的异质性人力资本。Perri（2003）指出，由于人力资本投资的异质性群体特殊性，异质性群体人力资本投资活动回报实质上远大于他们的机会成本，由此进一步解释了异质性人力资本与同质性人力资本收入的差异性。Ballot等（2001）则认为，异质性人力资本投资是一项高专用性的能力投资，有利于管理者提高决策效率，有利于研发部门核心技术人员开发创造潜能。有学者对异质性人力资本激励开发模式进行了深入研究，提出要打破企业内部结构的孤立性，从人口指标（年龄、性别、婚姻状况、教育背景）以及工作经验等方面深入挖掘人才信息，加强异质性人才在企业内部的流动性，通过轮岗、跨国派遣、工作设计、工作轮换、导师制以及职业发展通道设计等多种方式开发异质性人力资本的专用性知识。Zhao等（2010）研究发现，企业家人格中尽责性、开放性、情绪稳定性及外倾性对创业绩效产生积极作用，其中开放性维度影响最大。Dahl和Sorenson（2012）研究认为，对本土环境的嵌入性较差将会削弱海外归国人才在经验、技术等方面的综合竞争优势。Altbach等（2012）也明确提出，高层次人才是一种稀缺资源，当前全球知识经济创造了一群"顶尖教授"，他们持续享有更可观的薪资、更优越的工作条件和更具前景的流动潜力。特别是近年来国际人才市场竞争日趋激烈，国际人才流动不断加快，异质性人力资本作为一种高素质智力资本，以及其在经济社会发展、创新创业驱动中的战略地位，使其成为各个国家和地区、企业竞相抢夺的第一资源，相关理论研究也取得长足进展。Lakshman（2014）、Donate等（2016）、Tasheva和Hillman（2019）深入研究异质性人力资本中领导者知识技能、受过高等教育关键人力资本和知识流动共享的社会环境对组织创新的影响，以及异质性团队人力资本的差异性、多样性与双刃剑效应。Prokop 等（2023）则证明了企业专用性人力资本、能源效率与创新之间的非线性关系，指出经验和技能在能源效率中具有关键作用。Chandran 等（2024）认为，异质性人力资本通过创新、信息与通信技术（information and communication technology，ICT）的应用提升劳动生产率，创新思维与新信息技术的应用是提升竞争力的关键。Sari 和 Tiwari（2024）通过构建并分析印度尼西亚 34 个省和 514 个地区的人力资本指数（human capital index，HCI），探索了印度尼西亚新生代人力资本潜力的空间异质性。

1995 年，全国科学技术大会首次正式提出实施科教兴国战略，加速全社会的科技进步。1999 年，全国技术创新大会进一步做出了"加强技术创新、发展高科技、实现产业化"的决定。自此，在建设国家知识创新体系、加速科技成果向现实生产力转化背景下，科技创新人才、异质性人力资本理论引起国内人才管理、公共人才政策理论研究和政策实践部门的广泛关注。丁栋虹和刘志彪（1999）较早引入异质性人力资本这一概念，认为异质性人力资本是具有边际报酬递增形态的人力资本。廖泉文和宋培林（2002）提出，异质性人力资本表现为拥有者所具有的独特能力，这种独特能力的形成源于其拥有者特殊的生理因素与环境因素交互作用下的学习劳动。魏杰和赵俊超（2001）依据异质性人力资本的不同功能，将其细分为战略性、制度性以及技术性异质性人力资本。高远东和花拥军（2012）研究发现，基础人力资本与知识人力资本均是通过尼尔森-菲尔普斯机制促进经济增长的，其中，知识人力资本对经济增长的贡献最大；而技能人力资本与制度人力资本在各种机制下对经济增长的作用在统计上均不显著。刘柏和郭书妍（2017）提出，学历水平异质性正向调节平均学历水平与公司绩效的关系，而海外经历异质性负向调节海外经历成员占比与公司绩效的关系。近年来，随着新时代科教兴国、人才强国和创新驱动等国家战略的相继提出，国际人才市场的竞争和流动不断加剧，异质性人力资本这一特殊群体及其相关理论研究引起更多学者的广泛关注。罗勇和高爽（2019）、张涵和杨晓昕（2019）、蒋佳等（2019）研究发现，异质性人力资本对东部区域产业升级和西部区域产业结构合理化具有促进作用；地理经济矩阵下，异质性人力资本具有显著正向空间相关性且呈现稳态趋势，其中高端人力资本的空间相关性最强；异质性人力资本的全要素生产率增长效应随着学历层次的提高先增大再减小，研究生层次人力资本空间溢出效应显著。张静和邓大胜（2021）实证检验科技人力资源聚集的影响因素，结果表明地区经济发展、产业规模、创新活力、文化教育和居住环境是核心层科研人员集聚的重要因素。郭东杰和詹梦琳（2021）在人力资本异质性与企业绩效的关系研究中发现，创业团队成员行业经历异质性会对企业绩效产生显著的正向影响。刘云等

(2023)结合中国科学技术协会科技人才奖励评价案例,构建了基础研究、应用研究和技术开发、工程技术、成果转化与创新创业以及社会服务类科技人才分类评价体系。

1.2.2 创新网络理论

创新网络(innovation network)概念发轫于 Imai 和 Baba(1989)提出的系统创新、跨边界创新概念。Freeman(1991)引用了这一概念进而提出创新网络的概念,认为创新网络是"应对系统性创新的一种基本制度安排,是企业致力于创新过程中的联网行为,网络架构的主要联结机制是企业间的创新合作关系"。Harris 和 Vickers(1995)从参与者角度提出,创新网络是不同创新参与者构成的企业、机构或群体,这些主体共同参与新产品或服务的设计、开发、生产和销售,共同推动创新活动的实现和扩散。Braczyk 等(1998)考虑了地理空间邻近性,提出区域创新系统概念,认为区域创新系统由具有明确地理界定和行政安排的创新网络与机构组成(包括大学、研究机构、技术转移机构等),这些机构和组织以正式或非正式方式强化相互作用,提高区域内企业创新产出。Carlsson(1997)接受了区域创新网络的概念并提出创新网络技术系统概念,认为创新网络技术系统是由知识特性、接受能力、系统各部分间的网络关系以及多样性产生机制等要素共同组成的,其中知识特性决定了知识溢出的潜力和机制并进而决定了系统绩效。Owen-Smith 和 Powell(2004)强调正式组织网络联结的地理位置和组织形态的相近性,认为地理位置相邻的组织契约联系代表他们拥有信息转移透明渠道,来自专业联盟的知识溢出则是制度委托和网络结构内成员实践的结果。Lambooy(2004)研究指出,在知识转移和创新发展的过程中,"嵌入式动态联系"具有极为重要的意义,创新网络是由大量不同种类参与者组成的自组织作用的结果。Ernst(2006)明确提出"全球创新网络"(global innovation network),认为全球创新网络是一种跨越企业、产业和国家边界,将分散在全球范围的工程应用、产品开发和研发活动整合而成的网络。

区域创新网络是一种兼具市场与组织优点的"中间性体制"组织。在全球经济一体化、信息化程度日益加深的信息经济新时代,实时信息、网络技术改变了企业核心资源的分布和利用核心资源的能力,企业组织边界日趋模糊,协同、动态联盟成为组织战略的核心特征。特别是 20 世纪 90 年代以来,美国硅谷、波士顿 128 号公路及印度班加罗尔等科技园区取得了不菲业绩,使得联合国、世界银行、欧盟、OECD 等国际机构也大力地推动各成员国加强区域创新网络建设。2008 年世界金融危机后,科技创新成为各国应对危机挑战、谋求新的核心竞争优势的重要手段,创新网络理论研究日臻成熟和完善。Huggins 和 Thompson(2014)探索全球和地方网络定量化测度的方法和技术,指出网络组织关系有助于主体获取区内外知识、提高创新预期收益和经营效益。Buchmann 和 Pyka（2015）研究发现，知识相关性、知识吸收能力、技术距离以及基础知识模块化是技术创新网络演化的重要影响因素，有经验的公司往往是区域创新网络构建的发起者和目标合作企业。Bathelt 和 Li（2014）提出全球集群网络及全球城市网络假说，认为不同集群的外国直接投资（foreign direct investment，FDI）联系提供了解释特定区位全球知识扩散和全球知识地方化学习过程的重要机制。Sørensen 和 Mattsson（2016）、Schøtt 和 Jensen（2016）、Giovannetti 和 Piga（2017）提出，创新网络通过推进并行创新从而大大缩短创新产品上市时间，提升企业在动态竞争环境中的竞争优势；创新网络的制度支持不会显著影响联网企业的数量，但会大大提高联网企业的质量，企业的网络化既有利于过程创新，也有利于产品创新；企业创新通过本地供应商和客户在创新网络中的主动合作及其部门溢出的被动合作获得支持，鼓励竞争对手在公司本地创新网络中进行合作可能有助于全系统范围内引进工艺和产品创新并最终提高生产率。特别是近年来，随着人工智能、大数据技术不断迭代，更多学者对创新网络的运行机制、影响因素、创新绩效进行深入研究。Yaqub 等（2020）指出，在当今动态、复杂且相互关联的不确定环境中，各种形式的企业间网络对提升企业竞争地位越来越重要，嵌入网络的企业越来越多地从合作者转变为价值创造者。Nassani 等（2022）探讨了企业通过创新网络实现创新绩效中数字创新的中介作用和节俭型创新的调节作用。Melander 和 Arvidsson（2022）实证研究绿色创新网络中横向协作的潜力、跨部门伙伴关系以及作为绿色创新网络行动者的用户定位等。Rypestøl 等（2022）提出，外生冲击和经济危机影响区域内创新、知识网络和新路径发展，新的道路发展是企业和其他行为者在共同的体制框架的推动下进行创新和知识交流的结果。Araki 等（2024）则在创业知识溢出理论框架下考察区域创新网络对高成长性创业的影响，分析了区域创业资本的调节作用。

国内方面，王缉慈（2001）较早提出新产业区是为学习而结成的灵活创新网络。许庆瑞和毛凯军（2003）探讨龙头企业在网络知识创造、扩散和应用中的作用，强调企业特质与区域创新内生性的相互联系。近年来，国内关于创新网络的理论研究主要围绕协同合作、知识资源、网络演化展开（岳振明和赵树宽，2022）。詹坤等（2018）、徐蕾和倪嘉君（2019）、余维新等（2020）、田真真等（2020）从协同合作研究视角提出，知识流动本质上是由认知属性与社会属性共同建构的跨组织行为，联盟组合的网络结构对企业创新能力具有影响，网络异质性能提升创新绩效；高新技术产业开发区创新网络中网络结构与企业合作创新绩效之间存在直接效应，其中开放度能够正向影响企业合作创新绩效，而包容度与企业合作创新绩效之间呈现倒"U"形关系。刘学元等（2016）、李纲等（2017）、余维新和熊文明（2021）、赵炎等（2022）、赵树宽和岳振明（2023）则从知识资源视角研究提出，企业创新绩效受创新网络关系强度和企业吸收能力的影响，资源管理、关系管理能力会促进企业外部知识获取，而网络规模则对两种能力实现知识获取存在相反的调节作用，企业应通过创新网络的非正式治理提升网络成员的知识活性水平以培育知识优势。网络演化研究方面，王永贵和刘菲（2019）研究证实，网络中心性对企业绩效具有显著的正向影响，创新关联和政治关联都会对网络中心性与企业绩效之间的关系产生显著的正向调节作用。杨靓等（2021）研究提出，企业在网络中的关系广度与关系强度均能正向影响企业技术创新绩效，关系强度比关系广度对企业技术创新绩效的影响更直接。杨震宁等（2021）认为，开放式创新网络对企业创新能力的作用因国内创新网络和全球创新网络而存在异质性作用，国内创新网络和全球创新网络之间的平衡对企业的经营具有重要的影响。李雪松等（2022）从数字经济背景出发提出，企业数字化转型和拓宽海外子公司的分布广度，有助于企业融入全球创新网络并显著提升企业创新绩效。欧阳娟等（2025）的实证数据分析结果也表明，创新网络综合水平、创新网络链接在数字化与区域创新效率之间发挥显著中介作用，数字化通过促进创新网络综合水平提升或创新网络链接增强，间接提升区域创新效率。

1.2.3 网络嵌入理论

嵌入性（embeddedness）和网络嵌入（network embeddedness）是新经济社会学及管理心理与组织行为学的两个重要概念。根据人力资源人格特质、人力资本的群体社会属性特征，Reed 和 Lewin（1951）基于物理学"场"研究视角，提出管理心理与行为科学的场域理论，认为人力资源个体的行为决策由其所处的环境（场域）以及个体的态度、情感、动机等个体自身特性共同决定。Polanyi（1944）则提出嵌入性概念，认为人类的经济行为不是简单的个体行为，而是嵌入并缠结于经济与非经济的制度之中，经济活动受到社会规范、价值观和制度的制约。Granovetter（1985）在对嵌入概念进行阐述的基础上提出网络嵌入概念，认为网络嵌入是个体经济行为受到其所处的社会关系和网络结构的影响，即关系嵌入和结构嵌入，其中关系嵌入是单个主体经济行为通过彼此交往嵌入直接互动的关系网络，而结构嵌入是各经济行为主体嵌入关系所构成的网络整体。Zukin 和 DiMaggio（1990）进一步提出结构嵌入、文化嵌入、认知嵌入和政治嵌入。Burt（1992）将社会网络关系弱联结优势理论应用到市场竞争行为，认为结构洞跨越者可以通过结构嵌入"桥"的作用自主获取各方的信息。Andersson 等（2002）探讨了网络嵌入中业务嵌入和技术嵌入。

网络嵌入主要描述经济行为个体或企业在社会网络中的位置及其相互关系，强调个体或企业的行为和表现受其在网络中的位置以及与其他网络成员关系的影响。网络嵌入性在经济学领域被广泛应用于企业和市场的关系分析，企业被视为嵌入在社会网络中的行动者。同时，该理论也被广泛用于社会学、管理学以及文化学、地理学、政治学等多个学科领域。Rodan（2002）、Simsek 等（2003）、Willoughby（2004）研究发现，创新网络的经济、文化和制度环境有利于吸引人才，创新主体的强联结有助于形成共同的态度、主张及信念，在此创新网络下，异质性人力资本的频繁互动交流才能产生协同效应。Harter 等（2002）、Adler 和 Kwon（2002）实证研究了社会资本中人际关系、信任和经常接触的工作关系网资源对个体和企业绩效、发展与成功的积极作用。Gebreeyesus 和 Mohnen（2013）考察了集群企业网络嵌入方式及其吸收能力差异对创新绩效的影响，表明尽管地理位置接近、社会背景相同，但集群中公司行为和表现不同，本地网络位置和吸收能力对创新绩效存在积极和强有力的影响。González-Brambila 等（2013）基于广泛面板数据探讨网络嵌入不同维度在个体层次上的同步效应，认为科学家的关系网络对创新质量而非创新产出有显著影响，认知维度则有相反效果，而结构嵌入在创新的数量与质量间具有趋同效应。Villanueva-Felez 等（2014）分析了科学家网络对其学术成果的影响，认为相较于网络规模，网络成员间的均衡合作关系更有利于学术产出的结果。Ford 等（2018）从网络能力视角讨论了嵌入多个合作网络的企业如何管理竞争的优先事项和权衡相关的注意力。Martins 等（2017）从生产率和质量两方面评估了与供应商及采购商的关系嵌入和结构嵌入对运营绩效的影响，指出较高的关系嵌入水平会导致结构嵌入的效应降低。Buchmann 和 Kaiser（2019）研究了德国生物技术行业的网络嵌入性对专利产出的相关性以及补贴的有效性，发现更高程度的中心性显著提高了研发的成功率，同时补贴将有利于增加专利产出。Vriens 等（2021）则区分了群体和个体层面的网络嵌入性，从感知网络结构与总体和强联系程度的角度分别研究了成员对互助承诺与信任的关联行为，发现群体层面的嵌入性主要影响信任，而个人嵌入性与承诺的关联性更强。Petryk 等（2022）研究了系统中的网络位置如何影响员工绩效评分，评分者的位置嵌入性（通过特征向量中心性衡量）与评分分数呈正相关，而评分者的结构嵌入性（通过外度中心性来衡量）与评分分数呈负相关。

国内研究方面，李久鑫和郑绍濂（2002）较早引入嵌入性和网络嵌入概念，认为社会结构是网络系统，社会成员按照联系点有差别地占有和结构性地分配稀缺资源。林竞君（2004）运用新经济社会学嵌入性、社会网络等相关理论，对产业集群的竞争优势、创新与锁定效应等问题做出新的、系统性理论解释。芮正云和罗瑾琏（2019）、王核成和李鑫（2019）提出企业网络嵌入性对创新绩效具有倒"U"形影响，产业网络双重嵌入对机会型与资源型创业导向均具有显著的正向影响。张宝建等（2021）发现，价值共创行为和网络嵌入作为商业生态系统的行为和结构对创新绩效发挥了积极显著的影响。孟庆时等（2022）提出企业个体创新网络连通性与网络规模、关系网络密度及企业创新能力均正向影响产业升级。

彭英等（2022）的研究表明结构嵌入对企业创新绩效具有正向影响，同时关系嵌入也显著正向作用于企业创新绩效。张方华（2010）以知识获取为中间变量，构建网络嵌入影响企业创新绩效模型并进行实证研究，发现企业通过组织网络的关系和结构嵌入提高外部知识的获取效应。赵炎等（2023）对2009~2016年我国高新技术企业联盟创新网络的数据进行分析，研究结论表明吸收能力在结构嵌入与企业持续性创新之间具有中介作用。胡双钰和吴和成（2024）研究了知识网络强关系嵌入和结构嵌入约束下合作网络嵌入对创新绩效的作用机理，以及技术多元化水平在合作网络嵌入与创新绩效之间的传导作用，发现合作网络嵌入与创新绩效的关系会因区域经济发展水平和组织类型的不同而存在差异。陈德球等（2021）研究提出，在背景联系的关系嵌入下，联合投资企业创新效率更高，关系网络嵌入在联合投资团队代理冲突较强、自身失败容忍度较低的情况下能对创新发挥更大的促进作用。李永周等（2022）提出情感性创新支持感对结构嵌入、关系嵌入均具有显著正向影响，而工具性创新支持感仅对关系嵌入具有显著正向影响；结构嵌入在情感性创新支持感与创新行为间发挥部分中介作用，而关系嵌入不起作用。此外，伴随着社会经济的发展，现有文献也探究了网络嵌入在知识网络、合作网络、企业韧性以及更多网络嵌入情景中的应用。厉娜等（2020）、蒋天颖等（2014）、刘晓燕等（2025）基于知识网络视角研究网络嵌入，研究得出企业创新行为嵌入在知识网络与合作网络的多重网络结构中，并进一步探讨了企业知识网络与合作网络的结构属性对其探索式创新的影响；通过对集群企业的研究发现，集群企业网络嵌入对知识转移和知识创造具有显著正向影响；通过实证分析我国集成电路产业，得出知识宽度、知识深度、社会价值、凝聚性、合作强度是影响创新网络社团创新绩效的主要因素。顾建平和房颖莉（2022）、孙国强等（2021）研究了网络嵌入下企业的组织韧性，发现网络嵌入和创新能力对企业社会责任与组织韧性分别具有显著的链式中介作用，企业的网络嵌入程度越高，越有利于组织韧性的提升。冯熹宇等（2023）研究认为绿色创新网络嵌入会显著正向影响企业绿色创新质量，并且资源获取在其中具有中介作用。

1.3　研究内容与研究方法

1.3.1　研究内容

随着我国经济发展重心由高速度向高质量转变，在"大众创业、万众创新"不断深入的背景下，大力引进海外归国人才不仅能够快速集聚大量异质性人力资本，汇聚高端知识、技术，更能促进经济增长方式转变，实现产业转型升级、建设创新型国家的发展战略。但随着海外归国人才引进的制度化、常态化，以及国内城市间人才引进政策竞争的日趋激烈,传统的薪酬福利、项目支持、资金资助、入户居留、技术入股等福利性、发展性激励政策日益呈现保健化趋势。如何从创新网络嵌入视角研究海外归国人才开发,构建海外归国人才创新网络嵌入激励机制还比较欠缺。本书运用异质性人力资本、区域创新网络、网络嵌入等理论,构建海外归国人才的创新网络嵌入开发模型并进行实证研究,针对性地提出相应的公共人才政策,内容主要包括以下三个方面。

1. *海外归国人才的异质性特征及其网络嵌入激励开发机理与机制研究*

海外归国人才主要是指拥有良好开发前景的专利、发明、专有技术,或已经在国外从事科研、教学等智力工作并取得卓越成绩,来华后专注于科技研发或项目开发的海外归国高层次创新人才和高技能人才。与其他类型创业人才相比,海外归国人才具有高人力资本投资、高价值创造、高信息需求、创新创业意识强以及双重文化嵌入等异质性特征。高技术企业集群创新网络中的关系连接不仅包括以价值链为基础的上下游产业供应链关系,也包括以创新、知识链为基础的知识和信息衔接、合作和价值传递关系。从结构嵌入角度看,处于网络中心位置的异质性人力资本通常比处于边缘位置的个体拥有更高地位、更多信息获取渠道和更频繁的人际互动;而异质性人力资本的网络规模越大,意味着其嵌入网络的信息和资源越多。在高成就动机、高创新需求驱动下,嵌入创新网络的异质性人力资本通过正式与非正式的频繁往来,逐渐构建了有利于信息获取、创新需求的个人网络系统和社会网络系统。从关系嵌入角度看,关系嵌入重视在信任和共享机制上所展现的行为,创新主体的直接黏着关系有益于知识的流动与共享,对创新主体获取隐性知识至关重要。

2. *海外归国人才创新网络嵌入激励开发的影响因素及其实证研究*

对海外归国人才的激励开发及其所从事的创新创业活动进行绩效评价具有相当大的复杂性和艰巨性。一方面,创新创业是凝聚人类脑力劳动、知识劳动的创造性成果,脑力劳动、知识劳动与生俱来的复杂性,使创新创业者个体绩效的评价和衡量历来面临着"结果论"、"过程论"和"潜能论"的分歧。另一方面,由于创新创业活动具有"团队协作性"特点,团队协作的层级问题也使得团队成员的个体绩效难以准确度量和区分。同时,叠加了海外归国人才的高人力资本、高价值创造、双元文化嵌入等异质性特征,以及高新技术产业开发区、科技企业孵化器等区域创新网络系统运行的复杂性之后,从理论和政策实践上探讨嵌入创新网络的海外归国人才激励开发的影响因素及其作用机制尤其困难。

从理论研究和文献分析角度看,海外归国人才的创新网络嵌入激励开发,主要涉及协同创新氛围、企业网络能力、组织支持感、创新效能感、海外归国人才个体吸收能力等前因变量和中介变量研究。因此，本书构建了创新网络嵌入对海外归国人才创新创业绩效的关系模型，并以高新技术产业开发区、经济技术开发区、留学人员创业园、科技企业孵化器等为调查对象进行调查研究，实证验证组织支持感、创新效能感、个体吸收能力等中介变量，以及网络能力、协同创新氛围等前因变量对海外归国人才激励开发的影响和作用机制。

3. 海外归国人才的创新网络嵌入激励开发模式比较与优化设计研究

本书以当代科技创新发展新趋势为背景，深入探讨国际人才市场竞争和国际人才流动的"高移"、"前移"、"外移"和"服务化"新趋势，以及欧美发达国家、国内发达地区引进、激励开发海外人才的新特点、新举措。基于创新城市、高新技术产业开发区、留学人员创业园等区域创新网络实证研究结果，提出要进一步优化创新创业网络的组织政策支持体系，在加强薪酬、福利待遇、项目经费支持等保健化、工具性支持的基础上，强化事业引人、感情留人等情感性组织政策支持。要继续大力发展以高新技术产业开发区、科技企业孵化器为主体的区域创新网络建设和发展的政策支持力度，鼓励和引导各创新网络依托资源优势，壮大产业优势，做大做强海外归国人才集聚发展的战略高地，精准引才，切实解决主导产业、支柱产业、战略性新兴产业发展的"卡脖子"工程；加强和大力发展高新技术产业开发区、留学人员创业园等创新创业网络基础设施、公共设施以及公共服务平台建设，特别是科技风险投资、科技金融服务、公共技术服务以及科技管理、科技咨询等方面的科技中介服务机构；促进科技人力资源服务业发展，建设人力资源服务产业园区；同时切实转变政府职能，强化对海外归国人才引进、开发和留住的服务管理；营造良好的双重网络文化氛围，打造宜人、宜居、宜业、宜创的国际创新创业生态圈。

1.3.2 研究方法

本书基于海外归国人才这一异质性人力资本的异质性需求特征分析，阐述区域创新网络的制度特征、海外归国人才创新网络嵌入和集聚的影响因素以及海外归国人才创新网络嵌入激励开发的主要机理、模式和运行机制，在探讨区域创新网络嵌入对海外归国人才创新创业绩效的深层影响及其作用机制的同时，设计并构建了一个综合性的模型，并通过详尽的调查与实证分析，揭示创新网络嵌入和海外归国人才创新创业绩效之间复杂的关联。此模型不仅解析了网络嵌入如何作为催化剂促进海外归国人才在本土的创新网络嵌入激励开发的政策与制度创新创业活动，还进一步探究了这些活动如何转化为具体的绩效成果。主要研究方法包括文献研究与理论演绎法、问卷调查和实地访谈法以及结构方程建模与实证研究法。

1. 文献研究与理论演绎法

通过文献检索和资料查阅，对异质性人力资本理论、创新网络理论、网络嵌入理论以及创新创业理论最新前沿和发展动态进行总结归纳，结合国内外引进海外归国人才创业政策比较规范分析和理论演绎，阐述海外归国人才的异质性特征和创新网络嵌入开发的内在机理、运行机制和影响因素，探索海外归国人才的创新网络嵌入开发机理，构建相关概念模型，提出相关研究假设，设计相关调查量表。构建的概念模型主要包括创新支持感、创新效能感对海外归国人才创新网络嵌入激励开发的中介作用，以及网络能力、协同创新氛围的前因影响。

2. 问卷调查和实地访谈法

依托国家社会科学基金项目（14BGL017）研究，采取线上发放网络调查问卷（问卷星）和线下发放纸质调查问卷，以及结构化和半结构化访谈相结合的方式进行数据收集。调查共经历五个阶段：2016年4月至7月，赴上海、长沙、合肥等地与20余位海外归国人才进行非正式访谈并编制问卷；2017年3月至6月，修改完善并确定发放正式问卷；2018年7月至2019年8月，实地走访昆山、武汉、深圳、苏州、西安等地的高新技术产业开发区、留学人员创业园，对海外归国人才及相关主管部门进行深度访谈，并线上线下发放问卷收集大量数据；2020年9月至10月，补充调查；2022年5月至7月，在武汉市人才管理部门的指导和支持下，对武汉市高层次人才，包括战略科技人才、科技领军人才和创新团队、省市级领军人才以及青年科技人才等进行专题问卷调查和访谈。最终收集有海外留学、工作、居住或访学进修经历的海外归国人才有效调查问卷超过1400份。

3. 结构方程建模与实证研究法

海外归国人才的创新网络嵌入激励开发机理与运行机制，一方面源于组织创新支持感、创新效能感以及个体吸收能力的中介作用；另一方面，企业网络化能力、组织创新氛围的前因作用也不容忽视。在前期构建概念模型和关系假设、借鉴调查量表进行问卷调查和访谈的基础上，运用SPSS及AMOS数据分析软件，对相关概念模型和关系假设进行检验，实证解析海外归国人才创新网络嵌入激励开发的机理、运行机制和发展模式。基于结构方程建模和实证研究结果，本书提出海外归国人才的创新网络嵌入激励开发是新时期薪酬福利待遇、股票期权、项目扶持和资助等海外归国人才激励出现保健化趋势之后的有效激励开发模式。创新网络嵌入能够有效解决海外归国人才创新组织内创新知识和信息的同源、同质和有限障碍，提升海外归国人才的组织创新支持感、创新效能感以及个体吸收能力等，进而提升创新绩效；海外归国人才的创新网络嵌入激励开发离不开企业网络能力、协同创新氛围的前因影响。

1.4 研究创新点

海外归国人才是一种以创新创业活动为己任、具有明显边际报酬递增的异质性人力资本，传统的薪酬、福利、项目扶持、资金支持、荣誉声誉机制等激励机制都已经出现保健化趋势。能否采取切实有效的措施，打造产业、人才、资金、技术等创新要素集聚的区域或社区创新网络文化氛围，全面激活海外归国人才的创新创业激情和潜力，是切实提升海外归国人才创新创业绩效，构筑高技术企业、区域创新网络甚至国家创新体系核心竞争力的重大战略措施。高技术企业和区域创新网络的快速发展，海外归国人才创新创业绩效的有效提升，反过来又成为海外归国人才进一步集聚和发展的重要动力。由于创新创业活动的高风险、高投入等特征，影响海外归国人才这一异质性人力资本引进开发和创新创业绩效提升的因素众多，因此制定海外归国人才引进开发策略，有效提升其创新创业绩效，需要强化顶层制度设计，科学识别、选择和确定关键影响因子并针对其异质性个性行为和需求特征设计激励政策。探讨海外归国人才的创新网络嵌入激励开发机理和运行机制并针对性地提出对策建议，其理论贡献和创新主要体现在如下三个方面。

1. 基于异质性人力资本理论视角分析海外归国人才的异质性特征

在当今这个科技飞速跃进、经济全球化与多元化趋势日益加深的时代背景下，复杂性知识工作的非标准化特性越发显著，对人才的需求与期望也随之发生了深刻变革。面对合格员工的普遍短缺及稀缺性人才资源对企业核心竞争力构建的关键作用，传统同质化、标准化的人才管理策略已显得格格不入，其局限性及潜在危害越发凸显。海外归国人才掌握高端知识和前沿技术，具有创新创意以及敢于突破的企业家精神，同时普遍拥有国际化视野，具有较强的双重文化沟通能力和独立的国际活动能力，是一种典型的异质性人力资本。尽管不少学者已对其特征进行研究，但现有研究对海外归国人才核心特征的分析尚未形成统一定论，也未能针对性设计引进和开发策略。本书创新性地从异质性人力资本理论出发，结合理论和实践总结海外归国人才的高人力资本、高价值创造、高创新创业意识与成就动机、高社会资本与信息需求以及双元文化嵌入性等异质性特征。正是由于海外归国人才的这一异质性人力资本根本属性，世界各国家和地区都殚精竭虑地制定各类优惠政策，不遗余力地参与国际人才市场竞争，使得国际人才市场竞争和国际人才流动也呈现明显的"高移"、"前移"和"外移"三种趋势，涉外、国际视野人才成为焦点。基于异质性人力资本理论视角不仅深化了对海外归国人才这一特殊群体的理解，还为设计针对性的人才引进与开发策略提供了理论依据，弥补了现有研究中对海外归国人才核心特征深入分析的不足，为后续提出针对海外归国人才的激励开发体系奠定基础。

2. 基于创新网络嵌入理论框架探索海外归国人才的激励开发战略

传统的海外归国人才激励策略研究往往侧重于显性物质条件和优惠政策，而忽视了文化、制度、环境等内在隐性激励因子的重要性。本书将创新网络和网络嵌入理论应用到海外归国人才这一特殊群体上，从高创新创业意识、高知识信息和社会资本需求等异质性需求特征分析出发，揭示了其在创新网络中的双重嵌入性。一方面，具有一般意义上的组织嵌入、工作嵌入和职业嵌入特征，这种嵌入性以联结、匹配和牺牲（成本）维度衡量；另一方面，作为创新网络中创新链、知识链节点的人格主体，具有对高技术企业集群创新网络（或区域创新网络、创新社区）的嵌入性，这种嵌入性以结构嵌入、关系嵌入进行评价。本书构建了涵盖组织支持感、创新效能感、企业网络能力、个体吸收能力、组织创新氛围等关键影响因素的海外归国人才创新网络嵌入激励开发模型并进行了实证验证研究。研究结果表明，创新网络嵌入不仅能够有效解决网络内重复、无用的创新知识以及信息的同源、同质和有限障碍，提升知识、信息获取效率；还能够通过创新效能感、知识获取等因素的中介作用，提升海外归国人才的创新创业绩效和激励开发水平。网络嵌入在人力资源开发激励中的独特优势与海外归国人才的异质性需求特征正好吻合，创新网络嵌入成为继股权激励后有效开发激励海外归国人才的新模式。同时，由于创新创业活动的复杂性以及海外归国人才异质性特性，海外归国人才创新网络嵌入的影响因素较多，创新网络也有多种载体模式。

3. 基于多角度、大范围问卷调查、访谈和结构方程建模的实证研究

本书依托国家社会科学基金项目（14BGL017）研究，针对海外归国人才异质性特征分析，对现有创新网络嵌入、创新支持感、创新效能感、企业网络能力、个体吸收能力、协同创新氛围等量表进行修订、改编和验证性、探索性因子分析，深入开展海外归国人才的创新网络嵌入激励开发实证调查。调查采取线上发放网络调查问卷（问卷星）和线下发放纸质调查问卷，以及结构化和半结构化访谈相结合方式进行数据收集。调查研究过程中，一方面，广泛利用社会关系网络和社会资本针对性、定向发放问卷；另一方面，通过和国家、地方政府相关管理部门，特别是武汉、济南、苏州昆山、西安等地区的高新技术产业开发区人才管理部门密切合作，在湖北、山东、陕西、四川、江苏以及广东等地，对以高新技术产业

开发区为主的各类园区内的海外归国人才发放并回收问卷，累计回收调查问卷约 2000 份，其中有效问卷超 1400 份。为保证调查结果的真实性，对武汉、济南、西安、深圳、昆山、烟台等地的高新技术产业开发区、留学人员创业园内海外归国人才进行实地调研访谈。最后运用 SPSS 及 AMOS 数据分析软件，进行相关概念模型和关系假设检验，实证解析海外归国人才创新网络嵌入开发的机理、运行机制和发展模式，为后续研究提供了可借鉴的范式。

第 2 章

国际人才流动新态势与海外归国人才开发新特点

近年来,随着信息技术的快速发展,全球化进程持续加速,科技、经济和社会发展面临严峻挑战,人才特别是高层次科技创新人才成为科技创新革命性突破的关键,国际人才流动呈现出前所未有的新态势。一方面,全球经济一体化促使高层次人才跨越国界,寻求更广阔的职业发展空间与科研交流平台,跨国企业、科研机构以及发达城市对国际人才的吸引力持续增强,人才的国际竞争日益激烈。各国将引进、激励开发和留住高层次人才作为创新突破的重大战略和支撑措施,竞相制定本国人才战略,加大引进、开发和留住的政策支持力度,形成了人才资源全球配置的新格局。另一方面,中国经济的快速发展与国际地位日益提升,吸引了大量海外人才归国发展,特别是科技、教育、金融等领域的高层次人才回流趋势明显,为国家的创新驱动发展战略提供了重要支撑。当前我国海外归国人才的开发势头正盛,一线城市和新一线城市发挥区域性优势,结合人才政策,积极打造国际化人才高地,为海外归国人才提供广阔的发展空间和优渥的创新创业环境,打造人才高地和吸引集聚人才平台。本章探讨科技创新新发展、国际人才竞争新态势以及我国海外归国人才创新创业发展的新特点和新举措。

2.1 当代科技创新新发展与国际人才竞争新态势

以新一代信息技术革命为主导的新科技革命,特别是人工智能、大数据技术及其带来的重大科技发明和广泛应用,推动着世界范围内生产、生活方式发生前所未有的变化。面对经济全球化、信息化和智能化的严峻挑战,知识和技术成为经济社会发展的主要助推剂,全球生产要素和产业转移不断加快,无论是发达国家还是新兴发展中国家都把科技特别是高层次创新创业人才视为最重要的战略资源，其在综合国力竞争中具有举足轻重的决定性意义。为提升国家竞争力，越来越多的国家和地区加速推动人才战略实施，努力吸引世界范围内的各方面人才，参与国际科技人才资源市场竞争。美国、英国、法国、德国、日本等发达国家正积极调整其法律体系、规章制度及政策导向，一方面加强对普通劳动力入境的监管力度，实施更为严格的控制措施；另一方面，则显著放宽了海外杰出科技人才入境的准入标准，旨在吸引并留住全球范围内的顶尖科技智慧。与此同时，以中国、印度、墨西哥、巴西为代表的新兴市场国家，也推出了一系列富有吸引力的人才激励政策与优惠措施。这些举措旨在促进本国海外精英人才的回归，同时吸引其他国家优秀人才的流入，以此作为推动本国经济转型升级、增强国际竞争力的重要战略手段。2008 年世界性金融危机爆发以后，OECD、国际劳工组织分别发表专题报告，对后危机时代的高层次创新型人才和高技能人才国际竞争态势进行专题研究，提出成员国对高层次创新型人才引进、开发和留住的解决方案。目前，国际人才市场竞争战略重心和态势已明显呈现出"高移"、"前移"、"外移"和"服务化"趋势。

2.1.1 产业、行业领军人物竞争白热化

智力劳动的高价值创造性是高层次创新人才、产业行业领军人才的核心特点，是企业、地方乃至国家和区域经济社会发展的重要源泉。随着新兴产业的不断涌现和传统产业的转型升级不断加快，全球范围内对于能够引领行业趋势、驱动创新发展的领军人才和杰出人才的需求越发迫切。在世界多极化、经济全球化背景下，全球竞争力越来越依赖于高层次创新人才及其内心的知识、技术、创新和创意的精神（汪怿，2016）。世界经济论坛创始人 Schwab（2016）指出，在未来社会，人才是代表生产的关键因素而不是资本，就业市场也越来越多地被分为"低技能/低薪"和"高技能/高薪"。为提高和加强美国国家创新能力，培养造就一支高素质人才队伍，美国政府专门发布系列战略和法案，把引进和吸引行业高端领军人才、杰出人才作为其中最重要一项核心政策。日本政府于 2019 年推出了新高度人才签证政策，以吸引并留住全球范围内的杰出人才。为更快推进这一目标，日本政府在 2023 年 4 月正式实施了被称为 J-Skip 的新特别高度人才制度。欧盟通过"研究、技术开发及示范框架计划"（简称"欧盟框架计划"）、欧洲高等教育区和欧洲研究区"双区"战略，为研究人员开发一个开放的跨欧洲劳动力市场，促进欧盟内部人员自由流动，激励人才选择研究人员职业，鼓励欧洲研究人员留在欧洲，进而吸引全世界研究人员。美国非营利组织移民委员会 2022 年 6 月报告中的数据显示，截至 2019 年，外国技术移民占全美所有科学、技术、工程

和数学类（STEM①）从业人员总数的23.1%，比2000年的16.4%显著提升；其中86.5%至少拥有学士学位，拥有硕士和博士学位的比例为49.3%，遥遥领先美国本土的67.3%和21.8%。国际移民组织发布的《2022年世界移民报告》显示，从地区分布来看，欧洲、亚洲是移民最大目的地，移民分别达到8700万人、8600万人；而从国家看，美国仍然是移民的主要目的国，移民达到5100万人，遥遥领先于全球第二大移民流入国德国的1600万人。

近年来，国际政治经济形势经历了复杂变动，正在不断改变世界格局，催生了多极化更为明显、数字化更为显著以及区域化合作更为强化的全球化趋势和环境，国际人才市场的竞争与流动正在发生新的变化。基于文化相近、地理相邻等客观因素和某些国家的地缘政治考虑，人才的国际流动出现了区域化和局部化的趋势。美国在赴美短期工作的H-1B临时签证计划基础上进一步提出第一类优先职业移民（first preference employment based immigration，以下简称EB-1），包括EB-1A杰出人士、EB-1B杰出教授或研究员、EB-1C跨国公司经理三个移民类别。作为当前国际人才流动的中心，美国强化人工智能等重点领域行业构建区域化的战略合作，在人工智能、量子科技、太空开发等方面与加拿大、澳大利亚等国家组成全球合作伙伴组织，陆续推出《美国量子网络战略构想》《阿尔忒弥斯协定》，尝试建立起全球范围的治理规则，延续其先进科技领域的领先地位（施蒙，2021）。2022年，欧盟委员会公布《芯片法案》，强调加强半导体生态系统，提高供应弹性和安全性，并减少外部依赖的紧迫性；同时着眼于中期发展，致力于使欧洲成为关键行业的领导者。同年，英国政府推出"高潜力人才签证"，主要面向除英国外全球排名前50的高校毕业生，同时对在科学、工程、人文、医学、数字技术和艺术领域表现卓越的人才提供"全球人才签证"。德国在高等院校专门设立"青年教授"岗位，吸引杰出青年学者在德国高校从事科研工作；设立"国际研究基金奖"，以基金的形式吸引世界范围顶级科学家（宋占新，2015）。其他国家也纷纷出台了本国的人才引进政策，加大"人才套利"力度，如以色列的"卓越计划"和韩国的"智力回归计划"等（孙学玉，2016）。

2.1.2　涉外、国际视野人才成为焦点

理论研究和政策实践表明，国际人才流动的主要形式包括跨国学习、工作移民、科研合作、短期交流、国际组织任职以及由外国直接投资和其他商务活动等。伴随全球经济信息化、一体化进程不断加快，交通、信息等要素流动瓶颈日渐被突破；投资、贸易和研发等经济活动国际化程度日益加深，人才的国际化流动越

---

① STEM是科学（science）、技术（technology）、工程（engineering）、数学（mathematics）四门学科英文首字母的缩写。

越来越成为一种普遍现象。一方面，人才战略重要性日益凸显。在新时代背景下，高端人才的价值为世人瞩目，对人才尤其是高层次人才的需求随着第四次工业革命的推进而持续增长，国际人才引进市场为高层次创新人才的选择、甄别提供了更广阔的视野范围。另一方面，相比本土人才，海外人才更具有全球化背景下的国际视野，更加熟悉和了解国际惯例，且具有较强的跨文化沟通能力和独立的国际活动能力。在贸易全球化和投资全球化的推动下，人才跨国流动规模不断扩大，速率不断加快，对国家和地区社会经济发展的影响越来越显著。美国之所以能够始终保持全球创新领域的领先地位并成为新经济和信息经济的发动机，很大程度上源于其充分享受了国际人才流动红利，其中中国和印度的国际人才对美国国际人才的流动起了重要助推作用。数据显示，2020~2021 年全球留学在受国际形势等负面因素影响的情况下，留学生人数仍从 211 万人增长至 639 万人，增长超两倍，而美国依然是全球最大的留学目标国，2021 年选择前往美国留学的国际学生占全球学生总数的 14.85%。

在新的技术革命背景下产生的国际人才流动格局中，发达国家凭借科技、教育领域的较高投入而占有明显竞争优势，国际人才流动也主要表现为从发展中国家流向发达国家、从次要发达国家流向主要发达国家的单向流动模式（魏浩等，2012）。美国《纽约时报》发表了一篇题目为《美国人工智能（AI）的秘密武器：中国人才》的文章，该文章指出，虽然全球约有 60% 的 AI（artificial intelligence，人工智能）研究者隶属于美国机构和公司，但美国本土研究者只占据 31%，而中国研究者的数量占比达到了惊人的 27%。截止到 2021 年，欧洲部分国家如法国的博士生群体中外籍学生占比超过 40%，高校外籍讲师和副教授占比 16.2%，外籍教授占比 11.2%；2019 年，法国国家科学研究中心 5065 名外籍工作人员中一半获得长聘职位。2000 年至 2019 年，在德国获得博士学位的留学生数量从 1926 人增至 5688 人，在全部博士毕业生中的占比从 7% 上升至 20%（秦琳等，2022）。截至 2024 年，德国马克斯·普朗克研究所总员工数已超过 25 000 人，其中，研究所董事约 40% 为非德国公民，超过一半的科学家及获得资助合同的博士生来自国外。在亚洲，日本向海外派出参与科研交流合作人员的数量逐年增长，2018 年达到 17.7 万人；搭建"人类前沿科学计划"等国际科研平台，吸引了 35 万名海外科研人才来日本研究交流。随着世界格局的重塑以及科技的不断发展，各国对国际人才的需求将越来越旺盛。

2.1.3　面向需求的高技能人才竞争激烈

2008 年的世界金融危机，推动了 20 世纪 90 年代以来以信息技术为主导的科学创新技术——信息技术经济范式快速演进，人类社会开始步入一个以大数据、云计算、人工智能为核心技术的工业 4.0 时期。与过去的第三次工业革命以计算机和空间技术的快速发展为核心不同，工业 4.0 以深度网络化和智能化为主要标志，以人工智能、生物工程、量子信息、机器人等为关键技术，以物理空间、网络空间和生物空间有机融合为重要特征；无论是创新技术的发展和扩散速度，还是对人类社会生产生活产生影响的深度和广度，都是过往三次工业革命不能比拟的，其影响呈指数级爆炸式增长，正在颠覆所有国家、所有行业，彻底改变了整个生产、管理和治理体系。同时，第四次工业革命给人类社会带来了许多新的挑战。一方面，日新月异的科学技术进步改变了人类生产的内容、方式和技能，从而对传统产业的劳动力技能结构和就业市场产生巨大冲击。另一方面，新技术的快速发展和新商品、新服务需求的不断出现，虽创造和带动了大量新的就业机会和领域，但对劳动力的技能掌握和知识结构有了更严苛的要求，劳动力技能结构的新型化、前瞻化趋势日益明显。波士顿咨询公司 2017 年对德国工业 4.0 对 23 个制造行业就业影响的测算结果表明，机器人和计算机技术的普及将减少约 61 万个低端生产组装类岗位，但同时将增加 96 万个新的就业机会，就业岗位净增 5%。世界经济论坛发布的研究报告显示，2018 年 12 个行业总工作时数中 2/3 由人类劳动执行，1/3 由机器执行，而 2022 年由机器执行的工作时数占比已提升至约 40%；由于移动互联网、人工智能、大数据和云计算技术对商业模式的冲击，以及人与机器工作界限的变化，2022 年全球劳动力市场工作核心技能只有 58%保持现有要求，其中利用独特的"人"的特性和技能的岗位，以及能够理解和利用最新技术的专家角色的岗位需求大幅增长。光辉国际发布的一项全球研究显示，预计到 2030 年，全球技能型人才缺口将高达 3500 万人，可能导致 8.5 万亿美元的年收入损失。

为了应对第四次工业革命的严峻挑战，抢占互联网、人工智能、大数据以及云计算等新技术领域的制高点，各国竞相加大对高技能、新技能人才的引进和培育。美国深化新版移民法的执行力度，针对杰出人才、高学历或具备独特专业技能的个体，以及技术领域的专业工作者和国内紧缺劳动力，设立了职业移民的三个优先级类别（即一类、二类、三类），旨在精准吸引并加速这些人才的流入。同时，移民法规划了年度技术移民的配额分配机制。全球化智库（Center for China and Globalization，CCG）发布的《全球人才流动趋势与发展报告（2022）》[①]指出，除了高技能人才的激烈竞争，各国人才竞争越来越呈现出以问题为导向的需求多元化、政策务实化趋势，不仅争夺高端人才，也同时开启了包括蓝领工人、护工等在内的专业化人员的争夺。为解决多个行业面临的"用工荒"难题，日本实行"劳动力开国"战略，大量引进外国蓝领劳工。2019 年生效的日本新移民法

---

① 《〈全球人才流动趋势与发展报告（2022）〉：构建人才竞争力指数，剖析全球人才流动趋势》：http://www.ccg.org.cn/archives/72228，2024 年 11 月 1 日。

放宽了 14 个行业具有特定技能和经验的外籍工人的签证限制，并计划允许持有"特定技能工人"签证的外籍蓝领获得永久居留权。德国驻华使领馆提出，在全面加强入境许可的背景下对健康领域的工作人员和养老护理工作者放宽限制，允许其申请长期工作签证。美国放宽对护士等专业人士的签证条件，国际医护专业人员尤其是有抗击新冠疫情经验的国际医护人员可以即时获取签证。

2.1.4 人才服务产业化数字化趋势明显

随着国际人才竞争的不断加剧，国内外人力资源服务机构开始按照产业化模式经营开发人才服务事业，通过为各类人才和用人单位提供全面、系统、优质的人才人事服务，实现人才资源的市场化配置和社会、经济的规模效益。在互联网、大数据、人工智能等科技的加持下，世界人力资源服务业的数智化转型，即数字产业化和产业数字化趋势越来越明显。一方面，一些互联网领域的企业开始跨界到人力资源服务行业，研发出了用于人力资源服务的技术和产品，如直播带岗解决就业问题；另一方面，众多人力资源服务机构积极利用数字技术为服务创新赋能，如根据数据信息为企业精准"画像"。研究发现，大数据等信息技术在人才服务业中的应用，能够帮助企业更大限度地挖掘员工潜力、优化组织框架，提升人力资源绩效管理的工作效率（徐艳，2016）。数字化带来的信息及时性与组织扁平化更便利了人才服务的网络化开展，技术和信息服务的融合为人才服务提供了新的契机，降低了沟通和管理成本，提高了服务效率。FESCO、德科（Adecco）、万宝盛华（Manpower）等国际猎头公司运用现代数字化技术手段对已有的海量人才数据进行结构化分析，形成了更为精准立体的用户画像，推动国际猎聘进入在线招聘 2.0 时代（高子平，2019）。同时，随着市场对人才需求标准的提高，人才服务业务的对象范围更加精细化，部分公司集中自身资源于所熟悉的行业，或将业务集中于某一特定人群，深耕专一领域，根植目标市场以形成企业专有竞争优势，呈现出日益专业化的趋势。

随着全球经济一体化与贸易自由化步伐的持续加快，商品与服务的跨国界交易以及资本的全球性流动显著增强了世界各国之间的相互依存性。为有效响应企业客户日益增长的国际化服务需求，顺应人才流动全球化的新常态，各国人力资源服务机构纷纷加速海外布局，构建起覆盖全球的综合性服务网络。万宝盛华 2013 年已在全球 68 个国家和地区有 4300 家分公司，每年为全球 40 多万家公司、200 多万名客户提供人力资源服务。德科集团目前在全球 60 个国家和地区设有分支机构，拥有超过 3.8 万名全职员工，每年为超过 350 万名求职者提供有意义的职业机会。华信惠悦（Watson Wyatt Worldwide）在全球 37 个国家和地区拥有 113 个办事机构和超过 14 000 名专家，为各地企业提供咨询服务。随着服务贸易的日益自由化，跨境贸易也越来越多地出现在人力资源服务市场。同时，大数据、云计算和移动互联网还促进了人力资源管理公司的商业模式创新，以及管理流程和服务方式转变。人力资源管理公司通过整合服务产品与项目，在专业化和标准化的基础上创建更全面的人才服务平台。美国 ADP 公司（Automatic Data Processing，自动数据处理公司）将其服务平台迁移到互联网，推出全球服务解决方案 Global View 并建立了基于云计算的全球人力资源服务。日本瑞可利人力资源服务商在亚洲地区设立百余家分公司，通过自身建立的国际人才数据库和 SaaS（software as a service，软件即服务）系统平台，提高人力资源匹配效率，降低企业海外用工成本和风险。

2.2 我国海外归国人才创新创业发展新特点

随着我国综合国力日益增强、创新生态持续优化以及对外开放水平的不断提升，海外人才的回流为我国经济社会发展注入了强劲动力。我国也适时调整政策，创新体制机制，主动迎接全球人才竞争。2012 年以后，我国明确提出通过实施创新驱动和人才驱动，加快创新型人才和高技能人才队伍建设；实施更加积极的创新人才引进政策，加快构建具有全球竞争力的人才制度体系。在欧美同学会成立 100 周年庆典上，习近平总书记也明确提出"支持留学、鼓励回国、来去自由、发挥作用"的十六字方针。海外高端人才表现出强烈的归国发展意愿，包括美国在内的绝大部分国家和地区的海外高端人才通常会优先选择回国发展（鲍威等，2021）。国内一线城市和新一线城市也纷纷发力，凭借其经济实力、产业基础、国际化程度、文化氛围以及政策优惠等多方面优势，积极构建全球人才高地，加强与国际型高层次人才的互动与合作。

2.2.1 海外归国人才创新创业发展势头迅猛

人才资源是实现科技创新和促进社会经济发展的第一资源，派生需求和以用为本是人才管理的根本出发点和重要特征。从宏观视角来看，人才需求的爆发式增长，是我国综合实力增强、产业结构转型升级、新旧动能转换和国家中长期发展目标进入攻坚阶段的具体表现。随着科学技术的不断升级和国际竞争的愈演愈烈，高层次人才成为国家和地区经济成长与社会进步的"一把手"。习近平总书记多次强调，功以才成，业由才广，人才是创新的根基，创新驱动实质上是人才驱动。而对于海外人才，习近平总书记更是明确指出："在大力培养国内创新人才的同时，更加积极主动地引进国外人才特别是高层次人才。"[①]各城市、地方

[①] 《学习路上·习近平"治国理政观"系列之一 习近平的人才观：择天下英才而用之》，http://theory.people.com.cn/n/2014/0620/c40555-25175679-4.html，2024 年 11 月 25 日。

政府纷纷加大海外高层次人才引进政策支持力度，构建了专门为海外人才服务的系列公共服务机构和体系，不断为海外高层次人才优化回国创业环境。中国指数研究院发布的研究报告显示，自 2017 年到 2018 年 5 月，全国有 53 个城市、3 个省份，累计出台了人才吸引新政百余条，着力引进海外人才等高层次人才。根据前瞻产业研究院发布的《2021 年中国 31 省市人才政策对比及效益评价深度分析报告》，截至 2021 年 4 月底，我国地方性人才政策共计 3191 条。统计资料表明，2018 年我国海外归国人数 51.94 万人，与 2008 年相比，海外归国人数增长了 6.5 倍（图 2.1）。

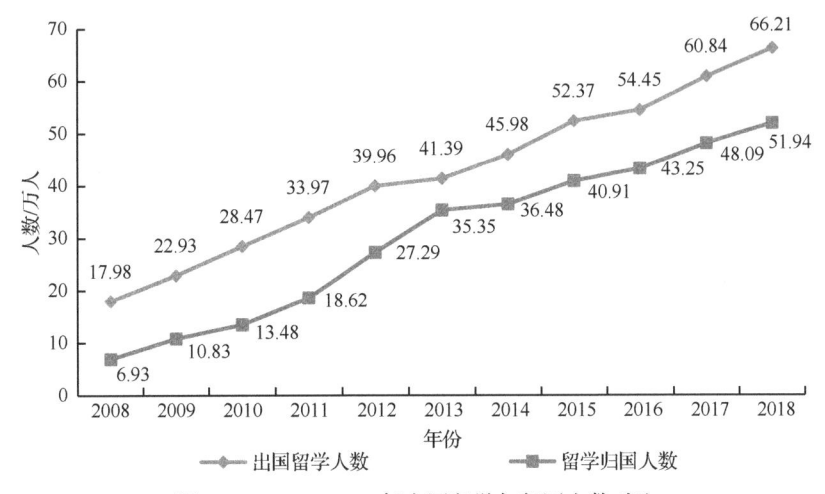

图 2.1　2008~2018 年出国留学与归国人数对比

由全球化智库、智联招聘联合发布的《2017 中国海归就业创业调查报告》[①]表明，我国海外留学人员回国创业热情高，开始创业时间集中在 2015~2017 年，这与 2014 年国家提出"大众创业、万众创新"并出台相应的鼓励政策支持密切相关。截至 2021 年末，我国留学生回国创新创业的人数首次超过 100 万人，大量海外高层次人才来华和海外留学人员回国就业发展，充分说明了我国国际人才市场吸引力不断增强。《中国留学回国就业蓝皮书 2023》相关数据表明，在接受问卷调查的留学回国人员中，有近 60%的个体曾经创过业或当前正在创业，拥有创业经历的留学回国人员中 61.76%的个体对国内创业环境的评价为"非常满意"（教育部留学服务中心，2024）。

---

① 《CCG 发布〈2017 中国海归就业创业调查报告〉》，http://www.sohu.com/a/164653847_800517，2024 年 11 月 1 日。

2.2.2 一线城市成海外归国人才创新创业集聚地

在当前全球化进程加速的背景下，人才作为驱动社会进步与经济增长的核心要素，其区域性的流动与集聚已成为评估城市国际竞争力与可持续发展潜力的关键指标。作为中国经济发展的领航者与对外开放的前沿阵地，一线城市凭借其得天独厚的发展优势，正逐步演变为吸引海外归国人才竞相汇聚的优选之地。一线城市不仅承载着国家发展的战略使命，也以其强大的经济引擎、深厚的文化底蕴、前瞻的政策导向、完善的基础设施以及蓬勃的创新生态，构建了一个对海外归国人才极具吸引力的综合环境。一线城市发达的经济水平衍生出丰富的就业机会，如北京、上海、广州、深圳等，拥有众多世界 500 强企业、高科技企业和金融机构，为海外归国人才提供了大量的高端就业岗位，涵盖了金融、IT/互联网、信息技术、商务服务等多个领域。多元化的就业市场为海外归国人才提供了广阔的职业发展空间和就业选择机会。同时，一线城市作为中国对外开放的窗口，国际化程度高，文化包容性强。这些城市不仅吸引了大量外籍人士和跨国企业入驻，还举办了众多国际交流活动，形成了开放包容的社会氛围。一线城市丰富的国际教育资源、医疗资源和文化娱乐设施更进一步提升了海外归国人才的生活质量和幸福感。教育部留学服务中心编写的《中国留学回国就业蓝皮书 2023》指出，留学回国人员的工作地点多分布于北京、上海、广东等经济发展水平较高的一线城市地区。这些地区有助于留学回国人员充分利用就业经验和人脉资源追求更多的就业机会和更高的薪资水平（教育部留学服务中心，2024）。

在经济发展带来的人才引进优势的基础上，一线城市一并出台多项优惠政策强化人才吸引力，包括落户补贴、创业扶持、税收优惠等。北京一方面推出"特聘专家"计划和"留学人员创新创业特别贡献奖"，为优秀的海外归国人才提供高额奖励和资金支持；另一方面持续实施海外高层次人才引进专项计划，着力打造全国科技创新中心。上海不断完善海外人才引进管理服务体系，持续加大留学人员引进力度，引进海外人才在沪创业发展。上海浦东新区推出"明珠计划"将全球高层次人才分为四大类别，按照四种标准分别给予个人及团队资金资助、重大项目扶持、创业发展扶持以及综合配套福利等资金资助与优惠政策。深圳宝安区推出宝安区归国留学人员展翅计划，为海外归国人才提供关于政策解读、创新创业、就业对接、联谊交友、关爱公益等五大方面 23 项具体服务。广州推出针对海外人才的"红棉计划"，入选"红棉计划"后，除资金资助外，还将享受项目资助、创业融资、创业孵化、知识产权保护、税收优惠、采购扶持、人才保障等十大政策待遇。一线城市还建立了完善的创新创业生态系统，包括孵化器、加速器、风险投资机构等，为海外归国人才提供全链条的创新创业服务。《中国城市人才吸引力排名：2024》中，北京、上海、深圳、广州位居前列。

2.2.3 新一线城市海外归国人才引进异军突起

明确本地区科教创新、产业发展和资源禀赋优势，合理定位城市对海外人才的吸引力和竞争力，是主要城市积极参与全球范围内国家、城市区域创新竞争的基础和前提。第一财经发布的《2024新一线城市魅力排行榜》显示，15座新一线城市依次为成都、杭州、重庆、苏州、武汉、西安、南京、长沙、天津、郑州、东莞、无锡、宁波、青岛和合肥。面对全球城市创新竞争如火如荼开展的严峻挑战，除北京、上海、深圳、广州等一线城市持续优化和完善政策体系、保持海外归国人才引进开发的先发优势外，武汉、成都、杭州、南京、西安等新一线城市纷纷立足城市科教资源、产业发展和创新空间资源禀赋优势，打造城市品牌，谋求海外归国人才引进开发后发优势。与一线城市相比，新一线城市面临产业结构调整升级和人才资源匮乏的双重压力，一方面产业结构调整升级需要高端人才助力，另一方面优秀人才更倾向于选择前往一线城市发展。因此，为了引进和留住人才，吸引更多高端人才参与城市建设促进城市高速发展，各新一线城市也积极参与"全球人才大战"，出台大量优惠政策以弥补自身的不足。

近年来，随着各城市在人才引进工作方面的不懈努力，新一线城市已成为海外优秀人才的"新磁石"。相比于一线城市以及二、三线城市，新一线城市的海外人才引进政策更具备创新性、独特性和后发性趋势特点。新一线城市海外人才政策工具类型较为丰富，政策内容较为规范可行，大多政策目标针对多元主体发布，同时有意识地针对急需人才进行了专项设计，凸显海外人才政策迎合"一般化"与"特殊化"双重要求的特点，并且通过海外人才政策执行机构显著的"高位推动"有效保障了地方政策的落实效率（潘娜等，2023）。BOSS直聘研究院发布的相关数据显示，2020届活跃求职的海外留学生较2019年同期城市选择分散程度明显提高，选择一线城市的海外归国留学生下降8.3%，超过30%的海外归国人才期望在新一线城市发展。武汉市设立海智基地人才离岸工作联络站，依托"海智计划"实施海外人才离岸创新创业，开展离岸创业托管和海外人才项目预孵化，打造国际化综合性引才平台。成都凭借独特的城市环境，致力于打造"宜居宜业"的人才生态系统。2024年，成都市启动"2024海外人才实习生计划"，聚焦科技创新、人文社科、乡村振兴等领域，为海外归国学子提供"实习实践场景"和"感知体验场景"。杭州市通过举办"海归嘉年华"等活动，吸引海外归国人才来杭州就业创业，并借助"创客天下·杭向未来"等系列赛事，为海外创业者提供展示项目和对接资源的平台。苏州市致力于搭建矩阵化引才平台载体，通过在全球产业发达国家和地区举办"赢在苏州·创赢未来"国际创客大赛、打造"留创苏州·逐梦江南"留学人员活动、实施柔性引才"海鸥计划"等一系列措施，助力海外归国人才回流、扎根苏州。各城市还针对目前海外归国群体多为"80后""90后"独生子女,受家庭影响大,以及北京、上海海外人才引进相对饱和等特点,出台了专门措施。

2.2.4 区域性创新网络成海外归国人才栖息地

创新网络是国家创新系统的重要组成部分,也是区域创新系统的一种重要形式。创新网络并不是多个主体的简单集合,而是一个具有复杂性、动态性特征的创新系统,这些主体之间通过合作和协同创新来推动系统性创新,促进区域创新发展。研究表明,创新网络作为创新要素的聚集地,在吸引海外优秀人才来华发展、促进人才集聚效应等方面具有独特优势;人才集聚效应一旦形成,集群的规模就会持续扩张,体现出"路径依赖"和"累积因果"的自我加强特征(季小立和龚传洲,2010)。基于太原市 168 家科技型企业问卷调查数据的研究也证明了协同创新网络对人才集聚效应具有显著正向影响(唐朝永和牛冲槐,2017)。为提高海外优秀人才的吸引力和凝聚力,加强创新网络的人才集聚效应,国家高新区创新网络在制定人才政策、改造留才环境、拓宽引才渠道、创新引才模式等方面进行了大量的工作并取得显著进展。在区域性创新网络体系中,留学人员创业园在集聚海外高层次人才、加速科技成果转化、培育发展高新技术产业、推进自主创新和国际科技合作等多方面也发挥着重要作用。基于政府政策和社会网络效应分析,通过对杭州市留学人员余杭区创业园内外居民的情况进行调查,发现杭州市留学人员余杭区创业园的建立在集聚海外归国人才等高素质人才方面发挥了巨大作用(姜海宁和丁海龙,2018)。数据显示,截至 2023 年底,全国建成并维持运营的留学人员创业园达到 327 家,累计孵化留创企业超 5 万家,已培育出上市挂牌企业 1000 多家。在 2024 年中国留学人员创业园区孵化基地竞争力排名中,苏州留学人员创业园孵化基地累计引进各类高科技人才 2.215 万余人,培养各级各类创新创业领军人才 682 人次,开发各类科技项目 1950 多项;引进培育科技企业 4296 家,培育上市公司 11 家,打造众创空间集聚区、集聚众创空间 109 家,位居"孵化基地综合评价排名"全国第二。(罗晓燕,2024)。统计数据表明,到 2023 年末,全国 66 家孵化基地累计吸纳回国创业和工作留学人员 59 327 人,孵化留学人员企业 20 569 家,累计引进和培育纳入国家和省级人才计划项目留学人才 2449 人,留学人员企业 4990 家,累计培育国家高新技术留学人员企业 3990 家,专精特新留学人员企业 697 家(中国高新区研究中心,2024)。研究发现,集聚海外归国人才的留学人员创业园能够加速发明专利创新,并对创业园区所在城市的创新发展产生显著的促进作用(付平和张萃,2021)。

2.3 引进海外归国人才创新创业发展新举措

作为我国创新创业中一支重要的科技力量和高端智力资源，海外归国人才是我国人力资源的重要组成部分，是实现中华民族伟大复兴的重要力量。近年来，国家实施创新驱动高质量发展战略，以集成电路、生物工程、高端制造、资源环境、新能源、新材料等战略性新兴技术领域为重点，大力实施海外人才引进计划，在突破关键核心技术、发展新兴产业、带动新兴学科、培养创新人才等领域取得重大进展，在创新驱动高质量发展战略背景下，各地方政府纷纷改革创新人才开发体制机制，创新海外人才引进使用方式，强化精准服务理念，营造良好的创新创业氛围和环境，打造引才聚才战略高地和平台，培育引才聚才市场主体，以海外归国人才引进为国家创新发展提供强有力的人才支撑，助力我国的科技创新从跟跑者向并行者转变，并在部分领域向领跑者迈进。

2.3.1 突出精准服务理念

根据海外人才的异质性特点针对性设计引进开发政策体系，不仅要有一套合理的薪酬福利待遇、非经济性报酬体系，还要根据海外人才的自身需求完善公共基础服务设施，重视环境质量、设施等因素的综合影响。OECD发布的全球人才竞争专题报告指出，影响科技人才跨国流动的因素除了经济激励、高质量研究设施、高科技人才的工作机会以及人身自由外，研究政策、道德规范、知识产权保护以及家庭和个人关系等也是不容忽视的重要因素（OECD，2008）。领英发布的2024年《中国留学生归国求职洞察报告》显示，对于有计划回国求职的海外人才，家庭因素、生活环境和文化环境是选择回国的三大主要原因。精准服务理念强调海外归国人才需求的精准识别、精准对接和精准服务，摒弃规模化、制度化、流程化的一刀切、大而化之服务模式，转而采用更加个性化、专业化、高效化的服务手段。由于海外归国人才具有独特的职业背景、生活经历和个人发展目标，把握精准服务理念能够确保归国人才得到最符合其实际情况的支持和帮助，解决其在融入本土环境时遇到的实际问题，从而提高他们的满意度和归属感。

随着国家创新驱动、经济发展方式转型、供给侧结构性改革以及高质量发展等一系列国家战略的实施，我国高层次创新创业人才、海外归国人才的需求持续保持高位增长。但我国引进海外归国人才还面临文化传统、语言差异以及生活习惯不同等瓶颈制约，长期以来人才资源配置的体制机制瓶颈制约也使得我国引进海外归国人才面临户籍、出入境、文化冲突等方面的巨大压力。要有效破解这些难题，就必须在人才引进工作中把握精准服务理念。为引进海外归国人才，各地方政府无一例外地以海外归国人才需求为突破口，量身定制出符合其实际情况的服务方案，为海外归国人才提供全方位的精准服务。上海为破解现行海外高层次人才永久居留证件申请门槛高、流程长、不便利等难题，建立市场化海外人才申请永久居留渠道，取消对申请人就业单位类别和职务级别限制。深圳引进知名服务企业、行业协会和人才孵化器，组建服务专员、义工队伍，为院士提供"保姆式"服务，为高层次人才及团队提供个性化"菜单式"服务，为五类百强企业提供专员对接及跟踪服务。成都、武汉、大连、西安等也纷纷放宽落户门槛，建立较为自由的居留制度，解除海外高层次创业人才的后顾之忧，同时为人才的配偶及其子女解决居住、上学、医疗与社会保障等生活问题。

2.3.2 营造创新创业氛围

海外归国人才是一种异质性的人才资源，除了具有良好的教育背景、深厚的专业功底、突出的创新能力和广泛的社会影响等显性特征外，海外归国人才还具有需求层次高、成就动机高、事业心强等隐性个性心理特征（徐爱萍和高爽，2012）。实证研究结果表明，研发活动、经济因素、科学文化土壤对高端科技人才集聚具有显著正向影响；区域研发经费投入强度越大，高端科技人才集聚能力越强；区域内拥有一流高等学校的数量对人才集聚也有重要的作用（韩联郡和李侠，2018）。良好的创新创业氛围既包含鼓励创新、重视实践的文化风气，又包含社会部门对创新创业活动的积极支持和引导，提供丰富的资源和机会，只有这样归国人才更容易受到感染，更愿意投身于创新创业的浪潮中。来自外部的资源和服务同样能够帮助初回国、对国内市场尚不熟悉的归国人才更快地适应环境，开展创新创业活动。同时，由于创新活动具有较高的不确定性，科技人才怕犯错往往选择保守的技术路线，因此要营造尊重人才、崇尚创造、鼓励探索、宽容失败的创新氛围（苏中兴和周梦非，2022）。

与直接引进人才相比，建立相关产业集群和创新支持平台，搭建海外人才引进战略高地，不仅能有效促进上下游产业链整合，还能促进知识流动和共享，营造良好的创新创业氛围，更有针对性地吸引不同产业、不同行业的海外归国人才。北京中关村发挥科教人才资源密集优势，颁布实施"1+6"、投贷联动、"国际人才20条"等改革举措，为创新人才提供别具吸引力的激励政策和良好环境，为创业者提供优质的团队、活跃的资金和宽松的政策服务。中关村创业大街自2014年6月开街以来，仅4年时间便联合入驻机构累计孵化创业团队2921个，其中海外归国和外籍团队355个，获总融资277.8亿元（袁璐，2018）。自2009年起，武汉东湖新技术开发区启动了"3551光谷人才计划"，聚焦于光电子信息技术、生物技术、绿色环保节能、尖端装备制造以及现代服务五大核心领域，致力于吸引并培育约50名顶尖科技领军人物，他们不仅掌握着国际尖端技术，更能够引领产业革新方向，持续壮大区域内的专业人才队伍。上海张江国家自主创新示范区构建了一个跨越国界的"全球联动"孵化网络，与美国的硅谷、韩国的首尔、德国的汉堡等全球创新高地紧密相连，打破了地域限制，汇聚全球创新资源为创业者赋能。该示范区以民营企业为核心驱动力，与遍布全球的23家行业协会、专业服务机构及高等学府建立了深度合作关系，进一步拓宽了国际合作网络。为了更加贴近国际市场，上海张江还在西雅图、不来梅、新加坡等地设立了前置的海外人才预孵化站点，为海外创业者提供更为便捷和精准的支持与服务，汇集多方智慧共同打造国际人才培育体系（刘禹和王春，2017）。成都、西安、杭州、合肥等地的高新技术产业开发区也分别出台专门措施，着力引进海外归国人才，具体如图2.2所示。

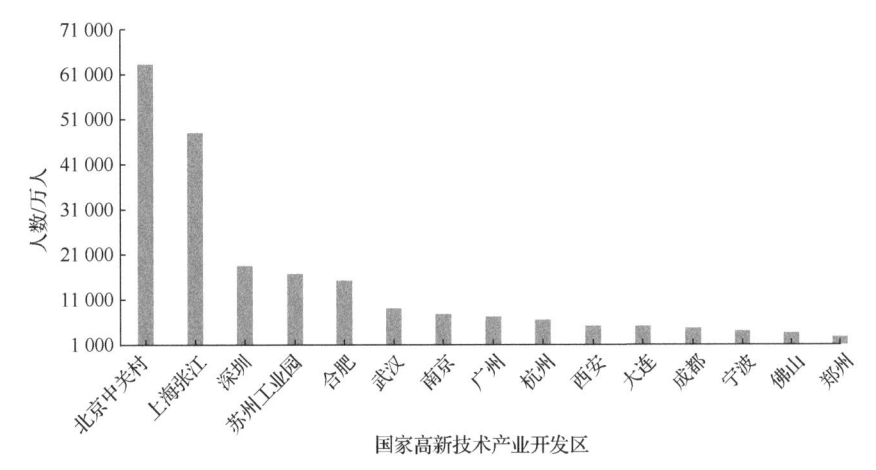

图2.2　2023年主要的高新技术产业开发区留学归国人员数
资料来源：根据《中国火炬统计年鉴2023》高新区企业人员情况（按地区分类）有关资料分析整理

2.3.3　发展人力资源服务产业

与一般人力资源、人才资源相比，海外归国人才具有更高、更强的专业知识或专门技能，更能进行创新创业等创造性劳动，并对社会做出巨大贡献。随着创新驱动发展战略实施和产业转型升级速度不断加快，各行业市场竞争加剧，我国高端人才的需求急剧上升，迫切需要通过自主培养和引进海内外高层次人才和急需紧缺专门人才。随着大数据、互联网和人工智能等新兴技术与人力资源服务业的融合发展，人力资源服务业能够为海外高层次人才的引进工作提供强大助力。全国各地以强化人才聚集作用、扩大海外人才队伍为目的，制定促进人力资源服务业大发展的系列政策，推动人力资源服务业市场更加细化，产业结构不断优化，鼓励和支持人力资源服务机构与从业人员根据各地区、产业和企业的个性化需求，提供"专、精、深、活"的个性化服务，促进各类人才的合理流动发展，增强国家、区域和城市吸引力，提高海外归国人才的引进效率和质量。截至2022年底，全国已有各类人力资源服务机构6.3万家，从业人员104万人，2022年营业收入达2.5万亿元，同比增长分别为6.60%、0.82%、1.63%。

为了提升人力资源企业人才服务的集聚效应，促进专业人才向产业集群高度集聚，《人力资源社会保障部关于实施人力资源服务业创新发展行动计划（2023—2025年）的通知》提出，要围绕国家区域重大战略和区域协调发展战略，到"十四五"末建成30家左右国家级人力资源服务产业园和一批有特色、有活力、有效益的地方人力资源服务产业园。全国各主要城市出台多项改革措施，配合国家级人力资源服务产业园积极开展"国聘行动"等专项活动，健全服务体制机制，切实加强留学人才信息网和专家信息库建设力度，逐步形成政府主导、社会参与、相互配合的海外人才公共服务体系。北京市为了在全球范围内广纳贤才，依托于业内知名的猎头公司、海外常驻机构、人才联络站点以及全球华人社团等多渠道资源，特别设立了海外人才搜寻专项资金，积极倡导并支持各类创新主体在海外设立研发中心、海外院士工作站或科学家工作站，借助远程在线协作、离岸创新等灵活多样的模式，构建跨境协同创新生态系统，实现全球智慧资源的无缝对接与共享。上海通过制定"一核多点"空间布局战略，致力于打造良好的事业环境。以中国上海人力资源服务产业园为核心，入驻有万宝盛华、海德思哲等260家知名人力资源企业。深圳产业园建立大湾区海归创业就业服务"海归岛"，提供留学生创业孵化、国际国内人才交流、产业技能人才培养等综合服务。

2.3.4 优化和完善城市创新创业生态

良禽择木而栖，贤臣择主而事。城市浓缩了人口、经济、社会、文化、环境等各类资源，具有人才培养、开发、吸引、配置和留住功能，是创新、创造和创业产生并得以实现的核心空间（Florida et al.，2017）。城市创新生态是创新群落与创新环境相互作用、相互影响形成的复合系统，协同互动是创新生态系统发展的关键生态机制。在城市创新系统中，创新生态系统包括多个创新种群，是初创企业、孵化器、风险投资机构等各类创新要素的聚集，创新生态系统通过物质流、能量流、信息流实现内部物种、种群、群落之间及与环境之间的物质、能量和信息交换，包括人力资本、实物资本、知识资本、金融资本，以及政策、市场信息等，以维持系统的稳定性和高效性（韩凤芹等，2024；许礼刚等，2024）。国际人才流动和创新人才集聚既受到城市经济发展水平和政策制度、文化环境等宏观因素的影响（魏浩等，2012），也受到公共卫生健康设施、娱乐设施等综合环境因素的影响，以及服务水平、生活条件、学术氛围等众多创新生态因素的影响（郑巧英等，2014）。麦肯锡将城市的基础设施环境和政府环境设置为最低门槛，以评价一座城市是否为播下"创新种子"建造环境（杜德斌和段德忠，2015）。纽约良好的城市创新生态蕴含了创新人才对高质量城市生活方式的向往与希望。费城汇集了来自宾夕法尼亚、新泽西和特拉华3个州的专科学院、大学、医院和研究机构资源。由于区域便利的交通环境以及相对低廉的租金成本，伦敦科技城聚集了一批年轻的新锐设计师。

创新离不开优秀人才，而优秀人才需要舒适的生态环境，宜人的生态环境已经成为吸引优秀人才的一项基本要素（李万等，2014）。为提升城市引进海外归国人才的核心竞争力，各城市除不遗余力地提供财政、税收等政策支持外，同时还采取措施优化和完善城市创新创业生态，打造宜人、宜居、宜业、宜创的城市营商环境。北京在"三城一区"[①]、科技创新产业聚集区等配置优质学校，加强在京海内外人才子女入学服务；同时给予商业医保补贴，设立就医"绿色通道"，建立国际人才社区、外籍人才办事大厅等配套政府购买服务，为外籍人才提供最大化的便利。深圳以新加坡与香港等先进地区为标杆，紧密参照世界银行所构建的营商环境评价体系，全面启动了多维度改革计划。这些改革覆盖了贸易投资环境的优化、产业结构的升级、人才发展策略的完善、政务服务效能的提升、绿色可持续发展路径的探索以及法治环境的强化等关键领域。深圳致力于率先构建一个服务效率卓越、管理体系规范、市场活力充沛且综合成本极具竞争力的国际顶级营商环境，为城市的长远发展奠定坚实基础。成都秉持"服务人才即服务发展"的核心理念，深入营造一种宜居宜业宜创的国际化生活环境。通过打造融合异国风情的建筑景观，不仅展现了城市的多元文化魅力，还精心引入了国际化的教育资源、医疗服务、运动健身设施以及丰富的酒吧、餐饮等生活配套项目。杭州在营造充满活力的创业创新环境、公平公正的法治环境的同时，营造舒适宜居的生态人文环境，持续提升生态环境品质，建设最美人居生活环境，着力优化文化软环境。

2.4 本章小结

本章以21世纪信息技术、互联网、人工智能高速发展为背景，探讨了数字化、网络化、智能化发展引起的国际人才流动新态势，指出人才特别是高层次科技创新人才成为科技创新革命性突破的关键。目前国际人才市场竞争新态势已明显呈现出产业、行业领军人物竞争白热化，涉外、国际视野人才成为焦点，面向需求的高技能人才竞争激烈，人才服务产业化数字化趋势明显四种趋势。

本章对相关资料和数据进行分析，发现我国海外归国人才创新创业发展存在

[①] "三城一区"即中关村科学城、怀柔科学城、未来科学城和创新型产业集群示范区（北京经济技术开发区和顺义区）。

海外归国人才创新创业发展势头迅猛、一线城市成为海外归国人才创新创业集聚地、新一线城市海外归国人才引进异军突起和区域性创新网络成为海外归国人才栖息地四个新特点。在"大众创业、万众创新"政策指导下，各地政府陆续出台多项海外人才引进政策及创新创业激励政策，海外归国人才创新创业发展势头迅猛。

　　本章参考部分典型地区实践经验，提出以下引进海外归国人才创新创业发展的新举措：突出精准服务理念，根据人才的自身需求完善相关服务，重视软资源等隐性因素对人才的综合影响；营造创新创业氛围，建立相关产业集群和创新支持平台，有针对性地吸引目标产业、目标行业的海外归国人才集聚；发展人力资源服务产业，建立健全海外归国人才服务体系，包括提供政策咨询、项目申报、融资对接等一站式服务，切实解决实际问题；优化和完善城市创新创业生态，打造宜人、宜居、宜业、宜创的城市营商环境，匹配国际人才质量需求，提高城市人才吸引水平。

第 3 章

海外归国人才的创新网络嵌入激励开发机理与机制

作为全球化人才链的一部分,海外归国人才具有高人力资本投资与价值创造、高创新创业意识与成就动机、高社会资本和知识信息需求以及兼具本土和海外双重文化嵌入等异质性特征。海外归国人才的引进和激励开发不仅带来了国际先进的技术与管理经验,推动了国家和地方的科技创新及产业升级,优化了人才结构,也增强了国际人才交流,促进了知识和技术的全球化配置。但现有海外归国人才引进、激励、开发和留住的公共政策支持体系较多停留在薪酬福利待遇、住房补贴、项目资助等外在物质激励层面,对创新氛围、组织支持、创新效能、营商环境、社会文化制度等内在激励因素关注和应用不够。以城市创新系统、高新技术产业开发区、留学人员创业园等为主要形式的创新网络组织致力于构建系统性创新的基本制度安排,建立创新主体和要素间松散、非正式和复杂性的合作关系。海外归国人才的创新网络嵌入激励开发能有效构建创新生态和氛围,促进异质性创新知识信息资源流动,激发海外归国人才的创新潜力和活力,实现高层次人才与市场的有效对接和资源优化配置。本章系统探讨海外归国人才的异质性人力资本特征及创新网络嵌入激励开发的理论基础和运行机制。

3.1 海外归国人才的异质性人力资本特征

我国海外归国人才的概念最早可以追溯到 20 世纪初。当时部分中国知识分子赴欧、美、日等发达国家或地区留学,归国后成为推动中国现代化进程的重要力量。改革开放政策实施后,国家做出了扩大派遣留学生的战略决策,进入 21 世纪,国家持续推出多项高层次人才引进计划,旨在吸引海外高层次人才回国、来华工作或创业发展。2007 年,《关于建立海外高层次留学人才回国工作绿色通道的意见》印发,把吸引海外高层次留学人才作为开展留学人员回国服务工作的重点。

2011年，国家有关部门印发《关于支持留学人员回国创业的意见》，第一次从国家层面对支持留学人员回国创业政策做出明确规定。2012年，中国共产党第十八次全国代表大会发出了"广开进贤之路，广纳天下英才"的号召，强调要"充分开发利用国内国际人才资源，积极引进和用好海外人才"[1]。习近平总书记在欧美同学会成立100周年庆祝大会上的讲话中也明确提出，"按照支持留学、鼓励回国、来去自由、发挥作用的方针，把做好留学人员工作作为实施科教兴国战略和人才强国战略的重要任务"[2]。海外留学人才呈现加速"回流"的现象。教育部统计数据显示，2012年以来，超过80%的各类出国留学人员完成学业后选择回国发展。与其他人才相比，海外归国人才具有典型的高人力资本投资与价值创造、高创新创业意识和成就动机等异质性人力资本特征。

3.1.1 高人力资本投资与价值创造

海外归国人才的概念在国际上具有广泛的适用性和多样性，其核心要义是拥有海外学习或工作经验后返回本国的特征。除此以外，海外归国人才往往还具有以下几个特征之一：一是在海外著名大学获得学士、硕士或博士学位，尤其是在STEM领域；二是参加海外专业技能培训、实习或工作坊，提升专业技能；三是在海外从事科研工作，参与国际学术交流；四是在海外跨国公司、国际组织或非政府组织工作，获取国际企业管理、运营经验；五是在海外创办企业或参与创业项目。教育部留学服务中心发布的《中国留学回国就业蓝皮书2023》数据显示，42.14%的留学回国人员在海外获得硕士学位，36.91%获博士研究生学历，每3名回国就业的留学人员中就有1位具有博士学位。全球化智库与智联招聘联合发布的调查报告结果显示，海外归国群体中近70%具有一定的海外工作经验，其中3年以上较长海外工作经验者回国人数占比相比2017年有明显提升，3~6年占比为11%，较2017年提高了5个百分点，6年以上占比为5%，提高了2个百分点（张涵，2018）。种种迹象表明，海外归国人才是国家战略人才力量的重要组成部分，是国家战略科技力量的重要支撑。

由于拥有良好的教育背景和国际化视野，掌握国际先进的技术理念，熟悉国际惯例，海外归国人才可以促进中国与世界的交流，带来国际视野和先进的管理经验，在科技创新、学术发展、高新技术应用等领域发挥重要作用，成为我国科学研究和技术创新的主力军、高新技术开发和应用的推动者、中国创业发展的领头人。Dai等（2018）利用中国上市公司2000~2007年的面板数据，

---

[1] 引自2012年11月18日《人民日报》第1版的文章：《坚定不移沿着中国特色社会主义道路前进 为全面建成小康社会而奋斗》。

[2] 《习近平在欧美同学会成立100周年庆祝大会上发表讲话》，https://www.gov.cn/ldhd/2013-10/21/content_2511394.htm[2024-11-15]。

发现海外归国高管不仅能显著提高公司的投资效率，而且其作为国际知识溢出的新渠道，对中国的企业通过吸收海外归国人才引致知识溢出效应，从而实现技术创新具有重要的意义。范旭等（2023）研究发现，海外人才回流的间接创新效应在企业的技术创新中起到明显的正相关影响作用。同时，海外归国人才的行业分布也显示了其对中国经济发展的重要性。金融业、互联网等高科技行业是最受海外归国人才欢迎的领域，海外归国人才在新技术、新业态的创业活动为中国经济发展注入了新的活力。截至 2017 年底，中关村科技园累计吸引 500 余名海外留学归国人才入园创新创业，培养和引进北京市特聘专家 88 人，中关村高聚工程专家 15 人，累计申请知识产权 6699 项，创造产值 1979.06 亿元，总利润 76.84 亿元。

3.1.2 高创新创业意识和成就动机

海外归国人才普遍接受过高等教育，掌握国际前沿的理论和技术知识，具有极强的创新精神、创新思维和创新能力。海外归国人才通常专注于创新事业的发展和自我价值的实现，能够发挥自身优势发掘创业机会，将自身人力资本优势转化为实际价值。研究表明，创业环境和事业平台是吸引海外优秀人才回国发展的关键因素（李建国和李罗丝，2005），职业发展是影响高校海外归国人才回流意愿的最主要因素（罗瑾琏等，2017），而移居国就业和职业发展困境与原籍国就业投资机会的吸引是国际人才回流的经济动因（Kumar et al.，2014）。调查结果显示，相比其他人才，入选人才计划的高层次科技人才表现出更高的成就动机（张静等，2024）。智联招聘发布的《2024 大学生就业力调研报告》数据表明，2023 年国内高校毕业生仅有 0.7%选择创业；而领英发布的 2024 年《中国留学生归国求职洞察报告》数据则显示，同年中国留学生毕业后选择创业的达 2%。

作为推动科技创新和发展的核心力量，海外归国人才创新创业意识相应对创新环境、资源供应等表现出较高需求。现阶段留学人员回国的主要原因是他们认为在国外所学专业在国内尚有较大发展空间，国内市场较为空白，高新技术领域的竞争并不太激烈，国内的经济发展前景较好，且优惠政策较多，回国发展才是更好的选择。王建红（2011）基于上海中青年海外归国人才和中青年非海外归国人才的实证研究结果表明，相比较而言，中青年海外归国人才以更低水平的创业自我效能感即可触发其较高的创业意向。由于拥有国内外相关专业的工作经验，掌握关键核心技术、国际化视野及双重网络关系，海外归国人才创业业绩一般优于本土人才（朱金生等，2021）。《中国海归群体思想观念调查报告（2018）》数据表明，超半数（53.62%）的海外归国受访者认为，国内经济发展势头强劲以及就业、投资、创业机会较多是其决定回国发展的关键因素（人民智库，2018）。调研数据也显示，16.22%的海外归国人才选择自己创业（邢海燕和陈梦娜，2024）。

3.1.3 高社会资本和知识信息需求

社会资本理论认为，社会资本是实际的或潜在的资源的集合体，它从集体性拥有资本的角度为会员提供支持（布迪厄和华康德，1998）。林南（2005）从社会资源理论角度进一步提出，社会资本是"投资在社会关系中并希望在市场上得到回报的一种资源，是镶嵌在社会结构之中并可以通过有目的的行动来获得或流动的资源"。Janssen（2005）研究发现，给予创新人才足够的创新资源对满足其创新需求尤其重要，工作场所中的学习和任务参与能增强异质性人才的创新信心。由于海外归国人才的异质性能力具有专用性、隐含性、黏滞性和体验性特征（李永周等，2011），因此海外归国人才的创新创业活动更多依赖其参与创新创业任务时和网络成员的交流学习，在长期互动、交流沟通中获得异质性信息与知识，实现隐性知识及信息的转移。作为社会经济活动中最具活力与创造力的一类特殊群体，海外归国人才的市场关系网络在帮助企业获得市场异质资源方面具有独特价值。

高社会资本和知识信息需求是海外归国人才高成就动机和创新创业意识的必然内驱力，也是海外归国人才创新网络嵌入激励开发的重要形式和内容。王建红（2011）实证研究结果表明，海外归国人才的个人特质与环境劝导是创业自我效能的前导因素，而环境因素是海外归国人才创业自我效能激发的关键。正是基于高社会资本和知识信息需求的前提假设，海外归国人才相对集中在创新创业资源富集、环境友好、社会资本丰富的一线和新一线城市。截至2023年底，深圳持续通过举办创新创业大赛国际赛，加大留学人员创业前期补贴、完善留学人员创业园管理服务等举措精准施策引才，累计引进留学回国人才超20万名（闫嘉欣，2023）。猎聘大数据研究院2024年的统计数据表明，一线城市聚集了超过40%的活跃留学归国人才，其中深圳更是以占比近25%长期位居留学归国人才职位需求榜首；杭州、成都领衔新一线城市，活跃留学归国人才数量占比靠前。人力资源和社会保障部国外人才研究中心发布的2022年度"魅力中国——外籍人才眼中最具吸引力的中国城市"主题活动成果中，排名前十的均为一线、新一线城市。

3.1.4 兼具本土和海外双重文化嵌入性

在全球化浪潮中，不同民族、不同文化、不同宗教之间的碰撞、摩擦乃至对立、冲突，将成为影响世界稳定的重要因素。与冷战时期的意识形态对立不同，文化冲突体现着世界观、人生观、价值观等精神层面的差异，比意识形态对立有着更深刻、更重要的内涵，它植根于人的内心精神世界，故能更直接地对人们的思维方式和行为方式产生影响（苏国勋，2003）。在国际人才流动及集聚日趋激烈的新时期，多元化的劳动力和人才结构、跨文化沟通和管理成为组织管理的重点与难点。一方面，海外归国人才较长时期在海外学习、工作或创业，会不同程度地受海外文化理念、市场意识、行为方式甚至世界观、人生观、价值观的感染和影响。海外归国人才积累的海外语言优势、前瞻性技术能力、跨文化社会资本以及国际视野和经验等，可以有效识别中外科技创新创业市场的知识和信息差距，更好地理解国际化商业环境和市场需求，有利于在国内开展国际合作和业务拓展。另一方面，海外归国人才通常具有本土背景，拥有更多的本地化背景知识和商业关系，能与本地政府、产业组织、社区领导等建立与保持良好的关系，本地化环境的隐性知识使他们能够识别哪些外国先进技术对当地市场更有帮助（Armanios et al.，2017）。

海外归国人才本土背景和海外文化双重网络嵌入，能够促进企业技术创新，提高企业创新能力（彭伟等，2018）。海外归国人才从出国留学到回国，意味着从一种社会文化环境进入另一种社会文化环境，然后重新回到本土文化环境。文化、制度差异，导致该群体回到本土社会文化环境需要经历一个适应过程才能重新融入国内文化和发展环境，面临逆向文化冲击（张雪和窦硕华，2021）。Li等（2012）关注到海外人才与国内环境的匹配问题，认为海外归国人才在国内经济体制中存在着"水土不服"的现象。廖思华等（2021）研究指出，在经历了一段时间国外生活的海外人才在回国后通常会面对反向文化震荡和文化再适应困难，需要时间重新培养和融入本土文化。人民智库（2018）的调查数据表明，海外归国群体受访者中"回国创业干事过程中的优势"排前三位的分别是"掌握着先进的科学技术知识、商业模式"（62.00%）、"富于创新精神、充满创业热情"（52.00%）和"广阔的国际视野和全球网络"（49.29%）；而"回国创业干事过程中遇到了哪些问题或阻碍"排在前三位的分别是"与国人的思路、沟通交流存在文化冲突"（51.00%）、"难以融入国内社会环境和行业现状"（45.93%）以及"创新环境保护不足，侵权、复制等问题依然存在"（45.07%）。

3.2 海外归国人才的创新网络嵌入激励开发的理论基础

近年来，为鼓励和支持海外归国人才创新创业发展，无论是国家层面还是省级、地市级甚至区县级地方政府都不遗余力地出台了一系列政策制度措施，着力引进海外留学人员归国、海外优秀人才来华创新和创业发展。2017年开始，全国更是掀起一股城市"人才大战"。上海、深圳、北京、广州等一线城市，武汉、成都、杭州、苏州、南京、长沙等新一线城市，无一例外放宽落户门槛，提供住房与优厚薪资福利待遇，给予项目和财政资金支持，解决人才配偶及其子女上学、医疗和社会保障等生活问题，倾力引进海外高层次人才。然而，由于海外归国人才是一种典型的异质性人力资本，具有明显的异质性需求特征，传统的以薪资福利待遇、股票期权等物质激励为主导的激励开发模式保健化趋势越来越明显，海外归国人才引用育留越来越困难。以城市创新生态系统、高新技术产业开发区、留学人员创业园等为典型代表的创新网络组织营造良好的创新创业环境、文化氛围与创新生态，致力于构建系统性复杂创新的基本制度安排，契合了海外归国人才的异质性人力资本需求特征，成为新时期海外归国人才激励开发的主要模式。

3.2.1 创新网络的社会网络结构分析

创新网络的理论研究是以新经济地理学派的产业集群和工业区位理论，以及技术创新的"系统范式"理论研究为主线展开的。以古典政治经济学的分工协作和规模经济理论为基础，马歇尔在其代表作《经济学原理》中首次从外部规模经济和知识溢出角度，提出企业的持续增长尤其是特定区域集中会带来熟练的劳工市场和先进的附属产业，产生专门化服务性行业，产业规模扩大还将引起知识量的增加和技术的传播。20世纪70年代，伴随着新技术革命的日益兴起和创新理论的快速发展，经典的创新过程理论开始从单一的企业家逻辑起点、需求拉动和供给推动线性模型向多机构耦合、多主体交互的"经济-技术-社会"系统网络模型转变，创新主体、创新要素之间及其与创新环境之间的交互作用过程日益受到重视。Freeman（1987）首次提出，国家创新系统是由公共部门和私营部门中各种机构组成的网络，技术经济范式的整体变革依赖于国家创新系统在集成技术创新资源、提高集聚效率和增强适应性效率方面的核心作用。基于网络视角的集群创新研究，Freeman（1991）引证并接受Imai和Baba（1989）关于创新网络的定义。Carlsson和Stankiewicz（1991）、Braczyk等（1998）则分别提出产业创新网络和区域创新网络概念，认为产业创新网络是由特定技术领域内所有参与机构形成的，以创造、扩散和利用特定技术的知识网络和信息系统，而区域创新网络是由具有明确地理界定和行政安排的创新网络与机构组成的。

社会网络是社会个体成员之间因互动而形成的相对稳定的关系体系，并且作为一个新的整体展现出了新的特性，因此创新网络往往被界定为一定区域内的企业与各行为主体（大学、科研院所、地方政府、中介机构、金融机构等）在交互式作用过程中建立的相对稳定、能激发创新、具有本地根植性的正式或非正式关系总和（王大洲，2001；张宝建等，2011；鲁若愚等，2021）。数目众多的大型企业、中小企业以及初创公司是创新网络组织创新投入、创新活动和创新收益的主体，通过与网络组织外界进行信息交换并将获取的市场需求和客户服务信息反馈给所支撑的网络组织，使网络组织能有的放矢地开展科学研究、技术开发和技术创新活动。各级各类研究机构，如国家实验室、专业研究所、高等院校、新型研发机构等科技创新平台则给创新企业和初创公司提供研究开发设施、人才以及前沿研究成果，是科技成果与创新的重要源头和策源地。而政府机构则提供政策指导、资金支持以及监管服务、公共技术平台等，推动企业创新活动和促进官产学研网络组织的建立。资本市场、咨询公司、技术服务提供商、人力资源服务机构等中介机构则扮演了"经纪人"（broker）角色，是沟通企业与高校、科研机构间知识流动，实现创新链、产业链、资金链、人才链深度融合发展的关键环节。在各级各类创新网络体系中，网络内创新主体和要素以合同协议、研发合作协议、联合实验室等正式合作，研讨会、工作坊、社交活动等非正式链接，以及专利许可、技术转让、人才交流等知识流动的多种形式链接实现知识转移、知识溢出和技术转移、技术创新，促进外部聚集性经济效益产生。美国硅谷以大学为核心，以企业为主体，构建了一个以创新生态为驱动力的发展模式，重点关注电子信息、计算机和生物医药等高增长行业，发展成为世界电子信息行业王国和生命医学的创新创业圣地。截至2019年，旧金山湾区共有73所大学和5个国家级研究实验室，其中高水平研究型大学共5所；2018年旧金山湾高科技行业从业人员167.4万人，占总人口的21.6%，其中在硅谷任职的美国国家科学院院士有近千人，获诺贝尔奖的科学家也有30多位（崔丹，2022）。日本筑波科学城拥有29所国家级研究教育机构和350家企业研究中心，共有2万余名科研人员（葛诺等，2022）。创新网络组织的要素构成与结构如图3.1所示。

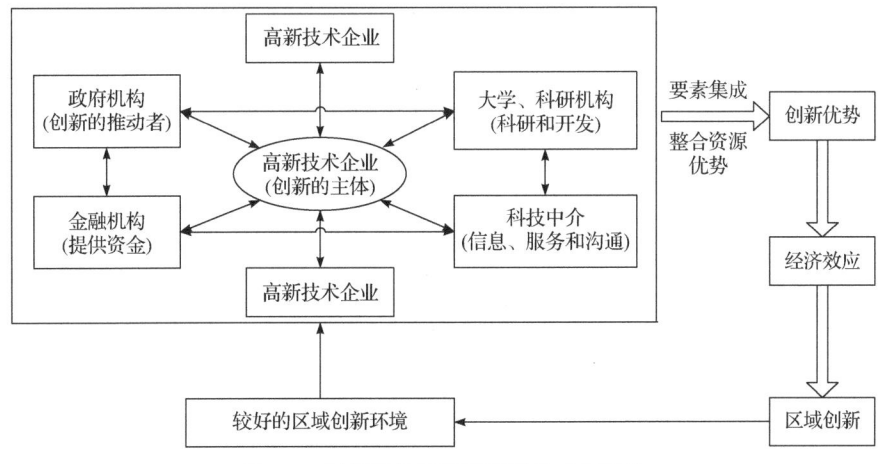

图3.1 创新网络组织的要素构成与结构

3.2.2 纯企业集群网络的知识转移转化渠道

社会资本理论表明，社会化过程的行动者会依据不同的动机与不同层次的社会行动个体进行同质或异质性互动从而获得有价值的资源，并依据这些资源得到包括显性知识和隐性知识获取在内的相应的回报（Lin，2002）。从制度基础看，纯企业集群的创新网络组织是一种兼具市场与企业组织优点的中间性体制、扁平化柔性组织。一方面，集聚高新技术企业、资金、技术、人才和各类中介服务机构等创新网络主体要素功能各异，社会资本不同，异质性、黏滞性的隐性知识技能存量嵌入社会经济网络，使得创新网络组织成员通过创新网络内互动参与为资源和知识转移创造机会，更具优势地获取社会资源、人际关系渠道和社会声誉。跨组织的知识流动和共享还能促进创新知识传递和人际情感交流，有效突破企业知识信息同源、同质和有限瓶颈，提升、催化、整合和协同总体人力资本，激发人力资本和社会资本互动。另一方面，由于地理邻近性和经济关联性，创新网络组织成员的互动交流在促进知识转移的同时会产生较强的知识溢出效应。在组织成员和创新主体相互学习过程中，隐性知识和交互作用的创新思想在创新网络组织中不断聚集，增加了组织成员间外部学习的机会，促进了知识、信息的循环、反馈和相互间的模仿、学习。组织成员也可通过将从其他成员处获取的新知识、新技能内化为自己的知识和技能并运用到自己的创新活动中，从而产生新的知识、技能和经验，这样加快了技术转移、转化和扩散的速度，提升了创新网络组织的创新效率和效益。创新效率和效益的提升进一步吸引更多企业进入、集聚并进而形成更大范围的规模效益，边际效益递增的趋势更加明显。因此，创新网络的要素集成、知识流动与共享以及主体之间的竞争合作机制既可以有效地解决外部"市场失效"，又能最大限度地克服内部"系统失效"，有效解决现代创新环境下技术创新的不确定性、资源稀缺性以及企业内部技术创新能力有限性之间的矛盾（李永周和庄芳丽，2008）。

由于隐性知识非口语化、直觉化、难以表达、难以编码，以及高度个性化并深深植根于个体行为本身及个体所处环境（Polanyi，1958），以隐性知识转移转化为核心的知识创新活动需要经历社会化（socialization）、外表化（externalization）、整合化（combination）以及内在化（internalization）的"知识螺旋"（SECI）传递过程（Nonaka et al.，2000）。在"知识螺旋"传递过程中，个体、团队或组织在相互了解成员间思想与情感的基础上，通过相互沟通、相互交流、相互交换分享各自的隐性知识，进而获取内在化知识并推动技术创新（Pangarkar，2018）。由于创新主体的数量增加以及创新环节的时空分离，传统的企业组织模式和正式交流方式，已无法满足非线性创新对知识流动的更高要求，集群创新网络组织内企业间的非正式交流（何圣东，2002）、企业衍生（Fosfuri and Rønde，2004）以及企业战略联盟（Koka and Prescott，2008）等是企业集群网络隐性知识溢出和技术转移的重要途径与方式。面对以多变性和不确定性为主导的激烈的市场竞争环境，集群创新企业的生存发展、市场拓展以及创新突破都需要成员企业之间建立一种既合作又竞争的市场关系。"抱团取暖"的集群经济形态汇聚了量多面广、生产经营业务活动存在一定依赖性或互补性的企业，这些企业通过与集群内其他企业的合作与协调获取外部资源，以资源共享、优势互补、共同投入、风险共担的方式进行合作创新，可以克服创新资源不足的矛盾和分散风险，从而降低生产成本、竞争程度和市场不确定性（Padmore and Gibson，1998；Walker et al.，1997），提高创新能力和创新效率，使竞争双方实现"双赢"。特别是自20世纪90年代以来产业组织的网络化、模块化和虚拟化趋势越来越明显，并显示出较强的环境适应性和市场竞争优势（Schilling and Steensma，2001）。模块化网络组织为集群内企业知识流动提供了网络平台，成员之间通过知识流动实现知识整合和共享，不仅可以以低成本获取合作伙伴的知识和技能，还能将获取的异质性新知识与自身的核心能力相融合，进行新的知识创造（余东华和芮明杰，2007）。企业集群视角下创新网络组织的隐性知识转移渠道如图3.2所示。

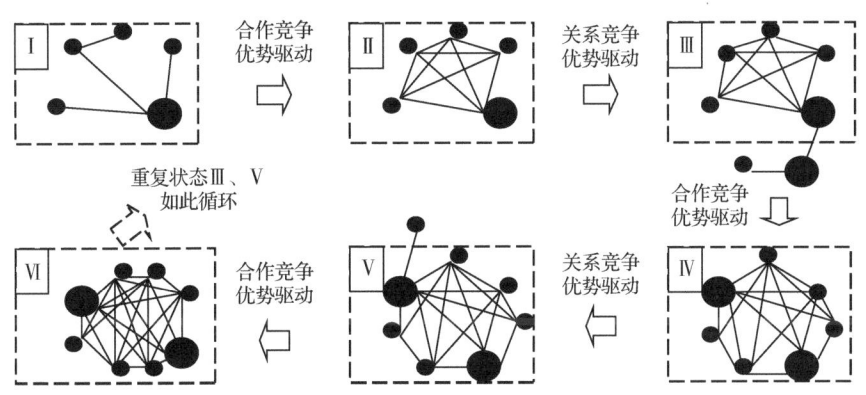

图3.2 企业集群视角下创新网络组织隐性知识转移渠道示意图
资料来源：李永周等（2009）
图中方框代表企业集群，方框外圆点表示尚未进入企业集群的企业；图中小圆点表示已经在企业集群中或集群外正常运营的企业，大圆点表示新进入企业集群或拟进入企业集群的企业

3.2.3 产学研协同创新网络知识转移转化路径

20世纪80年代末90年代初，随着现代科学技术快速发展和日新月异，技术复杂度和开放性持续提高，顾客需求多样化、个性化、定制化趋势越来越明显。全球化在更大广度和深度上塑造了创新要素的空间联系和相互作用，有利于企业在全球范围内有效获取所需资源，因此越来越多的企业通过合作研发、联盟、并购、外包等方式获取来源广泛的知识、信息和人才等创新要素（何郁冰，2015）。

由于产学研协同创新网络是特定区域中具有竞争合作关系、在地理上集中、有交互关联性的企业、专业化供应商、服务供应商、金融机构、相关产业厂商以及其他相关中介服务机构等共同组成的供应链节点群体，面对同一个客户终端，各节点通过基础研究、技术开发、生产、销售及售后服务等共享信息行为，及时掌握供应链渠道情报资源，能有效促进显性知识（如专利、技术文档等）信息资源的传递、共享并产生知识协同效应，进而促进技术创新。创新网络的出现使企业对外部创新要素的关系不再局限于企业和企业之间的研发联盟与集群创新，以企业或专业化企业集群为主体的市场竞争开始向以供应链为主体的产学研协同创新网络簇群竞争转变。Chesbrough（2003）较早提出，新经济、复杂创新条件下，企业需要开放自己的组织边界，允许知识和技术双向流动，开放式创新是企业增强自身竞争优势的重要举措。随后，更多学者开始关注协同创新网络组织创新知识和信息的内部特征及其对知识流动、共享的影响，从创新知识和信息的结构、质量与治理等多角度研究其对协同创新的作用（刘兰剑和项丽琳，2019）。Briscoe 和 Rogan（2016）、Tortoriello（2015）研究发现，产学研协同创新网络组织内企业可以获取产业链上下游企业、高校、科研机构等其他创新主体的异质性知识和信息资源，为企业带来非冗余和多样化的资源。但异质性知识和信息资源的差异也增加了企业开发利用的难度，创新企业的知识整合能力（Grigoriou and Rothaermel，2017）、交换和结合知识的能力（Caridi-Zahavi et al.，2016）才是企业重组知识、理解新知识和各种知识价值能力进而推动新产品或新技术创新的关键。

创新网络是虚拟、开放和无边界的组织，网络内创新主体越过组织边界不断与网络外部进行物质、信息和能量交换。同时，创新网络组织具有自我调节的能力，能够根据外部环境的变化进行适时调整和优化。在开放、复杂、颠覆性创新大行其道的背景下，科技创新的系统性、多维性和复杂性，决定了科技创新和技术扩散越来越依赖于极其复杂的环境变量（如机构、社会、习惯、意识、期望以及企业和市场结构），创新网络不仅关注物质网络，更注意非市场领域，以及功能空间中支持空间对创新网络的关键性影响（李远，1999）。Saxenian（1994，2006）对美国硅谷进行系列深度研究后提出，硅谷的成功难以复制的真正原因还是文化、制度与环境，包括小而灵活的创新企业组织结构、竞争合作的市场环境、发达完善的劳动力市场和人才市场、鼓励创新宽容失败的创新创业氛围、开放包容的移民文化以及发达的地区性产业网络、专业充沛的科技金融服务等动态、开放、包容的知识生态体系。González-Brambila 等（2013）发现，研发人员的创造力主要来源于知识和信息的交换，所以网络内的合作频率对于创新产出有重要的影响作用。产学研协同创新网络组织中，由于同质竞争企业集群网络的网络节点存在直接竞争，知识和信息流出的节点企业往往出于竞争优势考虑，通常存在"信息弱化""知识截流"现象。企业的传递、解读和吸收能力差异也会极大阻碍创新网络组织知识流动和共享,影响网络组织的创新活动及其成果转化。科技中介服务性质的网络节点(如科技风险投资机构、科技人力资源服务机构等)聚集了各方面的技术专家和管理人才,拥有大量信息资源和现代化技术手段,信息识别和处理能力比一般节点更强。其服务面向社会,能沟通和协调各方行为主体,把分散、独立的个别市场连接起来,减少信息冗余并优化信息质量。创新生态系统中公共技术平台、人才平台兼备了科研技术资源和市场产业资源,联通了异质互补型网络节点,实现科技链和产业链的对接,有助于降低网络信息交流的成本,减少信息传递的冗余,提高信息处理的质量,促进"默会性知识"的流动和技术创新的实现。公共技术平台连接创新网络主体和技术市场的知识转移路径如图 3.3 所示。

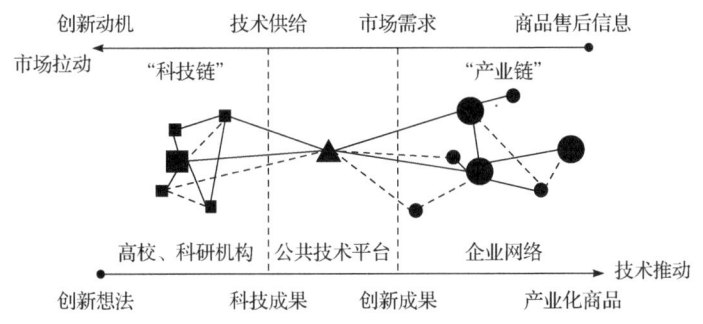

图 3.3 公共技术平台连接创新网络主体和技术市场的知识转移路径
实线代表强联结;虚线代表弱联结。虚线演化成实线,表示网络联结由弱联结转为强联结;小节点演化成大节点,表示该组织规模增大、集聚资源增多、创新辐射力增强

3.3 海外归国人才的创新网络嵌入激励开发的运行机制

创新创业活动的复杂性使得异质性、黏滞性隐性知识信息资源的有效获取、开发利用成为促进创新创业事业成功和动机实现的关键与核心。同时,这一过程受到创新主体自身以及外部多种因素的影响,包括创新支持感、创新效能感、知识吸收能力、知识共享意愿、信任程度以及网络异质性和知识属性等。理论研究和政策实践均表明,当给予海外归国人才良好的创新环境、友好的合作伙伴和足够的创新资源时,其创新创业意识更加强烈,创新创业动机和需求更易于满足。海外归国人才通过创新网络嵌入与供应商或战略合作伙伴建立紧密同盟,获得不易察觉的相关市场隐性知识,减少信息不对称带来的冲突,获得更多的市场机会,获取外部互补性资源,有效提升海外归国人才创新创业绩效。统计数据表明,海外归国企业家精神的发挥受限于空间因素,金融越发达的地区,海外归国企业家

精神溢出效应越显著（李平和许家云，2011）；在移动互联网产业方面，海外归国人才需要在良好的创新创业环境下与本土人才合作，才能更好发挥优势（张曦如和林道谧，2015）。20世纪90年代以来，美国硅谷、波士顿128号公路，以及日本筑波、印度班加罗尔、以色列特拉维夫等区域创新网络实践取得不菲业绩，证实了创新网络嵌入是一种包括海外归国人才等在内的高层次创新人才集聚开发的有效模式。

3.3.1 海外归国人才的创新网络嵌入激励开发的模型框架

人的心理活动是由自我—行为环境—地理环境等进行动力交互作用的"心物场"（psycho-physical field）（Koffka，1935），人的主观因素、所处客观环境以及主观化后客观环境共同构成的整体系统决定了个体行为和心理活动（Reed and Lewin，1951）。布迪厄和华康德（1998）认为，场域是以各种社会关系连接、表现形式多样的社会场合或社会领域，而社会资本是通过关系网络获取的实际或潜在资源的集合体。由于人类经济嵌入并缠结于经济与非经济制度之中（Granovetter，1985），尤其是相互帮助、沟通协作、交换资源等行为（Uzzi，1997），而创新网络蕴含着满足个体创新所需的实际或潜在资源，为创新主体提供关键资源，因此创新主体往往需要嵌入创新网络（Gronum et al.，2012）。数字经济背景下，共享经济、信息消费、无边界组织等新经济、新业态、新模式异军突起，自主创新越来越成为实现创新"加速度"发展的重要基础和根本动力。海外归国人才的高成就动机以及由此衍生出的对创新知识和信息的强烈需求，需要在创新网络中与合作者交流学习，需要特定情景的人际关系和环境建设。

海外归国人才的异质性人力资本的专用性和默会性特征决定其嵌入创新网络的必要性和可能性。一方面，由于异质性人力资本专业知识结构和创新创业要素功能各异，因此只有在专业知识和信息充沛、人才聚集的创新网络内，才能实现异质性人力资本专业知识技能的互补和资源共享。另一方面，创新网络具有创新要素集成、知识流动共享和文化氛围熏陶等制度功能，专业化提供了满足异质性人力资本高成就动机、高价值追求、高资源需求的丰厚条件。网络嵌入能使海外归国人才的异质性知识技能得到互补、资源实现共享并产生协同效应进而提升创新效能和绩效（Simsek et al.，2003）。由于个体层面创新绩效测量既包含个体的创新过程或行为，也包含创新的结果或产出（Mumford et al.，2002；Janssen，2005；韩翼等，2007；姚艳虹和衡元元，2013），海外归国人才在创新活动中投入了资金、技术、知识等有形资产和无形资产，且其创新活动可能需要长期的投入、转化和产出过程，因此本书关注的海外归国人才的激励开发即创新绩效提升，既包含海外归国人才的创新过程和行为，也包括其创新结果和产出。创新网络嵌入在人力资源开发激励中的独特优势契合了海外归国人才的异质性需求特征。海外归国人才的创新网络嵌入激励开发理论模型如图 3.4 所示。

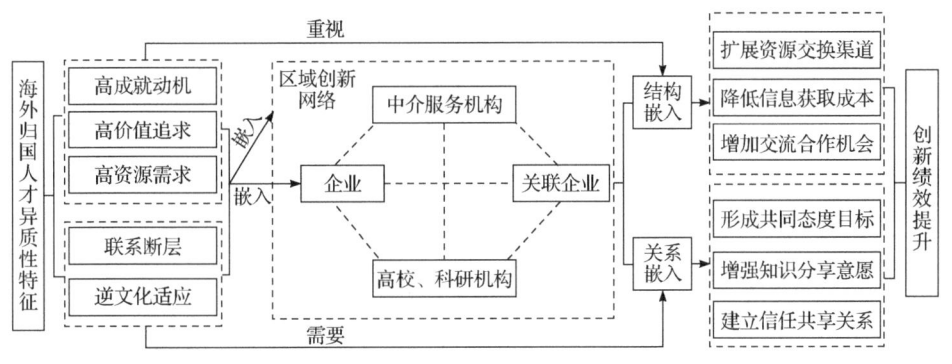

图 3.4 海外归国人才的创新网络嵌入激励开发理论模型

创新网络是由许多创新网络节点构成的一种社会结构，是创新主体集聚并互动共享而形成的相对稳定的关系体系。创新网络不仅包括以价值链为基础的上下游产业供应链关系，也包括以创新、知识链为基础的知识、信息衔接、合作和价值传递关系。上下游产业供应链关系以高技术企业组织为载体，反映企业和企业之间的分工与合作关系，而创新知识链的价值传递关系则以海外归国人才的人格主体为载体。随着经济发展和社会进步，海外归国人才等异质性人力资本的需求和动机发生明显转变，他们不再追求简单的薪资福利待遇等物质财富，更多关注创新创业成就动机和个人事业发展。随着网络化的集成创新逐渐取代离散分布创新，海外归国人才与伙伴之间建立起相互协作关系，以产学研协同创新网络的形式在价值链上实现资源和信息的共享与互补，这种协同效应促使企业获得更高价值的产品创新和更高水平的流程创新（Tomlinson，2010）。同时，产学研协同创新网络的形成还可以有效降低交易成本，将创新活动和知识传播中的外部性问题内部化，从而提高创新绩效（Williamson，2008）。因此，嵌入创新网络的海外归国人才具有多重网络嵌入性。一方面，作为劳动契约关系中被雇佣的一方，海外归国人才具有一般意义上的组织嵌入、工作嵌入和职业嵌入特征，这种嵌入性以联结、匹配和牺牲（成本）维度衡量员工的离职行为。另一方面，作为科技成果转化、高新技术企业培育等创新链、知识链的重要人格主体，海外归国人才还具有对区域创新网络（社区）的嵌入性，以结构嵌入和关系嵌入维度进行评价。尽管这种嵌入性与一般意义上的社区嵌入没有本质区别，但在嵌入的对象、内容和作用机制上却有着本质不同（李永周等，2018）。同时，海外归国人才依然维持着海外社会关系网络背景，拥有自身的个体海外网络嵌入属性，连接和传播国际先进前沿的科学技术和管理理念，模型如图 3.5 所示。

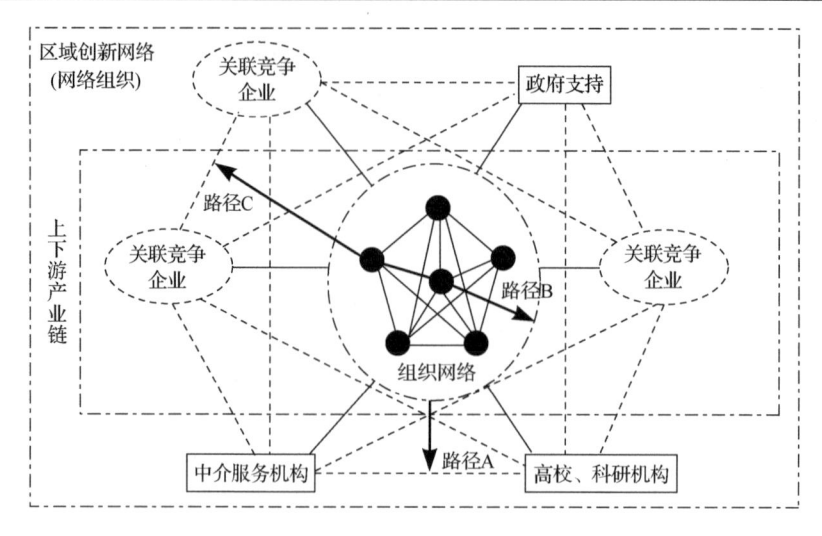

图 3.5　海外归国人才的组织嵌入和网络嵌入模型框架
资料来源：李永周等（2018）

3.3.2　结构嵌入提高创新知识和信息资源获取的规模与数量

网络嵌入是指个体或企业的经济行为嵌入所处社会关系网络，受到网络组织间相互社会关系、社会文化以及价值因素的影响。网络嵌入包括关系嵌入和结构嵌入两个维度（Granovetter，1992）。研究表明，由于创新网络资源空间集聚构成了一种社会资本，解决了创新过程中知识所需量和所有量不匹配的问题，实现了知识共享，可以积累并应用于各种创新目标和行动（Adler and Kwon，2002），创新网络是创造人力资本产生和提升创新绩效所必需的场域，为个体提供有形和无形的创新资源（Gulati and Srivastava，2014）。创新网络主体（包括创新企业组织和人才个体）通过构建规模适度、竞争有序的创新网络结构（包括同质竞争性创新网络结构和异质互补性创新网络结构），能够获取多样、优质的知识、信息等资源形成独特的社会资本，实现人力资本和社会资本互动并对创新赋能（李永周等，2009）。Halgin 等（2015）、Tasselli 等（2015）、Beckett 和 Vachhrajani（2017）、Cook 和 Mo（2019）等学者提出，特定行动者占有的社会资本的数量依赖于其可以有效运用所在网络的规模、位置及与网络的联系强度，企业网络结构在获取资源、促进技术创新、促进先进兼容技术标准的制定等方面发挥着关键作用，个人可以有目的地塑造他们的网络从而获得足够的创新资源。国内学者詹坤等（2018）、王海花等（2019）、徐言琨和侯克兴（2020）等实证研究了网络结构对提升企业创新能力、提高个体创新创业绩效的影响。

已有研究认为，网络结构是促进创新绩效的重要机制之一。现有的网络结构研究从自我中心网络视角出发，提出网络结构、网络配置以及网络层次分别对应网络中的连接数量和类型[包括强连接（strong ties）和弱连接（weak ties）]、网络的形态和结构特征[如中心性（centrality）、密度（density）和集群（clustering）]，以及网络中的层级和权力结构。对于网络结构与创新绩效的研究，多基于主体能力的角度探讨资源整合能力（李振华等，2019）、吸收能力（艾志红，2017）、学习能力在网络结构中对创新绩效的中介作用。也有学者从心理学角度，研究情感信任和认知信任在其中的作用机制。对海外归国人才这一特定异质性人力资本而言，创新创业绩效的考量则应关注创新过程及创新结果，网络结构应考虑到网络位置和关系强度。网络位置是对高价值、有效用资源的控制权，反映了海外归国人才在创新网络中的重要性、地位及优势，决定了凭借各种直接或间接关系连接获取资源的能力。Belso-Martinez 和 Diez-Vial（2018）提出，居于强有力的网络位置更容易获得有价值的资源流，有利于创新产品和流程。

从结构嵌入角度看，嵌入创新网络的海外留学归国人才，基于高成就动机、高创新需求驱动，与创新网络成员展开正式与非正式频繁往来、沟通，逐渐构建了有利于信息获取、创新需求的个人网络系统和社会网络系统。处于网络中心位置的海外归国人才比其他边缘位置个体拥有更高地位、更多信息获取渠道和更频繁的人际互动，因此在共享、整合和利用信息、技术与知识等互补、异质性资源方面处于优势地位。结构洞越多的区域受到其他区域的冗杂限制越少，海外归国人才能够在地方合作创新网络中更高效地获取异质性、非冗杂的信息。网络的非重叠性和非冗余性能够促进异质化程度较高的知识分享，而高频率的交流和信息分享则有助于创新网络内海外归国人才完成创新活动。因此，嵌入创新网络的海外归国人才逐渐构建了有利于信息获取、创新需求的个人网络系统和社会网络系统，并在这种复杂交互的网络联系结构中进一步获取和整合信息及资源。正是这种复杂交互的网络联系结构对异质性人力资本的信息获取与整合产生了重大影响，从而提升了海外归国人才的创新效能和绩效。

3.3.3 关系嵌入提升创新知识和信息获取的质量与水平

网络嵌入性反映了企业在网络中的位置、地位和其与网络中其他企业的相互关系，以及由此决定的企业在网络中所能聚集、整合和配置的资源数量并进而影响企业行为与绩效（许冠南等，2011）。作为网络嵌入的两个重要维度之一，关系嵌入反映关系要素即网络参与者因地域、组织、团队、个体形成的社会关系联结中的相互理解、信任和承诺程度（Andersson et al.，2002）。Nahapiet 和 Ghoshal（1998）进一步提出社会资本的三个基本维度，即结构、关系和认知维度，其中认知维度是网络成员之间共享的认知框架、语言和符号体系，包括共同的愿景和理解。知识创新的高成本、高风险性，以及知识共享后容易失去稀缺性与独特性，阻碍了知识共享的自发实现。关系嵌入重视在信任和共享机制上所展现的行为，强调创新主体的直接黏着关系，立足于在信任和共享机制上加强网络内创新主体的知识、资源、资本的流动与共享，可以降低创新主体之间创新合作的交易成本，同时在各主体的协作中建立互惠规范并增强网络外部性，促进组织间的知识溢出（Parker and van Alstyne，2005）。有效的关系网络可以提供资源、信息和支持，促进知识的转移与创新的实现。一方面，影响知识共享的内部激励因素主要是可感知的由拥有知识带来的权利和由共享知识带来的互惠互利，信任是减少不确定性的一种机制，可以让个体更容易获取所需资源；另一方面，在创新主体和资源聚集且充沛的创新网络内，创新主体和要素的频繁互动、交流，以及基于创新网络关系嵌入的信任、互惠机制，实现了知识技能互补和信息资源共享，产生了协同和倍增效应，有效弥补了薪酬福利待遇和资金、项目支持等物质激励的不足。

关系嵌入性是个体或组织在社会网络中所建立的人际关系和互动模式。对于海外归国人才而言，这种关系嵌入性包括与同行、专家和学者的专业网络嵌入，与行业内企业和组织联系的产业网络嵌入，与朋友、家人和校友联系的社交网络嵌入，以及与政府机构和政策制定者联系的政策网络嵌入等。海外归国人才通常具有国际视野和先进的技术知识、管理理念，这使他们在国内创新网络中占据重要位置。同时，海外归国人才积累了丰富的海外社会资本，包括学术圈、商业圈和政府关系。国家出台的一系列优惠政策也为海外归国人才提供了资金、资源和政策支持。建立良好的创新关系网络实现关系嵌入，建立创新主体之间相互信任机制和创新要素顺畅流动机制，能够帮助海外归国人才便捷地获取最新的行业动态和市场需求信息，促进海外归国人才与本地企业、高校和研究机构进行协同创新。研究表明，考虑与原籍国不同类型联系，控制最相关环境因素（年龄、研究领域、在东道国职位等），保持与原籍国联系的研究人员返回其原籍国的可能性及其在东道国的科学生产力都更高（Baruffaldi and Landoni，2012）。但海外归国人才在海外生活和工作多年，回国意味着他们从一种社会文化环境进入另一种社会文化环境，需要经历"国内—国外—国内"的双重流动。由于不同国家和地区在文化、制度等方面存在差异，海外归国人才的整体文化生活和社交网络等也面临多次断裂、重组，海外归国人才回国发展是对东道国文化的"脱嵌"以及原籍国文化的"再嵌入"（邢海燕和陈梦娜，2024）。调查数据显示，多数海外归国人才回国之初常处于一种"悬浮与脱嵌"的状态，游离于两种制度文化环境边缘，难以融入和适应本地文化（冯丹等，2020）。梁帅和李正风（2021）研究发现，身份认同缺失、社会关系断裂和科研生产资料不足是海外归国科学家面临的三大问题。因此，在创新网络关系嵌入中，以多元化心理需求为核心的情感支撑体系，其深远意义在于它细腻地映射出组织如何关怀归国人才从初来乍到的"文化适应挑战"到逐步"融入本土"、最终实现深层次本土化的心路历程。这一过程不仅是物理空间的转换，更是心理认同与归属感构建的深刻体现。在创新网络关系嵌入文化的熏陶下，海外归国人才更易感知到创新网络组织的创新支持，提高网络认同度，进而更好地融入所在的创新网络。根据社会交换理论，创新个体感知到创新网络给予的期望利益、保障和资源越多，就越有动力和义务通过产生更多的创新行为来回报创新网络所提供的支持（Rich et al.，2010），海外归国人才的创新网络关系嵌入激励开发理论模型如图3.6所示。

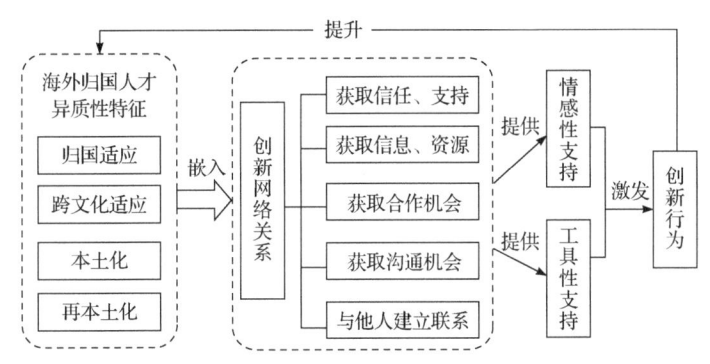

图 3.6 海外归国人才的创新网络关系嵌入激励开发理论模型

3.4 本章小结

现有海外归国人才引进、激励、开发和留住的公共政策支持体系较多停留在薪酬福利待遇、住房补贴、项目资助等外在物质激励层面，对创新氛围、组织支持、创新效能、营商环境、社会文化制度等内在激励因素关注和应用不够。以城市创新系统、高新技术产业开发区、留学人员创业园等为主要形式的创新网络致力于构建系统性创新的基本制度安排，建立创新主体和要素间松散、非正式和复杂性的合作关系，有利于海外归国人才的集聚与激励开发。本章探讨了海外归国人才的异质性人力资本特征、创新网络嵌入激励开发的理论基础以及创新网络嵌入激励开发的运行机制，主要研究结论如下。

（1）海外归国人才是一种具有异质性需求特征的异质性人力资本。海外归国人才的概念在国际上具有广泛的适用性和多样性，其核心要义是拥有海外学习或工作经验后返回本国。与其他人才相比，海外归国人才具有典型的高人力资本投资与价值创造、高创新创业意识和成就动机、高社会资本和知识信息需求以及兼具本土和海外双重文化嵌入性等异质性人力资本特征。

（2）创新网络嵌入契合了海外归国人才的异质性需求特征。创新网络的社会网络结构分析表明，创新网络组织是一种兼具市场与企业组织优点的中间性体制、扁平化柔性组织。纯企业集群创新网络组织内企业间的非正式交流、企业衍生以及企业战略联盟是企业集群网络隐性知识溢出和技术转移的重要途径与方式，而产学研协同创新网络组织内企业可以获取产业链上下游企业、高校、科研机构等其他创新主体的异质性知识和信息资源，为企业带来非冗余和多样化的资源。

（3）海外归国人才的创新网络嵌入激励开发具有多重网络嵌入性。创新网络蕴含着满足个体创新所需的实际或潜在资源，为创新主体提供关键资源。随着网络化的集成创新逐渐取代离散分布创新，海外归国人才与伙伴之间建立起相互协作关系，以产学研协同创新网络的形式在价值链上实现资源和信息的共享与互补。海外归国人才的创新网络结构嵌入能够提高创新知识和信息资源获取的规模与数量；创新网络关系嵌入能有效提升创新知识和信息获取的质量与水平。因此，创新网络嵌入成为包括海外归国人才等在内的高层次创新人才集聚开发的有效模式。

第 4 章

创新网络嵌入、创新支持感与海外归国人才激励开发

近年来，稳步发展的经济市场、如火如荼的科技创新成为海外留学人才归国的重要拉力，而国外经济持续低迷、就业移民政策不断收紧等国际环境也推动了海外留学人才的归国步伐。为持续吸引更多海外留学人才学成归国，让海外高层次人才来华创业发展，全国各地纷纷出台了以创新支持为核心内容的"抢人计划"，以实现海外归国人才激励开发和人尽其才、才尽其用，积极参与国际人才市场竞争。但目前各地针对海外归国人才集聚开发的政策措施仍集中在资金支持、项目扶持、住房保障等物质资源供给或工具性支持层面，这种"即时性措施"具有短期性、易替代性、一次性等特点，难以破解海外归国人才激励开发面临的创新资源和发展异质性需求瓶颈难题，也容易诱使极少数海外归国人才产生"投机"行为。人工智能、大数据、新一代移动通信技术背景下，市场环境日趋复杂，技术更迭周期日渐缩短，创新的复杂性及不确定性随之持续攀升，个体创新活动深受组织内的知识信息和创新资源同源、同质和有限的瓶颈制约，仅依靠组织内基础性工具支持难以实现海外归国人才的有效激励开发。本章运用资源依赖、社会交换等理论，探究新时期创新网络嵌入如何以创新支持感为中介提升海外归国人才创新绩效进而实现激励开发的机理和机制。

4.1 文献综述、理论模型与研究框架

4.1.1 文献综述

创新支持感（perceived innovation support，PIS）概念源于组织支持感（perceived organizational support，POS）。Eisenberger 等（1986）基于社会交换理论首次提出，组织支持感是员工自身感知到的来自组织的关怀，是组织对员工精神层面的

支持，主要体现为组织重视员工的贡献和关心员工的福利。McMillan 等（1997）进一步指出，组织支持感的定义并非仅限于福利和尊重，工具性支持如信息、资源、设备以及培训等，对于员工执行工作也至关重要。国内学者凌文辁等（2001，2006）引入组织支持感这一概念，并通过实证研究提出，组织支持感是由关心利益、员工价值认同和工作支持三方面构成的多维概念。随后，国内外学者对组织支持感的内涵、测量及前因、结果变量进行了深度研究。Allen 等（2003）对 400 余名销售员工、保险代理员工的调查研究结果表明，组织允许员工参与决策、提供晋升机会、给予公平性奖励和认可，员工组织支持感越高，则离职意愿越低。Lapalme 等（2009）研究表明，来自组织方面的支持能够正向影响员工作为内部人的身份感知，使他们工作更加努力。刘玉敏和李广平（2016）的研究表明，用工单位提供的组织支持能有效降低派遣员工的离职意愿，这一效果主要通过增强员工的组织认同感来实现。同时，Bammens 等（2013）指出，感受到组织支持的员工更可能积极参与创新活动，展现出更高的工作动力。

在快速更迭的社会竞争中，组织保持竞争优势离不开创新。组织不仅需关注普遍意义的组织支持感，更需基于创新管理视角聚焦于组织创新支持感。Scott 和 Bruce（1994）提出组织创新支持感，即员工对组织激励、尊重创造力等的感知，是预测创新行为的重要前因。有学者进一步提出，组织创新支持感是员工对所在组织支持创新性或创造性活动的感知水平。张振刚等（2016）率先从组织与个体因素交互的视角阐释创新支持感的概念，强调创新支持不仅涵盖资金、场域、中介服务等实际资源，还包括价值尊重、成就认可、生活关怀等情感支持。以组织创新支持感为基础，国内外众多理论研究深入探讨员工创新行为驱动因素，揭示组织创新支持感的核心作用及其复杂的影响机制。Chandler 等（2000）的实证研究巩固了组织创新支持感的价值，指出员工对其的积极感知能显著促进创新行为、增强组织活动参与度并提升组织满意度。Camisón 和 Villar-López（2014）实证研究进一步指出，组织的创新活动需要得到组织的支持，组织创新支持感在技术创新过程中发挥重要的支撑作用。顾远东等（2014a，2016）则深入探讨了组织创新支持感对员工创意产生及执行行为的直接影响与间接作用路径，指出组织认同、领导认同和职业认同在这一过程中扮演了关键的中介角色。张志强和吕爽（2019）、许慧等（2021）分别探讨了众创空间的创新支持对创客创新行为的影响，以及组织创新支持通过影响科研人员创新自我效能感、知识共享进而影响其创新行为的内部机制，揭示了创新支持对于激发创客和科研人员的创新行为具有显著影响。杨中华等（2021）基于社会交换理论和积极心理学理论整合的视角发现，组织创新支持感中利益关心维度直接影响高校科技人员的创新行为。Yang 和 Zhou（2022）的研究虽未直接提及组织创新支持感，但其对数字化环境下组织支持感与科技人才创造力之间"黑箱"机制的揭示，间接强调了组织支持在促进创新行为方面的作用。

组织创新支持感的相关研究不仅拓展了组织支持感的研究边界，也为理解数字化时代下的组织创新管理提供了新的理论支撑。在全球一体化、信息化竞争日趋激烈，组织环境动态化以及知识型员工崛起的背景下，组织间联系合纵连横频发，边界逐渐模糊、淡化，"去中心化""去领导化"等无边界组织、网络组织、虚拟组织趋势明显（Uhl-Bien et al., 2007）。美国硅谷、日本筑波、印度班加罗尔、以色列特拉维夫以及国内的北京中关村、深圳、武汉光谷等创新网络持续创新活力充分表明，集聚创新平台、高新技术企业、创新型人才主体，以及创新生态、文化氛围的创新网络能有效促进异质性知识和信息自由流动与深度交流，加速实现从传统的集聚经济优势向更为动态和持久的竞争优势的转变（鲁若愚等，2021），创新网络成为新时期组织创新支持感研究的重要内容。Koschatzky（1999）将创新网络描绘为一个灵活、非正式的重组系统，旨在促进学习与知识的高效交流。Harris 等（2000）则视创新网络为多元创新主体协同合作的群体，这些主体共同投身于创新的研发与推广，并通过互动，在科学、技术及市场领域构建起具有协同增效特性的关系网络。Robertson 等（2020）提出，不同的网络特征产生各种社会资源，这些资源促进了创造工作意义的条件，可以积累并应用于各种目标成就和行动。由于创新活动兼具高风险、高收益和外部性溢出明显等特征，在支持氛围浓厚的创新网络组织中，创新网络以各独立组织为节点，以节点间复杂多样的联系为路线，网络嵌入传递了个体和组织对所处网络结构与关系的认知，有助于建立持久的交换关系，个体更能感受到网络组织对创新活动的关心和鼓励，从而更愿做出创新行为和结果作为回报。郝旭光等（2021）主张将平台型领导作为阐释组织动态化以及知识型员工崛起背景下有效领导行为特征的新模式。Caniëls 等（2014）、Thao 和 Kang（2018）认为，奖励、支持型领导及组织资源等支持性的工作环境使员工感到自身得到个性化照顾，驱使其更专注于创造性的表现。Liu 等（2019）提出，支持创新的组织重视多样性创新，因此组织成员被鼓励进行自由思考，以及公开交流发表意见和想法，从而能感知到心理安全，也更具有创新意愿。顾远东等（2016）认为，组织创新支持感能够显著影响员工的创意产生行为，并且这种影响完全是通过创意产生行为作为中介机制，间接地作用于员工的创意执行行为上。王辉和常阳（2017）、阎亮和张治河（2017）认为员工在创新氛围浓厚的组织中能够感受到外在动机，从而促进员工创新行为，使组织收获更多创新成果。更多研究关注企业组织嵌入创新网络如何赋能创新活动与结果，剖析了"看门人"角色（赵云辉等，2018）、资源整合能力（李振华等，2019）、联盟信任（孙永波和刘竞言，2020）等在其中的中介作用。

4.1.2 理论模型与研究框架

创新支持感作为组织支持感在创新领域的具体体现，深刻影响着员工的创新行为。它不仅关乎员工对组织在支持创新方面的态度、政策和实践的认知，还涉及这些认知如何转化为实际的创新行动。实质上，创新支持感旨在建立一种积极的组织文化和环境，通过激励机制、资源投入、领导示范、文化培育和系统支持，全面促进员工的创新行为和组织创新能力的提升。因此，创新支持感不仅是衡量员工感知的重要指标，更是组织管理和文化建设中的核心要素，对于构建积极健康的创新环境、激发员工创新潜能、实现组织可持续发展具有重要意义。作为一种异质性人力资本，海外归国人才因其较高的理论知识和技术背景对所属组织具有高价值创造性和高贡献性，一般在组织中居于核心地位，他们能够代表企业直接参与网络活动，有效促进组织在知识创新网络中的位势，从而获取个体和组织创新相关的信息资源。同时，海外归国人才的高人力资本投资使其被赋予更高的创新角色期望，而仅依靠组织内部资源难以实现高层次创新。另外，相较于本土人才而言，海外归国人才具有双重文化嵌入特性，他们拥有较多的海外人脉，有机会深度接触海外普遍运用的管理理念、了解国际市场运营模式和技术发展趋向，更容易发掘、吸收和利用海外网络蕴藏的隐性知识。但因海外归国人才在国外生活学习时间较长，对国内市场了解不足，回国后没有足够的人脉和资源支撑，从而增加了创新创业成本，所以海外归国人才具有更强烈的创新支持归属需求和资源需求。来自国家、地方政府和区域创新网络、组织的工具性、情感性创新支持成为海外归国人才激励开发的重要前提。

依据资源依赖理论，海外归国人才需要通过获取环境中的资源进行创新活动，当组织内部的资源无法满足灵活多变的创新需求时，他们必须跨越组织边界从组织所处的外部环境寻求更多的创新资源，并且海外归国人才需要通过获取环境中的资源进行创新活动，创新网络的嵌入可以助力海外归国人才有效提升其创新绩效。创新及知识的溢出效应会随着地理距离的增大逐渐衰减，因此具有空间邻近、主体多元和合作创新的创新网络成为个体获取异质性资源、实现创新的新兴范式。Cook 和 Mo（2019）、Akbari 等（2020）指出，创新个体的社会资本受创新网络规模、位置及联系影响，网络结构对隐性知识共享、技术创新及产品创新起到了关键作用。González-Brambila 等（2013）进一步探讨了不同类型的嵌入性在创新过程中的差异化作用。关系嵌入被证明能有效提升创新质量，尽管其对创新产出的直接提升作用可能不如预期显著。相比之下，结构嵌入则对创新质量和产出均表现出积极的趋同效应，强调了网络结构对创新活动全面支持的角色。

结构嵌入关注个体或组织在网络中的位置及其对整个网络结构的影响。海外归国人才在回国后，应努力寻找或创建有利于其创新活动的网络位置，如成为某一领域的知识中心或创新枢纽。正如 Venkataramani 和 Dalal（2007）提出的，处于中心位置的员工更有可能获得工作支持、情感支持以及适当的帮助。嵌入创新网络的海外归国人才能够凭借其知识权力占据结构主导位置，从而获取相应的创新资源。这样的位置能够使他们更容易接触到多样化的信息和资源，促进跨界合作和知识融合，从而加速创新过程。同时，通过参与或主导网络中的关键项目和活动，他们还能提升自身的影响力和话语权，为创新成果的传播和应用创造有利条件（Powell et al., 1996）。国内学者张利斌等（2012）从人-环境匹配视角出发，指出关系嵌入和结构嵌入通过塑造成员的价值观和胜任力，间接提升了知识整合效能，为创新提供了有力的内部支撑。张浩和孙新波（2017）的研究则聚焦于创业者网络，揭示了网络规模和地位对识别新创业机会的重要性，进一步强化了外部网络资源对创新活动的推动作用。张方华（2010）深度剖析了社会网络、知识吸收与企业创新成效之间的关联，发现企业巧妙融入组织网络的不同层面，能够大幅提升外来知识的汲取效率，从而成为创新表现提升的强大驱动力。杨博旭等（2019）则另辟蹊径，基于电子信息产业专利数据，深入探讨了在双元创新战略下，知识网络与合作网络的深度融合如何为创新成果加速助力。结果表明合作网络的结构嵌入对创新绩效具有负向影响，但合作网络的关系嵌入有助于提高创新绩效；知识网络结构嵌入与组织创新绩效之间存在倒"U"形关系，这一发现为理解特定产业背景下嵌入性对创新绩效的非线性影响提供了有力证据。

创新网络汇聚了企业核心人才、中介服务机构及产业链上下游企业等多元化创新主体，它们通过长期构建的正式或非正式联系，形成了稳固的合作关系网。海外归国人才不仅具有以联结、牺牲、匹配为特征的组织嵌入，还具有以结构、关系为特征的创新网络嵌入，占据优势结构位置有利于拓宽创新人才获取各类资源的数量与广度，稳定的网络关系提升了创新人才盘活知识、信息资源流动的速度、深度和质量。区域创新网络为海外归国人才提供了全方位、多层次的创新支持。在网络中，他们可以与同行专家、科研机构、投资机构等多元主体进行知识共享、技术交流和市场合作，从而获取更多元化的创新资源和信息。此外，网络嵌入还有助于海外归国人才构建个人品牌和社会资本，提升其在行业内的知名度和影响力。这种基于信任和合作的网络关系，为他们的创新活动提供了坚实的后盾和持续的动力。创新支持和网络嵌入在提升海外归国人才创新绩效的过程中呈现出显著的协同效应。一方面，创新支持为网络嵌入提供了必要的资源和环境保障，使海外归国人才能够更加顺利地融入并深化在网络中的嵌入程度；另一方面，网络嵌入则进一步拓宽了创新支持的来源和渠道，使海外归国人才能够获取更多元化、更高质量的支持资源。这种良性循环不仅加速了创新资源的流动和整合，还促进了创新成果的转化和应用，最终实现了海外归国人才创新绩效的显著提升和有效激励与开发。基于此，本章构建海外归国人才创新网络嵌入理论模型如图 4.1 所示。

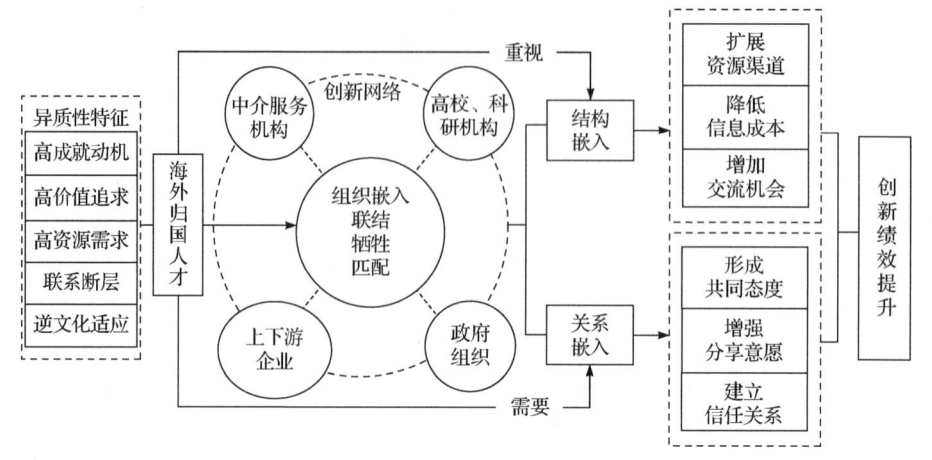

图 4.1 海外归国人才创新网络嵌入理论模型

4.2 研究假设

社会交换理论认为，个体与组织之间的相互作用基于互惠原则，积极信念促使员工在个人贡献与组织支持之间建立稳健联系，有利于提升员工对组织制度和政策的满意度并进而提升工作绩效，增加工作投入。研究表明，组织支持对员工的态度和行为具有显著影响，包括降低离职意愿、增加工作投入以及促进创新绩效。特别是在创新过程中，创新支持感成为核心概念，它体现了员工对组织在激励、尊重、奖励和认可创造力方面的主观感知。当员工感知到组织对创新的支持时，他们的创造性活动动力和主动性会显著增强，会表现出更多的创新行为。创新网络作为创新资源获取的主要阵地，通过集聚创新型平台、知识型组织以及异质型人才，为员工提供了丰富的创新资源和想法。在创新网络中，员工能够凭借其知识权力占据结构主导位置，获取相应的创新资源，并感觉到源源不断的创新支持。从组织支持感到创新支持感，再进一步扩展至创新网络嵌入中的创新支持感，揭示了创新支持对员工创新行为的重要影响，也初步验证了创新网络嵌入对海外归国人才创新行为的积极影响。

4.2.1 创新网络嵌入与海外归国人才创新绩效的关系

创新绩效源自多要素整合与交互，需广泛获取知识、信息、关系等资源以推动创新活动。结构嵌入反映了海外归国人才在创新网络中的重要性、位置及优势，决定了凭借直接或间接网络连接获取资源的能力。海外归国人才因处于网络中心，吸收知识的路径长度更短，所以在创新过程中发挥的主导性更强。海外归国人才由于处在资源控制地位，因此可以获得更多的垄断性信息与合作机会，形成创新优势（张悦等，2016）。Belso-Martinez 和 Diez-Vial（2018）提出居于强有力的网络位置更容易获得有价值的资源流，有利于产品、流程创新。海外归国人才良好的结构嵌入使其占据更多信息流、资源流和地位流，能够直接获取和控制创新相关的战略性、关键性资源，并避免了资源在传播中失真，从而摆脱创新阈值限制（张宝建等，2015）。同时，占据核心网络位置的海外归国人才能够凭借地位和资源优势得到更多交流合作机会，以建立新的价值关系（李浩和胡海青，2015），实现创新。另外，位于结构洞的创新主体具备更广阔的视野，也有更多机会和能力整合、重组异源性知识和信息，从而能够形成对问题更加完整的看法，催生更多创新想法与行动。

创新网络主体间的互动交往形成了开放、共享知识和信息的直接或间接关系，各创新主体和要素通过这种直接或间接关系产生创新、创造价值。海外归国人才之间的高度关联性构建了一个促进隐性知识深度交流的平台，而相对稀疏的联系则主要服务于显性知识的有效传递。在我国社会文化的影响下，网络成员间紧密的联系有效扩展了资源交换、信息流动及利益共享范畴，加强了网络的知识扩散效应，降低了创新资源的获取成本。王巍等（2019）提出强关系在研发人员间形成信任互惠准则，消除了关键研发者知识外泄和滥用的顾虑，降低了投机行为发生的可能。个体进行创新活动所需的隐性知识具有黏滞性、内置性、嵌入性等特征，网络成员在频繁的交互过程中加深了信任、认同、共享的意愿和情感（刘学元等，2016），影响着知识的创造、获取与传递，有助于形成专业技术上的共同语言、促进创新理解的一致性，以及建立资源互惠的惯例，从而使隐性知识逐渐显化，提高创新绩效。海外归国人才通过深入嵌入到由高校、科研机构、企业等多元主体构成的创新网络中，充分利用网络的结构性资源和关系性资源，包括知识流动、技术合作、资金支持等，进而加速创新过程，提升创新成果的质量与数量，如张志强和吕爽（2019）以及许慧等（2021）的研究揭示了创新网络嵌入对于激发创客和科研人员的创新行为具有显著影响。创新网络嵌入不仅为海外归国人才提供了广阔的舞台和丰富的资源，还通过强化网络内的互动与合作，促进了知识的跨界融合与技术的协同创新，最终对其创新绩效产生了积极而深远的影响。

综上所述，本章提出假设。

H4-1：创新网络嵌入对创新绩效具有正向作用。

H4-1a：结构嵌入对创新行为具有正向作用。

H4-1b：结构嵌入对创新结果具有正向作用。

H4-1c：关系嵌入对创新行为具有正向作用。

H4-1d：关系嵌入对创新结果具有正向作用。

4.2.2 创新网络嵌入与海外归国人才创新支持感的关系

随着全球化和科技发展的不断推进，创新网络已经成为推动创新活动、促进知识共享和技术交流的重要平台。对于海外归国人才而言，他们通常具备先进的技术知识、丰富的国际视野和独特的创新思维，是国家和地方创新体系的重要力量。海外归国人才与国内环境之间存在"沟通断层"，加之支持方与接收方之间常有的认知错位，导致创新支持难以精准对接与匹配。通过创新网络嵌入，可以更有效地捕捉创新支持需求的动态变化，从而精准填补这一缺口，实现支持的高效匹配。Venkataramani 等（2013）认为网络中心性是个体从工作关系中获得社会支持以及关系满意度的重要预测因素。优势的网络结构和位置提升了海外归国人才的地位、资源和关系优势，提高了个体网络可见性，从而有效提升了创新支持感。在创新网络中，海外归国人才越处于核心位置，越能够调动、整合各种资源，及时向创新园区反馈自身在创新过程中缺乏的资源，以获得准确、可靠的创新支持，有效降低创新风险；处于强有力网络位置的海外归国人才因个人特质及前瞻性的知识技术而更易受到重视和尊重，这有利于其获得创新社区对个人创新活动的关心、认可及鼓励等情感支持，从而产生强烈的自我价值肯定和创新信心。

海外归国人才虽具有国际创新视野、双重文化背景等优势，但对内地市场、政策环境不熟悉。关系嵌入有利于增加人才个体与创新网络中其他成员（如产业链上下游企业、人才服务中介机构、科研院所、政府部门等）的交流机会，强化双方沟通质量。海外归国人才可以更顺畅、直接地向创新网络其他成员表达其在创新过程中的资源消耗和创新诉求，并获取相应的资源支持。项保华和刘丽珍（2007）指出，个人如果长期不能从拥有的社会资本中获得情感支持会产生某种程度的心理障碍。如果海外归国人才回国后能够顺利嵌入到国内的创新网络中，他们不仅能够通过这一网络获取丰富的资源、信息和合作机会，还能够感受到来自网络内部各成员的支持与认可。这种创新支持感不仅来源于具体的资源援助和合作机会，更体现在网络成员间的信任、尊重以及共同追求创新目标的氛围之中。凭借各种频繁的正式或非正式交流机会，海外归国人才能够感受到更多的关注和反馈，这种情感交流有利于提升对来自创新网络的情感支持的感知。同时，紧密可靠的网络联系有利于海外归国人才与网络成员建立共享、互惠的合作伙伴关系，形成包容、可靠和信任的氛围，在这种氛围下海外归国人才更能感受到园区对其创新活动的情感鼓励。

综上所述，创新网络嵌入为海外归国人才提供了多方面的支持，创新网络中的多元主体合作也为海外归国人才提供了宝贵的合作机会。此外，创新网络嵌入还增强了海外归国人才的社会认同感和归属感，增强了他们的创新支持感。因此，本章提出以下假设。

H4-2：创新网络嵌入对创新支持感具有正向作用。

H4-2a：结构嵌入对创新支持感具有正向作用。

H4-2b：关系嵌入对创新支持感具有正向作用。

4.2.3 创新支持感与海外归国人才创新绩效的关系

创新本身意味着信息要素和情感资源的大量投入，海外归国人才进行创新活动必然要承担实现创新带来的知识、心理等资源损耗。詹小慧和李群（2020）研究发现，组织创新支持感不仅直接正向影响员工的创新绩效，还通过促进员工的建言行为这一中介路径间接提升创新绩效。孙乃娟和郭国庆（2016）提出，在开放、鼓励创新的氛围下，员工在得到组织的关心和支持后产生的组织认同感会驱使员工朝着组织目标努力，从而踊跃创新。另外，海外归国人才因对我国经济市场、政策环境及行政业务等信息了解有限，在创新过程中他们更迫切地寻求各种支持和帮助以降低试错的风险和成本。创新园区需要为海外归国人才提供各种创新资源支持，以满足资源需求，克服创新带来的挑战，减少资源损耗带来的焦虑，缓解对创新失败的担心，激发创新动力。因此，海外归国人才形成的创新支持感对其创新活动具有导向性，人才个体感知到的创新资源支持和帮助越充足，越倾向产生创新行为与创新结果。

在全球人才竞争呈现紧张态势的背景下，我国为了吸引更多海外人才来华创业，出台各种优惠政策增加吸引力，包括资金支持、非资金支持、研发支持等，园区内各类政府支持无疑会让海外归国创业人员获得一种支持感。当海外归国人才从园区内获得创新认可和鼓励时，能够增强打破传统的底气和信心，提高进行创新交换的可能。易倩（2017）认为组织支持感对技术创新绩效与成长潜力绩效均具有显著正向的预测作用。Chen等（2014）认为在支持性环境中，网络成员能够建立尊重、共享、认同的价值观和信念，满足自我成长的需求，从而激发员工在工作中敢于尝试新思想、新事物、新方法，最终影响个体的工作热情和态度。在高风险的创新情境中，海外归国人才作为异质性人力资本具有更高的情感需求和发展渴望，亟须从所处创新园区获得对创新活动及个人价值的认可评价与肯定反馈。对于海外归国人才而言，他们在回国创业或工作时，面临着文化适应、资源整合、市场熟悉等多重挑战。在这个过程中，来自政府、企业、科研机构以及社会各方面的创新支持，不仅能为他们提供必要的物质条件，如资金、设备、场地等，更重要的是给予了他们精神上的鼓舞和激励，即创新支持感。当海外归国人才感知到获得创新尊重、情感关怀和价值认可等情感性创新支持时，他们能够更全面理解来自园区、社会的创新期待，有效地将外在动机转化为内在动机并提升创新效能感，增强心理安全感，有意愿体验并参与各种关于创新发展的活动，从而促进创新的产生。

综上所述，本章提出以下假设。

H4-3：创新支持感对创新绩效具有正向作用。

H4-3a：创新支持感对创新行为具有正向作用。

H4-3b：创新支持感对创新结果具有正向作用。

4.2.4 创新支持感的中介作用

海外归国人才凭借良好的结构嵌入提升了个体的网络可见性，从而拥有更多机会获得各种可能的发展资源和创新支持，灵敏的创新支持感有利于海外归国人才准确把握创新风向，增强投入创新活动的意愿。较高结构嵌入的海外归国人才对创新网络具有更高的归属感和认同感，掌握着更高端、专业的技术、信息等资源，被认为是网络中的核心成员，因此也能获得创新园区更多的资金、中介服务等资源支持，对创新支持的感知更高，从而更愿意开发、推广和实现个体的创新想法与行动。心理资本理论认为个体的心理资本能够对期望达成的目标所需要的支持性资源（如社会支持、组织支持）进行管理调节（Luthans et al.，2007）。正如 Venkataramani 等（2013）提出的，处于中心位置的员工更有可能获得工作支持、情感支持以及适当的帮助。嵌入创新网络的海外归国人才能够凭借其知识权力占据结构主导位置，从而获取相应的创新资源。海外归国人才的网络结构和位置越有利，表明其与创新园区价值观的匹配度越高，也越能够感受到创新园区对其创新活动的价值、贡献的认可度，从而产生高度的心理认同和创新意愿，促使其在创新实践过程中尝试通过创新活动获取更高的创新效益，提高创新绩效。

紧密的关系嵌入有助于增强海外归国人才对各类创新支持的理解度和获得感，帮助其准确捕捉创新机会，促进人才个体的创新绩效。Hayton 等（2012）提出员工在工作场所的关系网络是工具性支持的重要来源，可以提高员工的绩效。海外归国人才通过与政府部门、中介机构及科研院所等网络成员的频繁交流，能够最直接地反映真实的创新诉求，降低他们与创新园区的供需不对称，有效获得丰富精确的创新要素支持，并从中提炼创新灵感、资源。同时，与创新网络中其他成员的关系互动有利于形成共同信任、共享互惠的创新网络氛围和目标，促进海外归国人才深入理解和把握创新园区的创新支持导向与价值认可，提高创新创造的活力和动力。Carmeli 和 Spreitzer（2009）指出了信任、连接性和员工在工作中茁壮成长这些因素对创新行为的影响。虽然其文章中没有直接讨论创新支持感，但信任作为组织支持感的一个重要方面，对员工的创新行为具有显著影响。Amabile 等（2005）研究了情感对工作中创造力的影响，并指出积极情感对员工创新行为有促进作用。组织创新支持感往往能够激发员工的积极情感，从而间接促进他们的创新行为。合理匹配的资源支持及积极的情感支持能有效满足海外归国人才创新发展需求，催生创新行为进而实现创新结果，推动海外归国人才创新绩效的提升。

综上所述，本章提出以下假设。

H4-4：创新支持感在创新网络嵌入对创新绩效的影响中起中介作用。

H4-4a：创新支持感在结构嵌入对创新行为的影响中起中介作用。

H4-4b：创新支持感在结构嵌入对创新结果的影响中起中介作用。

H4-4c：创新支持感在关系嵌入对创新行为的影响中起中介作用。

H4-4d：创新支持感在关系嵌入对创新结果的影响中起中介作用。

4.3 研究方法与数据分析

4.3.1 样本和数据收集

理论研究与政策实践均表明，以高新技术企业、高新技术产业开发区、经济技术开发区、科技企业孵化器、留学人员创业园等为典型代表的创新网络（园区）是海外归国人才创新创业的主要集聚地。本章采取实地走访、座谈访问、典型调查、专题调研及线上线下问卷调研等多种方式，对高新技术企业、高新技术产业开发区等创新网络（园区）内海外归国人才进行实证调查研究。调研工作始于2016年，先后赴西安软件园、济南高新技术产业开发区、武汉留学生创业园、武汉东湖新技术开发区、苏州创业园等多个创新网络（园区），就访谈提纲与创新网络（园区）内海外归国人才及相关主管部门进行多次、全方位、针对性的现场深度访谈，并现场对参与访谈的海外归国人才进行问卷调查。问卷发放分为预调查、正式调查和补充调查三个阶段。预调查始于2017年3月，在高新技术产业开发区等创新网络（园区）通过随机抽样向海外归国人才发放调查问卷，对问卷的结构、题项及语句进行了小规模的预调查；依据数据结果，邀请创新网络（园区）高层管理专家对表意不清、易引起歧义及信效度较差的部分题项，进行多次修正删减。

正式调查始于2018年。调查问卷采取线上线下相结合、定向发放形式，利用各方人脉资源，联系相关创新网络（园区）主管部门负责人协助发放和回收纸质问卷，以保证数据的高质量与真实性。其中西安现场收集问卷21份、济南34份、昆山24份、深圳20份、绵阳15份、长沙27份，同时通过多种渠道联系相关创新网络（园区）海外归国人才参与线上问卷调查。补充调查时间为2020年9月至10月，根据前期调研结果，再次修改问卷，通过线上问卷方式发放进行数据补充。整个调研阶段，共回收问卷379份。为保证数据的真实性，根据题目设置的数量、正常答题速度等，将作答时间少于150秒、选项数据缺失、单个或多个变量选项一致、答卷明显失真的问卷视作无效问卷予以剔除,最终获得有效问卷 299 份,有效率为 78.89%。

调查样本的分布如表 4.1 所示,从性别来看,男性占 82.3%,女性占 17.7%;从年龄分布来看,海外归国人才年龄主要集中在 31~45 岁年龄段,为 163 人,占比 54.5%,表明海外归国人才年轻化趋势明显;从学历背景来看,研究生学历为 261 人,占比 87.3%,表明海外归国人才普遍接受高层次的教育;从所属园区来看,高新技术开发区和留学人员创业园仍是进行创新创业活动的海外归国人才集聚地,调查的海外归国人才中有 213 人集中于此;从海外居留时间来看,65.9% 的调查对象在海外居留时间在 3 年及以上,使得海外归国人才与目前市场环境形成"联系断层";从海外居留地来看,海外归国人才主要偏向技术较为先进、理论居于前沿的欧美地区,其中欧洲 87 人,北美 125 人;从所属行业来看,海外归国人才主要集中于高新技术、知识主导企业,较多处于电子信息、高技术服务及新材料行业。

表 4.1 样本基本情况

项目	类别	人数/人	占比	项目	类别	人数/人	占比
性别	男	246	82.3%	海外居留地	亚洲	61	20.4%
	女	53	17.7%		欧洲	87	29.1%
年龄	25 岁及以下	6	2.0%		北美	125	41.8%
	26~30 岁	43	14.4%		澳大利亚	21	7.0%
	31~35 岁	59	19.7%		南美洲	3	1.0%
	36~40 岁	59	19.7%		非洲	2	0.7%
	41~45 岁	45	15.1%	海外居留时间	1~3 年(不含)	102	34.1%
	46~50 岁	30	10.0%		3~5 年(不含)	53	17.7%
	51 岁及以上	57	19.1%		5 年及以上	144	48.2%
学历	大学本科	38	12.7%	所属行业	电子信息	78	26.1%
	硕士研究生	122	40.8%		生物/医药	30	10.0%
	博士研究生	139	46.5%		高技术服务	61	20.4%
所属园区	高新技术开发区	129	43.1%		新材料	42	14.0%
	留学人员创业园	84	28.1%		先进制造与自动化	35	11.7%
	经济技术开发区	51	17.1%		新能源/节能环保	10	3.3%
	科技企业孵化器	22	7.4%		资源与环境	37	12.4%
	大学科技园	5	1.7%		其他	6	2.0%
	文化创意园	8	2.7%				

注:数值进行了四舍五入修约,因此可能存在占比合计不等于 100% 的情况

4.3.2 问卷设计与变量测量

本章旨在探索网络嵌入、创新支持感与创新绩效的关系，为保证研究的科学性和有效性，测量研究变量使用的量表是在借鉴国内外相关文献广泛使用的成熟量表的基础上，以"翻译—回译"的方式进行处理以保证语义的准确性，同时依据我国社会、文化背景及研究对象的特征对相关题项进行筛选、调整和修补，并邀请受访的高新技术产业开发区、科技企业孵化器等创新网络的相关负责人及海外归国人才对问卷进行讨论、修改。为进一步提升研究信效度，所有指标测量均采用利克特七级量表，1 为非常不同意，7 为非常同意。现有量表和测量指标如下。

（1）创新网络嵌入。创新网络嵌入量表借鉴由 Granovetter（1992）、Li 等（2013）、McEvily 和 Marcus（2005）、李玲等（2008）学者开发的量表，并结合研究目的修改后提取结构嵌入和关系嵌入两个维度。结构嵌入包含"相比于其他网络成员，我更容易与身处上游、下游、同行企业的人保持联系""相对于网络内同行而言，我与更多身处金融、中介机构、政府、科研机构的人保持联系""在与我经常联系的人员中，关键和重要企业中的人员占的比例很大"3 个测量题项。关系嵌入包含"网络中的合作伙伴与我在谈判时能做到实事求是""我信赖合作伙伴，并能保持长久、亲密的社会关系""区域中的合作伙伴与我联系频繁，并能尽可能地相互提供所需的信息""网络中的合作伙伴与我能互相提醒可能存在的问题和变化"4 个测量题项。

（2）创新支持感。创新支持感量表参考 Eisenberger 和 Stinglhamber（2011）、凌文辁等（2006）、顾远东等（2016）的研究，并依据高新技术产业开发区、科技企业孵化器等创新园区对海外归国人才创新活动提供的政策支持进行设计，以海外归国人才的感知度设计测量题项，包含"良好的基础设施服务""丰富的投融资渠道""相关的信息服务""资金税收扶持""重视贡献""帮助度过困难""试错容错""尊重价值目标"8 个题项。

（3）创新绩效。为进一步研究创新网络嵌入与创新绩效的关系机理，该变量的测量参考 Madjar 等（2002）、Loch 和 Tapper（2002）、韩翼等（2007）的研究成果，从创新行为和创新结果两个维度衡量，由于海外归国人才从事需要较高的学历背景和知识水平的创新性工作，参考姚艳虹和衡元元（2013）学者的知识型员工创新绩效对量表进行修改和补充，共包含"我能经常引入新理念、方法和技巧""我经常尝试用新的角度分析问题""我提出的创新性想法和做法更容易被转化为应用"等 6 个题项。

4.3.3 描述性统计和验证性因子分析

利用 SPSS 26.0 得出各量表信度分别为 0.844、0.932、0.861，均大于 0.800，

可以认为该问卷通过了可靠性检验，信度结果较好；量表总体 KMO[①]值为 0.914，巴特利特球形检验显著，表示该量表具有好的效度。借助 AMOS 24.0 计算各变量的组合信度值（composite reliability, CR）与平均方差萃取值（average variance extracted, AVE）如表 4.2 所示，其中 CR 均大于 0.700，AVE 均大于 0.500，说明量表具有较好的聚合效度。因此，本章的量表具有较好的信度和效度。

表 4.2 信度和效度检验结果

变量		CR	AVE	χ^2	df	χ^2/df	CFI	TLI	RMSEA	RMR
创新网络嵌入	结构嵌入	0.799	0.569	27.584	13	2.122	0.984	0.974	0.061	0.051
	关系嵌入	0.867	0.622							
创新支持感		0.936	0.649	45.421	20	2.271	0.986	0.980	0.065	0.033
创新绩效	创新行为	0.904	0.759	10.416	8	1.302	0.998	0.996	0.032	0.019
	创新结果	0.855	0.663							

注：χ^2 为卡方值，df 为自由度，χ^2/df 为卡方自由度比率，CFI 为比较拟合指数（comparative fit index），TLI 为塔克-刘易斯指数（Tucker-Lewis index），RMSEA 为近似误差均方根（root mean square error of approximation），RMR 为均方根残差（root mean square residual）

本节首先对各变量进行描述性统计分析，从表 4.3 中可知各变量的均值、标准差和相关系数。其中，结构嵌入（$r = 0.436$，$p < 0.01$）、关系嵌入（$r = 0.292$，$p < 0.01$）及创新支持感（$r = 0.388$，$p < 0.01$）均与创新行为具有显著正向关系，创新结果（$r = 0.356$，$p < 0.01$）、结构嵌入（$r = 0.327$，$p < 0.01$）、关系嵌入（$r = 0.365$，$p < 0.01$）均与创新支持感具有显著正向关系，结构嵌入（$r = 0.359$，$p < 0.01$）、关系嵌入（$r = 0.301$，$p < 0.01$）、创新行为（$r = 0.484$，$p < 0.01$）均与创新结果具有显著正向关系，结构嵌入（$r = 0.447$，$p < 0.01$）与关系嵌入具有显著正向关系。并且潜变量间的相关系数均小于 AVE 的平方根，表明量表具有较好的区分效度。

表 4.3 变量的描述性统计分析

变量	均值	标准差	AVE	创新结果	创新行为	创新支持感	结构嵌入	关系嵌入
创新结果	5.066	1.023	0.663	0.814				
创新行为	5.939	0.895	0.759	0.484**	0.871			
创新支持感	5.667	0.957	0.649	0.356**	0.388**	0.801		
结构嵌入	5.358	0.961	0.569	0.359**	0.436**	0.327**	0.739	
关系嵌入	5.251	0.942	0.622	0.301**	0.292**	0.365**	0.447**	0.785

**表示 $p < 0.01$

[①] KMO（Kaiser-Meyer-Olkin）是用于比较变量间简单相关系数和偏相关系数的指标。

本节进一步对变量模型进行了适配性验证,通过实施严格的验证性因子分析(confirmatory factor analysis),从表 4.4 所展示的结果中能明确观察到,五因素模型(结构嵌入、关系嵌入、创新支持感、创新行为及创新结果)的模拟拟合度全面达标,各项评估指标均显示出优异的适配性。尤为显著的是,该模型在比较中显著优于其他所有嵌套模型,有力证明了本章所选用的研究变量体系具备高度的结构效度,这为后续分析奠定了坚实的理论基础。

表 4.4　验证性因子分析结果

模型	χ^2	df	χ^2/df	CFI	TLI	RMSEA	RMR
单因素模型(SE+RE+PIS+IA+IR)	1880.742	189	9.951	0.569	0.521	0.173	0.185
双因素模型(SE+RE, PIS+IA+IR)	1362.126	188	7.245	0.701	0.666	0.145	0.159
三因素模型(SE+RE, PIS, IA+IR)	758.769	186	4.079	0.854	0.835	0.102	0.116
四因素模型(SE, RE, PIS, IA+IR)	542.758	183	2.966	0.908	0.890	0.081	0.088
五因素模型(SE, RE, PIS, IA, IR)	273.021	179	1.525	0.976	0.972	0.042	0.050

注:SE 代表结构嵌入,RE 代表关系嵌入,PIS 代表创新支持感,IA 代表创新行为,IR 代表创新结果

本章还采用 Harman 单因素检验和不可测量潜在方法因子效应控制法对所得数据进行检验。该检验方法需要建立 3 种检验模型:单因素模型基于单因素检验法,设置一个公共因子并把所有题项负荷到该因子上;五因素模型按照量表设计,将各个题项纳入对应的维度,形成一个包括结构嵌入、关系嵌入、创新支持感、创新行为和创新结果 5 个维度的模型;最后,在五因素模型基础上增加一个未知的共变因子,将所有的题项负荷到未知的共变因子中,形成一个六因素模型。

检验结果如表 4.5 所示,单因素模型的各个配适度指标均未达到模型构建的基本要求,模型未通过检验,即所涉量表项目并不属于同一个变量。同时,通过五因素模型与六因素模型的对比可知,模型的 χ^2/df 值有所改善,为 0.066;CFI、TLI、RMSEA、RMR 这四项指标的改善度并不显著,改善值均小于 0.01。这充分说明在加入共同方法变异因子以后,模型并未获得有效改善,由此可以判断,研究设计的量表不存在共同方法变异问题,因此获得的研究数据是合理可信的。

表 4.5　共同方法变异检验模型拟合指标值

模型	χ^2	df	χ^2/df	CFI	TLI	RMSEA	RMR
单因素模型	1880.742	189	9.951	0.569	0.521	0.173	0.185
五因素模型	273.021	179	1.525	0.976	0.972	0.042	0.050
六因素模型	232.006	159	1.459	0.981	0.975	0.039	0.046

4.3.4 假设检验与数据分析

1. 假设检验

本章通过 AMOS 24.0 分别构建各变量间的关系模型,创新网络嵌入与创新绩效(模型1)、创新网络嵌入与创新支持感(模型2)、创新支持感与创新绩效(模型3)的关系模型检验创新网络嵌入、创新支持感对创新绩效的影响作用,模型指标结果如表 4.6 所示,各拟合指标均在标准区间内,表明拟合度较好。

表 4.6 结构方程模型拟合指标值

模型	χ^2	df	χ^2/df	CFI	TLI	GFI	RMSEA
模型1	120.094	60	2.002	0.971	0.962	0.941	0.058
模型2	146.458	87	1.683	0.978	0.974	0.936	0.048
模型3	169.831	75	2.264	0.967	0.960	0.925	0.065

注:GFI 为拟合优度指数(goodness of fit index)

表 4.7 显示结构嵌入对创新行为($\beta=0.586$, $p<0.001$)和创新结果($\beta=0.557$, $p<0.001$)具有显著正向影响,H4-1a、H4-1b 成立;关系嵌入($\beta=0.039$, $p>0.05$)对创新行为和创新结果($\beta=0.135$, $p>0.05$)的影响不显著,H4-1c、H4-1d 不成立;结构嵌入($\beta=0.273$, $p<0.001$)、关系嵌入($\beta=0.311$, $p<0.01$)对创新支持感均具有显著正向影响,H4-2a、H4-2b 成立;创新支持感对创新行为($\beta=0.386$, $p<0.001$)和创新结果($\beta=0.356$, $p<0.001$)具有显著正向作用,H4-3a、H4-3b 成立。

表 4.7 模型路径分析结果

假设	路径	路径系数
H4-1a	结构嵌入→创新行为	0.586***
H4-1b	结构嵌入→创新结果	0.557***
H4-1c	关系嵌入→创新行为	0.039
H4-1d	关系嵌入→创新结果	0.135
H4-2a	结构嵌入→创新支持感	0.273***
H4-2b	关系嵌入→创新支持感	0.311**
H4-3a	创新支持感→创新行为	0.386***
H4-3b	创新支持感→创新结果	0.356***

***表示 $p<0.001$,**表示 $p<0.01$,表内为标准化系数

2. 创新支持感的中介效应检验

基于假设采用 AMOS 24.0 统计分析软件构建结构嵌入、关系嵌入、创新行为、创新结果、创新支持感的影响关系总模型，最终模型运行结果及拟合指标为：$\chi^2/df=1.670$、CFI=0.969、TLI=0.964、RMSEA=0.047、RMR = 0.062，根据拟合指标显示的结果，模型构建与问卷数据所得数据的配适度达到标准，模型通过检验。中介检验采用 Bootstrapping 不对称置信区间检验方法对创新支持感在创新网络嵌入和创新绩效之间的中介作用进行检验，通过考量置信区间是否包含 0 来验证是否存在中介作用，并检验该中介作用是部分中介还是完全中介。本章认为，非标准化值更能反映斜率变化，因此用非标准化值反映中介效应。检验结果数据如表 4.8 所示，结构嵌入对创新行为和创新结果的间接效应和直接效应都显著（$z>1.96$），且置信区间均不包含 0，即间接效应与直接效应同时存在，创新支持感在结构嵌入与创新绩效之间发挥部分中介效应，H4-4a、H4-4b 得到部分验证；关系嵌入对创新行为和创新结果的间接效应显著（$z>1.96$），且置信区间均不包含 0，直接效应不存在（$z<1.96$），且置信区间包含 0，即存在间接效应但没有直接效应，创新支持感在关系嵌入与创新绩效之间发挥完全中介效应且存在遮掩效应，H4-4c、H4-4d 得到验证。

表 4.8 创新支持感中介作用的 Bootstrapping 检验结果

变量	效应	点估计值	系数乘积 SE	系数乘积 z	误差修正 95%置信区间 低值	误差修正 95%置信区间 高值	百分数 95%置信区间 低值	百分数 95%置信区间 高值
关系嵌入-创新行为	总效应	0.041	0.073	0.562	−0.094	0.215	−0.110	0.165
	间接效应	0.055	0.027	2.037	0.017	0.126	0.013	0.115
	直接效应	−0.041	0.072	−0.569	−0.132	0.170	−0.165	0.104
关系嵌入-创新结果	总效应	0.133	0.081	1.642	−0.012	0.346	−0.072	0.279
	间接效应	0.064	0.031	2.065	0.022	0.146	0.017	0.137
	直接效应	0.069	0.077	0.896	−0.045	0.254	−0.118	0.215
结构嵌入-创新行为	总效应	0.567	0.115	4.930	0.364	0.828	0.383	0.843
	间接效应	0.072	0.034	2.118	0.018	0.161	0.018	0.153
	直接效应	0.495	0.110	4.500	0.304	0.756	0.316	0.769
结构嵌入-创新结果	总效应	0.535	0.137	3.905	0.318	0.838	0.315	0.832
	间接效应	0.083	0.041	2.024	0.034	0.211	0.024	0.191
	直接效应	0.452	0.127	3.559	0.259	0.795	0.245	0.772

中介效应的检验结果表明：海外归国人才的结构嵌入有利于直接提高创新绩效；其占据更优的网络位置，所拥有的网络连接更多、更广，从网络中获取的创新创业资本也更多，有利于帮助海外归国人才抓住创新机会；同时，较优的网络位置能够提升海外归国人才的网络可见性，传达出个体在创新过程中的需求并得到有效反馈，从而提高创新支持感，促进创新绩效的提升。另外，关系嵌入通过创新支持感间接影响创新结果。海外归国人才与其他网络成员交流与互动越密切，越有利于其获得来自创新园区对于创新活动的反馈，从而调整创新心态，也更容易实现创新结果。

4.4 研究结论与管理启示

4.4.1 研究结论

基于网络嵌入理论及创新支持理论，从海外归国人才的特征与需求出发，以高新技术产业开发区、科技企业孵化器等创新园区内的 299 位海外归国人才为样本，考察创新网络嵌入对海外归国人才创新的影响，并立足于外在动机视角探究创新支持感在其中的作用机制，得出以下结论。

（1）海外归国人才所处的结构嵌入对创新绩效具有促进作用，关系嵌入对创新绩效的影响不显著。优势的结构嵌入是一种重要的无形资源，使海外归国人才认为在创新过程中可获得丰富的资源供给，多领域异质、互补资源的聚集促使海外归国人才采取创新行为，产生创新结果。海外归国人才通过与中介机构、科研院所等创新主体的交流与联系，能够获取与创新相关的资源，促进网络内隐性知识的获取和吸收，并转化为创新结果。调查数据显示，海外归国人才具有三年及以上的海外经历，使其更习惯于市场化的创新模式和简单的关系联结。而部分企业组织未能给海外归国人才提供相匹配的创新支持，使海外归国人才需要花费更多精力和成本维护关系资源。同时，部分企业组织所开展的各类创新创业沙龙等交流活动虽能在一定程度上使海外归国人才获取新的想法和创意并激发创新创业行为，但从海外归国人才的个体主观感受来看可能收效甚微。因此，基于个体视角，当维护关系付出的成本感知大于创新资源获取的收益感知时，关系嵌入就难以促进创新行为的产生。

（2）海外归国人才的结构嵌入及关系嵌入对创新支持感均具有显著的正向影响。海外归国人才通过优势的创新网络地位整合来自各网络连接的信息、知识、技术等资源，能够迅速、及时发现自己在创新活动中缺乏的其他资源和自身面临的困境，同时，网络核心位置提升了海外归国人才的网络可见性，使其资源求助得到快速的回应与反馈，从而感知到充分的创新支持。海外归国人才与其他网络成员的紧密互动联系增加了直接交流机会，这种直接交流有利于海外归国人才表达创新需求，更快获得来自网络的创新支持，获得提升核心竞争力的隐性知识，增加创新成功的底气。

（3）海外归国人才的创新支持感对创新行为及创新结果均具有显著正向影响。海外归国人才的高价值创造、高成就动机、高创新意识等特征表明其愿意寻求创新，具有较强的创新内在自驱力；但海外经历使其与目前市场和人脉关系出现"联系断层"，海外归国人才的外在自驱力较弱，使其对来自创新网络的资源支持和情感支持更敏感。因此，海外归国人才所获得的创新支持越多，对创新风险感知与机会把握越自信，表现出来的创新热情与行动能力越强，越能激发其创新活动和创新结果。

（4）海外归国人才的创新支持感在结构嵌入对创新绩效的影响中具有部分中介作用，在关系嵌入对创新绩效的影响中具有完全中介作用，且在关系嵌入对创新绩效的影响中具有遮掩效应。海外归国人才在创新网络中占据优势的网络位置，能够获得更多的信息、知识等创新要素，有利于其进行创新活动，园区的创新政策支持弥补了海外归国人才通过自身力量在网络中无法获得资源帮助以及情感支持的不足。由于国内外的文化习俗、合作习惯不同，海外归国人才无法将紧密的网络联系直接转化为创新结果，需通过园区的创新政策支持来帮助其更好地实现创新结果。对于海外归国人才而言，在创新过程中过多关注关系的构建会阻碍创新行为的产生，但创新园区提供相应的创新支持能够缓解海外归国人才关系嵌入对创新绩效的负面影响。

4.4.2 管理启示

未来的竞争，是吸引和造就人才的环境的竞争。信息共享、知识流动及创新要素集成的创新网络成为吸引和留住人才的有效途径。但搭建创新网络并非万全之策，要针对影响海外归国人才的特殊性和共同性问题，做好顶层设计，优化网络结构，改善网络关系维护，促进创新网络实现质的飞跃。本章的实践指导意义和管理启示有以下四个方面。

（1）引进高端技术研究院、创新实验室、科创企业技术中心等多方创新主体，优化网络结构。围绕创新链布局产业链上下游企业，优化网络布局，助力海外归国人才占据优势位置。创新园区应引进高新技术企业、科研团队、创新人才和高校院所，构建互补协同的区域创新网络，打造创新创业高地。以构建完整的知识链、价值链和创新链为导向打造产业集群，统筹谋划全区的领域、层次、类型等结构布局，综合运用区内、区外资源夯实优势产业，推动同质竞争型企业和异质互补型企业协同发展，促进产业互动、科技互动、创新互动，形成园区良性联动。建立科学合理的评估机制，精准评估入园要素，辅助海外人才定位。海外归国人才自身要预先规划和设计自身的定位与未来发展，通过整合拥有的技术、信息、知识扬长补短，积极构建本地创新网络，并通过参与各项活动加强网络地位和网络联系，提升网络位置，实现可持续发展。

（2）健全技术支持、金融服务、人才管理等创新创业全链条式中介机构，创新融入式人才服务。组织交流研讨，建立海外归国人才创业跟踪服务机制，预防逆文化冲击，增强联系合作。立足于海外归国人才对本土创新创业资源的实际需求，以"国际化、高端化、专业化、多元化"为目标发展社群类、协会类等多样化人才服务机构，打造特色人才服务板块，如行政业务代办、合作牵线搭桥等，以帮助海外归国人才尽快熟悉国内市场、优惠政策及建立良好的人际关系，切实解决他们在实验室建设、知识产权归属、公共科研平台建设等实际工作中的问题。改革完善以业绩和贡献为主的科技创新人才评价方式与指标体系，注重将前沿技术的应用和产业化作为评价的重要指标，逐步引进和加大国际同行参与评价的力度。健全双向沟通传输渠道，创造良好的合作交流空间，促进海外归国人才将紧密的网络联系转为创新绩效。创新园区应主动组织和鼓励海外归国人才参与正式与非正式技术研讨和创新交流活动，建立常态化人才沟通模式，如创新高峰论坛、技术交流会、创新创业大赛、主题沙龙等，帮助其拓宽知识、信息与资源渠道，建立广泛的创新合作联盟，形成一个高互动、高协同的良性交流环境。

（3）针对性设计多元化、差异化、个性化的海外归国人才激励措施，建设多层次、多方面稳定的长期支持体系。持续配备充分的物质性激励，提供充足的创新资金、特色的办公场地、便利的交通、完善的工作生活设施等。根据海外归国人才的创新特长及发展方向，健全个体成长、事业成就、情感鼓励等激励机制；提供职业发展通道并辅助海外归国人才制订相应的创新发展规划，以职业留人、发展留人，提供知识学习培训和创新创业辅导；及时肯定创新成果并给予奖励和表彰，设立荣誉称号、专家、带头人等声誉激励，大力肯定海外归国人才创新业绩；重视海外归国人才双重文化嵌入及创新活动特性，加强情怀激励，给予生活关心、精神鼓励及心理疏导等情感支持。同时，健全试错容错机制，完善创新评判标准；改进现有的项目指南编制、专家遴选方式；加快项目管理机构的管理、监督评估和风险防控制度建设，在立项评审的各个环节形成科学的约束、制衡机制。

（4）优化营商环境，打造宜人、宜居、宜业、宜创的创新生态。创新园区应完善政策法律咨询、入境签证、创业培训和医疗教育等制度和政策，探索人才服务跨部门协同、业务协同以及横向联动模式，减少行政干预，破除"过度行政化、官本位"，疏通烦琐的行政流程，精简行政审批材料、程序及事项，避免不必要的关系联结，打造多功能、全方位、一体化的线上公共服务。将人才服务的工作成效和服务对象的满意度作为管理工作绩效评价的重要参考依据。以平台思维突破创新资源局限，开创多元共创、协调衔接的智力环境，建立产学研联合平台、技术研发平台、资源共享平台、中介服务平台、知识培训平台、投融资平台及精神文化平台，充分整合智力资源，为海外归国人才创新创业提供强有力的支撑。营造"尊重人才、尊重创新"的良好氛围，使海外归国人才拥有实现价值的满足感、成就感和荣誉感；创设自主开放的经济环境、科学务实的法治环境、多元融合的文化环境，完善海外归国人才创新创业市场秩序和规则制度，尊重海外归国人才的工作、生活习惯，实施国际高端物业管理，设置并打造与国际接轨的特色标识及文化交流活动，打造具有"国际范"的创新社区。

4.5 本章小结

本章基于海外归国人才创新创业中后期面临的大量创新资源需求和创新发展瓶颈难题，以及创新资源的基础支持及组织内部力量难以实现创新资源合理配置及人才有效开发等问题，运用资源依赖、社会交换等理论，探讨在复杂多元、动态变化的市场环境和条件下，创新网络嵌入如何助力海外归国人才获取多样、优质的知识、信息等创新资源，从而促进创新绩效，并进一步探讨创新支持感在其中的作用机制。本章基于海外归国人才的异质性特征，在资源依赖和社会交换理论的基础上提出创新网络嵌入对海外归国人才创新绩效具有正向作用、创新网络嵌入对海外归国人才创新支持感具有正向作用、创新支持感对海外归国人才创新绩效具有正向作用及创新支持感在创新网络嵌入对创新绩效的影响中起中介作用四个主要假设。

基于实证研究的数据结果发现，海外归国人才所处的结构嵌入对创新绩效具有促进作用，关系嵌入对创新绩效的影响不显著；海外归国人才的结构嵌入及关系嵌入对创新支持感均具有显著正向影响；海外归国人才的创新支持感对创新行为及创新结果均具有显著正向影响；海外归国人才的创新支持感在结构嵌入对创新绩效的影响中具有部分中介作用，在关系嵌入对创新绩效的影响中具有完全中介作用，且在关系嵌入对创新绩效的影响中具有遮掩效应。鉴于以上研究结果，本章进一步总结了管理启示，提出要引进高端技术研究院、创新实验室、科创企业技术中心等多方创新主体，优化网络结构；健全技术支持、金融服务、人才管理等创新创业全链条式中介机构，创新融入式人才服务；针对性设计多元化、差异化、个性化的海外归国人才激励措施，建设多层次、多方面稳定的长期支持体系；优化营商环境，打造宜人、宜居、宜业、宜创的创新生态。

第 5 章

创新网络嵌入、创新效能感与海外归国人才激励开发

随着新经济的发展，国际形势和国内社会环境不断变化，海外归国人才的回流与就业选择受到深刻影响。从社会网络、社会资本以及社会互动视角探究海外归国人才的创新网络嵌入与创新绩效的关系，是移动互联网新时代人力资源管理理论研究及管理实践演进的必然结果。海外归国人才不仅拥有国际化的商业运作经验和先进的管理理念，还拥有高新技术领域前沿知识、广泛的跨国资本运作渠道以及丰富的人际网络，这为其整合全球创新信息和资源，推动创新创业活动提供了坚实的基础（陈健等，2017；Bai et al.，2016）。然而，海外归国人才也面临着严峻的"外来者劣势"，包括本土网络和关系资源的缺失、对本国商业环境的不熟悉，以及跨文化适应等问题，这些因素在一定程度上制约了他们在创新活动中的效能发挥（Li et al.，2012；Liu and Almor，2016）。突破组织边界获取知识、信息和资源的网络嵌入成为海外归国人才的重要环境条件。基于班杜拉（Bandura）的社会认知理论，Tierney 和 Farmer（2002）提出创新效能感的概念，即个体对自己能否取得创新行为与成果的信念。已有研究表明创新效能感能够对个体创新行为产生显著正向影响。但网络嵌入是否能够通过创新效能感影响创新行为，其运行机制和边界条件是什么？目前尚未有研究针对海外归国人才这一特殊群体进行探讨。本章探讨全球创新网络日益紧密互联的背景下，海外归国人才实现创新网络嵌入过程中创新效能感的作用机理和机制，提出提升海外归国人才创新效能感，弥补本土网络资源信息劣势，有效解决海外归国人才困境并激励其创新行为的建议。

5.1 文献综述、理论模型与研究框架

5.1.1 文献综述

20 世纪 70 年代，积极心理资本以人的积极心理力量为核心，逐渐受到理论

与实践领域的关注，强调其对组织与个人发展的正面影响。1977年，组织行为学领域的杰出学者Bandura在其开创性的社会学习理论中，首次阐明了自我效能感（self-efficacy）的概念，即个体对于自身能够影响生活事件及掌控自身活动水平的信念与信心。Bandura进一步指出，预期作为认知与行为之间的桥梁，是决定行为的关键因素。而自我效能感，作为积极心理资本的核心要素，正是个人在特定情境下对自己执行并成功完成行为能力的预期。它不仅调节和引导着个体的思维、动机及行为模式，还扮演着矫正与控制这些心理活动的角色。国内外广泛的理论研究与丰富的管理实践均表明，自我效能感因其强大的预测力，被视为众多领域内行为与结果的可靠预兆。通过提升自我效能感，能够精准地预估并促进绩效的显著提升。Gist（1987）研究发现，自我效能感能预测工作绩效，高自我效能感促使个体设定更高目标，提高投入与效率，从而提升绩效。Boyd和Vozikis（1994）提出，自我效能感是驱动行为动机的关键要素，其缺失将削弱行为者的动力与积极性，进而可能导致任务执行中的效率低下乃至失败。Stajkovic和Luthans（1998）在组织行为的语境下，对自我效能感给出了更为宽泛且实用的定义，他们认为自我效能是个体对自己在特定情境下，成功完成某项任务所需能力的坚定信念（或自信心），这种信念能够激励个体调动起充分的动机、认知资源及一系列有效行动。

自Bandura提出自我效能感概念并系统阐释了其理论框架以后，学者普遍认为，自我效能感本身是决定人们如何搜寻与习得新技能的关键因素，高自我效能感的个体通常会聚焦于如何掌控当前任务。Seo和Ilies（2009）强调，个体具有感知自我效能的能力，如果个体感知自我效能越高，则所付出的努力与持续力也越高，成功的概率自然增加，因此自我效能感会激发个体高效完成某项工作从而提高绩效。Seijts和Latham（2011）的实证研究结果也表明，自我效能感与绩效显著正相关，且自我效能感通过目标承诺的部分中介作用影响工作绩效。de Clercq等（2018）研究员工自我效能感与工作绩效之间的关系，发现员工自我效能感提高工作绩效的一个重要原因是他们在承担日常工作任务时较少感到焦虑，自我效能感具有较强的缓解焦虑的效果。因此，自我效能感对个体的行为选择、努力及持久力、应对方式及情绪反应、绩效预测等具有不容忽视的作用。随着人力资源管理实践的不断发展，学者对自我效能感的研究逐渐与特定任务及特定问题相联系。Tierney和Farmer（2002）将自我效能感与创造力理论相结合，首次提出创新效能感的概念，即个体对自己能否取得创新行为与成果的信念，是创新自信程度的心理感知，反映创新活动个体的自我信念与期望。Beghetto（2006）、Abbott（2010）将创新效能感定义为个体对自身创新能力的自我评价和信念。顾远东等（2014b）基于Tierney和Farmer的先前研究，进一步阐明了创新效能感的概念，即创新个体深信自己具备采取新颖行为并取得创新成果的能力，这种信念是推动个体选择并实施相应创新活动的核心动力因素。

国内外理论探讨与管理实践均表明,个体创新效能感的高低直接关联其选择创新活动的倾向性。高创新效能感的个体更倾向于投身于挑战性强的创新活动,并以积极姿态面对挑战,视之为学习新技能与成长的契机。相反,低创新效能感者则倾向于回避困难与挑战,采取消极态度,难以被激发去实施创新行为并达成创新成果。因此,创新效能感的本质在于个体对自身在工作中展现创造力、达成创造性成果的信心,这涵盖了克服创新过程中遇到的难题、创造性地完成任务并达成既定目标的信念。此效能信念不仅聚焦于创新行为的结果,也深刻影响着创新行为的全过程(顾远东和彭纪生,2011)。因此,在明确了创新效能感的内涵和实质的基础上,国内外学者开始广泛探讨创新效能感的内在和外在影响因素。Liao 等(2010)研究发现,员工与领导和团队成员的高质量关系对员工的创新效能感有积极影响。Tierney 和 Farmer(2011)研究发现,实际工作的复杂程度、个体内部能力和外部环境变化等均会影响创新效能感。Anderson 等(2014)认为创新效能感受个体情绪的影响,积极情感能促进联想思维,拓宽个体的思想和行动库,提升创新效能感。除此之外,创新理念、领导风格、人格特征和奖励系统(Malik et al., 2015; Wang et al., 2014)等均对员工的创新效能感产生影响。

尽管不同学者对创新效能感影响因素的分析存在差异,但他们均认为创新效能感受到各种因素的综合影响。在有关创新效能感的测量研究中,Tierney 和 Farmer(2004)改进的四个项目的量表运用较为广泛,包括能产生新的想法、自信能创新性地解决问题、有帮助他人完成新创意的技巧、能发现解决新问题的方法四个题项。Carmeli 和 Schaubroeck(2007)在 Tierney 和 Farmer 编制的量表基础上,形成了包含八个题项的量表。朱颖俊和裴宇(2014)、林新奇和丁贺(2017)、姜平等(2020)以企业员工为研究对象,分别讨论了创新效能感在心理授权与员工创新行为、人岗匹配与员工创新行为、领导风格与员工创新行为关系之间的调节作用,在创新效能感的测量上均运用了 Tierney 和 Farmer(2004)的量表。杜鹏程等(2015)将创新自我效能感作为中介变量,研究了差错反感文化对员工创新行为的影响机理,对创新自我效能感的测量采用 Carmeli 和 Schaubroeck(2007)设计的八个题项的量表。以上学者对创新效能感的测量,均强调创新过程中创新过程信念的强度和创新方式方法的运用。

5.1.2 理论模型与研究框架

随着开放式创新和集聚性创新日渐成为主流,创新网络以及网络嵌入的理论研究和管理实践取得长足进展。但整体看,现有研究主要从企业层面探讨海外归国 CEO 或员工对公司创新绩效的影响。例如,海外归国创业企业可以利用创业生态系统中的知识溢出,提高企业的知识管理能力并最终提高创新绩效(Yi et al.,

2021）；海归员工数量可以调节研发投入和创新绩效的关系，海外归国员工带来的国外先进技术和知识可以促进企业的研发活动并提升创新绩效（Jiang et al.，2023）。尽管现有研究探索了海外归国人员所在企业创新绩效的影响因素，但鲜有研究从个体层面分析影响海外归国人才创新绩效的关键要素。海外归国人才拥有前沿技术专业知识和国际化视野，有利于促进国际范围内更广泛和更紧密的流动，是企业组织和区域创新网络主体要素中的关键节点，在创新创业活动中扮演重要角色（Docquier and Rapoport，2012；Hao et al.，2019；李永周等，2018）。但由于社会关系网络建设薄弱、业务市场和制度环境不熟悉（Lin et al.，2014），商业机会和信息匮乏、双重文化价值和身份认同冲突（Hao et al.，2017）等原因，海外归国人才在开展创新创业活动中往往面临网络资源匮乏，以及企业内部资源难以满足其对关键创新资源需求的问题。因此，嵌入更为广泛的外部合作网络，获取其中的关键资源成为激励海外归国人才创新的重要手段（彭伟等，2018）。充分发挥海外归国人才网络嵌入的资源优势，激发其创新活力和潜力，促进其创新意愿的达成是提高海外归国人才创新行为的关键所在。创新网络内主体的紧密嵌入，不仅能获得网络内流动的异质性信息和隐性知识，还能获得网络成员的信任与支持（Gulati and Gargiulo，1999）。海外归国人才可以借助网络嵌入突破企业组织内部的创新资源瓶颈，增强对进行创新活动的信心从而产生创新行为。

Polanyi（1944）最早提出嵌入性的概念，认为个体不是独立存在的，人类的经济行为紧密嵌入于经济与非经济的制度之中。Granovetter（1985）进一步明确了网络嵌入的概念，提出行为主体的经济行为受到其所处的社会结构和社会关系网络的影响，而网络嵌入可以分为结构嵌入和关系嵌入两个维度。其中，结构嵌入是指经济行为主体（如个人、企业或组织）在社会网络中的位置及其与其他主体之间的关系所产生的影响，强调经济行为不仅仅是基于市场机制和价格信号，还受到社会关系和网络结构的深刻影响。关系嵌入则指经济行为主体在特定社会关系中所处的位置及其与其他主体之间的互动关系，强调经济活动不仅受到市场机制的影响，还受到社会关系、信任和互动模式的深刻影响。网络嵌入理论主要应用于企业层面。Ahuja（2000）研究企业关系网络对创新的影响，认为在企业间合作网络中，结构洞的增加对企业创新有负面影响。Phelps（2010）以77家电信设备制造商为调查对象，发现在企业网络嵌入中，网络封闭性和获取多样化信息可以共存，这两者的结合促进了企业的探索性创新。Zeng等（2019）通过研究生物制药企业的网络嵌入性，考察产业集群对企业创新绩效的集聚效应，发现中间性、中心性和聚类系数对企业技术创新能力有显著的正向影响，而结构洞约束对企业技术创新能力有显著的负向影响。Hani和Dagnino（2021）提出全球网络结构嵌入概念，选取来自47个不同规模全球网络的14个行业的100家公司作为样本，研究嵌入全球网络的企业间合作对企业资源获取和创新绩效的影响。

近年来，一些学者开始关注企业中员工，尤其是拥有异质性特征的员工作为个体节点嵌入网络的影响。Jiang 等（2017）提出公司高管作为公司在网络中特定岗位的代表，同时嵌入其他高管和董事所在的个人网络以及公司所在的联盟网络，而高管可以在双重网络嵌入中建立个人联系从而提升自身的社会地位和声誉。Luo 和 Zhang（2021）研究显示，企业中研发人员携带的知识使其能够作为重要的个体节点嵌入个人以及组织的协作和知识网络，而其携带知识的组合潜力和多样性能够通过提升研发人员网络嵌入的密度和中心度进而提升创新绩效。Tang 等（2020）将网络结构洞作为调节变量来研究管理者情商与员工创新行为和工作绩效的关系，发现高情商的管理者更有运用结构洞的潜质，从而激发员工创新行为、提升员工工作绩效，结构洞强化了管理者情商与员工创新行为之间的关系。González-Brambila 等（2013）研究网络嵌入对科学家研究成果和其社会影响力的作用，探讨了网络嵌入在个体层面的影响，包括直接联系的建立，联系的强度、密度，以及结构洞和中心性。周劲波和李炫灿（2023）研究众创空间网络嵌入的调节作用，发现众创空间网络嵌入在用户创业学习对用户创业能力、用户创业能力对用户创业绩效的影响作用中均起正向调节作用；用户个体嵌入众创空间网络中，获取自身发展所需的知识和信息，与其他网络成员建立联系、形成合作。

社会认知理论认为，环境、认知和行为三者相互作用，环境因素能够通过个体的动机影响和决定行为（Bandura，1986）。Bandura 还进一步提出了自我效能感用以解释个体的行为动机，即只有当一个人相信自己能够通过行动产生所期待的效果，才会倾向于尝试该行为。创新效能感是自我效能感在创新领域的拓展应用，是个体对于能否创造性地完成工作任务、有创新地克服困难与挑战的信心评价（Tierney and Farmer，2004）。创新行为往往伴随着承担失败的风险和未知的挑战与困难，海外归国人才由于面临"外来者劣势"的困境，因此只有在其认为自己有足够的能力应对创新困难，即创新效能感较高时，才会表现出创新想法和行为。当海外归国人才认为自己能够从所处的网络环境中获得足够的知识、信息和关系资源时，就会减少对自身本土网络资源劣势的担忧，对创新的结果报以积极的期望。同时，由于组织氛围也是影响员工行为的重要环境因素，因此网络嵌入对海外归国人才的创新效能感及创新行为的影响，还取决于员工在组织中多大程度上能够感知到组织对其创新活动的支持。在组织创新氛围较好时，嵌入网络对员工来说是获取创新资源、提升创新行为的重要来源（李静芝和李永周，2022）。

5.2 研究假设

社会认知理论认为，环境因素能够影响个体行为和认知，环境为个体提供的资源、支持和机会能够促进和提升个体的效能感。由于企业内部创新知识和信息资源具有同源性、同质性、局限性、时滞性特点，海外归国人才在自身关系网络尚未建立时，仅仅依靠组织内部资源难以实现创新知识和信息的及时更新与配置（王雷，2013）。创新效能感是个体对于能否创造性地完成工作任务的信心评价，而创新资源的可用性对于促进和提升员工创新效能感至关重要。海外归国人才需要从环境中获取足够的关系、信息、知识等资源以支撑其对创造性地完成工作任务的信心。处于创新网络中心的员工能够调动和整合创新网络内各种资源，因此创新网络嵌入有助于海外归国人才突破创新网络组织边界的限制获取创新所需的知识和信息资源（Moran，2005）。因此，创新网络嵌入成为海外归国人才适应社会网络、获取创新信息、扩展关系资源并最终促进和提升其创新效能感的重要激励手段（Perry-Smith and Mannucci，2017）。

5.2.1 创新网络嵌入与海外归国人才创新效能感的关系

创新网络嵌入是个体或组织在创新活动中所处的社会网络环境，包括与其他个体、组织、机构等的关系和互动。这种嵌入性在海外归国人才的创新效能感中扮演着重要角色。通过资源获取、知识转移、社会支持、互动合作、文化适应及反馈学习等多方面的作用，创新网络嵌入能够显著提升归国人才在创新活动中的自信心和成就感。这不仅有助于个人的职业发展，也为其所在国家和地区的创新生态系统注入了新的活力。强关系嵌入网络中多行为主体的互补性帮助个体增强与组织边界之外不同创新主体之间的联系，积极建立个人关系网络（Brass et al.，2004；刘松博和李育辉，2014；张宝建等，2015）。强关系的建立能增强个体对组织的认同感和重要性，并且使寻求资源的个体更清楚谁拥有其所需的资源，有利于促进个体间的合作，从而产生更高的满意度（Kang et al.，2007；张利斌等，2012）。强调知识共享的关系嵌入也为网络内个体间的交流学习提供了机会，并且能降低信息资源搜索和获取的成本（王新华等，2019）。研究显示，海外归国人才嵌入组织的社会网络能够加强和组织及同事之间的联系,满足其关系需求（刘善仕等，2016）。较强的关系嵌入不仅有利于显性知识的获取与吸收，还能在一定程度上克服知识转移的黏滞性，有利于激发组织间隐性知识的共享和转移（Rost，2011；倪渊，2019）。鉴于隐性知识固有的难以复制、模仿特性及其在网络中的黏附性，通过网络成员间频繁的交流互动，依托网络的位置优势与结构特性，可以为海外归国人才构建起紧密的社交网络。这一网络有效促进了隐性知识的流通与共享，为归国人才提供了创新所必需的关系网络支持资源，进而激发了他们的创新效能感。

高结构嵌入的海外归国人才处于创新网络中心位置,拥有更丰富的创新资源、信息以及更大的非正式权力，对其内在创新效能感的构建起到积极作用

（Robertson et al.，2020）。由于占据创新网络结构洞中心位置使创新主体获得信息和控制上的优势（Burt，1992；李健等，2018；付雅宁等，2018；何喜军等，2022），在结构洞较多的创新网络中结构洞中心位置特征显著的人员可以获取大量异质性的信息资源（张军玲和许鑫，2024）。因此，当海外归国人才在创新网络中占据结构洞的关键位置时，能够获得创新网络的信息获取和传递的优势，进而在网络中起到主导地位。创新网络嵌入度较高的员工拥有更大的影响力、控制力和权力，能够获得更多与网络中其他成员交流的机会，有权利选择是否以及如何和其他网络节点交换资源与信息（Feeley et al.，2010）。同时，创新网络结构嵌入度较高的海外归国人才还可以通过对信息资源的高掌控性降低创新风险及不确定性，他们相信自己在工作中能够有创造性表现并获取创造性成果。

综上所述，本章提出如下假设。

H5-1：创新网络嵌入对海外归国人才创新效能感具有显著正向影响。

H5-1a：关系嵌入对海外归国人才创新效能感具有显著正向影响。

H5-1b：结构嵌入对海外归国人才创新效能感具有显著正向影响。

5.2.2　创新效能感的中介作用

员工创新行为不仅表现为研发出新产品、新技术等创新成果，也包含在生产过程中引入新的生产工艺和要素来源（Scott and Bruce，1994）。由于创新活动本身具有高风险和高不确定性，员工需要智力、心理和社会资源等关键资源来应对创新活动中的种种压力（Fredrickson，2004）。社会认知理论认为，情境因素可以通过心理过程来影响个体行为。结构嵌入和关系嵌入作为重要的情境因素，决定了海外归国人才能够接触到的组织外部创新网络中的知识、信息和关系的数量、质量，这对其评估自身创新能力以及进一步实施创新行为的可能性有重大影响。海外归国人才嵌入网络内充足的创新主体和结构资源（包括信息资源获取与整合平台、知识流动与共享机制、创新文化氛围支持、决策权等），能够有效提升其对自身创新能力的信心。当海外归国人才的创新效能感水平较高时，其对环境往往具有积极的判断，他们会认为自己有能力实施创新行为，且能从外环境中获取开展创新所需的资源和机会（Ghasemzadeh et al.，2021）。因此，根据社会认知理论，网络嵌入能够通过提升员工的创新效能感从而提升创新行为。

具体来说，组织与其他网络成员形成和保持较高的关系嵌入有助于促进组织间信息传递，及时获取信息资源，促进知识共享（Iurkov and Benito，2018）。当海外归国人才的职业需求得到满足，经历与职业生涯契合时，他们会有更高的职业满意度并表现出积极的工作行为（Tharenou and Caulfield，2010）。结构嵌入有助于海外归国人才在网络中占据优势位置，拥有更高知识权力、获得更多重复性低且多样性高的市场信息和更多话语权（朱雪春等，2024）。网络中新的商业机会、市场以及技术知识等异质性资源的能力,能够为组织内人才的创新活动提供大量的机会和丰富的资源(王海花等,2019)。当海外归国人才处于网络中心位置或与网络成员具有强联结时,网络嵌入还会对自身创新的知识与信息等资源获取产生更积极的认知及评价,有更丰富的心理弹性以应对困难与阻碍。创新效能感较强的个体在面对创新活动的挑战时会积极应对,而不是逃避,因此会表现出创新行为(Christensen-Salem et al.,2021)。

创新效能感不仅能对创新行为产生直接的正向影响,还能够通过促进协调性胜任力向创新行为转化,进而对创新行为产生间接影响(吴伟伟等,2019)。高创新效能感的海外归国人才更可能打破常规,主动寻找创造性解决方案,同时享受创造带来的乐趣。对自我创新能力的内在认知高,个体将会更集中精力与体力应对环境中的困难,并以更积极的态度为此做出更大的努力与付出更高的代价,挣脱常规模式的束缚,在工作中做出创新行为(de Jonge et al.,2012)。因此,网络嵌入能强化海外归国人才对知识、信息、信任与支持等创新要素和资源的获取,有利于满足其创新需求特质,提升其创新效能感,进而促使他们更积极主动地将资源投入工作中进行创新活动。

综上所述,本章提出如下假设。

H5-2:创新效能感在创新网络嵌入与海外归国人才创新行为中起中介作用。

H5-2a:创新效能感在关系嵌入与海外归国人才创新行为中起中介作用。

H5-2b:创新效能感在结构嵌入与海外归国人才创新行为中起中介作用。

5.2.3 组织创新氛围的调节作用

组织创新氛围是组织中个体主观感知到的与组织创新相关的工作环境,代表了员工对组织的政策、制度、文化、资源是否具有创新性的判断,会对员工创新心理和行为产生重要影响(Amabile,1997)。当员工感知到组织对自身工作的创新期待时,他们也会改变自身工作中的态度、行为和绩效,以响应组织对创新活动的支持(Scott and Bruce,1994)。如果员工所在组织对变化持开放态度,重视并鼓励员工之间分享和发展创新想法,同时提供资金和时间支持,那么员工就不必担心失败的风险、受到组织的苛责和缺乏创新所必需的资源,从而增加对创新行为可能产生的结果的积极预期,并增强对创新成功的信心(隋杨等,2012)。已有研究表明,组织创新氛围中包含的团队合作和激励机制等多个维度影响着员工的创新成果、创造力以及创新能力的实现(Malibari and Bajaba,2022)。浓厚的企业创新氛围更有可能激励组织成员跨越组织边界探索外部知识,共享、转化和整合现有知识(Wang et al.,2023)。在一个具有创新氛围的工作环境中,员工提供创造性想法、解决问题和利用机会推动公司发展的积极性均能得到提高;此外,要想员工有创造力,满足其心理上的舒适需求是必要的(Khaddam et al.,

2023）。

海外归国人才作为个体节点嵌入网络时，可以在网络中获得重要资源和关系，但其在网络中获取的资源能否转换为对创新活动的信心，在很大程度上仍然受到其所在组织是否支持和鼓励创新的影响。当组织创新氛围较强，即员工认为组织对创新活动的鼓励和支持较多时，海外归国人才更倾向于将嵌入创新网络所获取的丰富信息、技术以及关系等资源视为满足自身创新需求的重要途径，并进一步产生更强的创新效能感。积极的创新氛围鼓励员工主动寻求创新，勇于尝试、敢于失败，这降低了海外归国人才担忧创新失败产生的心理压力，因此他们能够在嵌入的过程中更加积极地探索新的可能性，即使面临挫折也能大胆尝试新的思路和方法，增强创新效能感。因此，较高的组织创新氛围会促进网络嵌入对员工创新效能感的影响。反之，组织创新氛围较弱，海外归国人才感知到组织并未提供足够的创新支持和激励，那么他们会倾向于将创新活动的努力转向其他活动（如精简日常业务、提升工作效率、减少资源浪费等），此时网络嵌入对海外归国人才创新效能感的激励作用减弱（庄子匀和陈敬良，2015）。因此，组织创新氛围越强，网络嵌入与创新效能感之间的正向关系也越强。本章提出如下假设。

H5-3：组织创新氛围正向调节创新网络嵌入与海外归国人才创新效能感之间的关系。组织创新氛围越强，创新网络嵌入与海外归国人才创新效能感之间的正向关系越强。

H5-3a：组织创新氛围正向调节关系嵌入与海外归国人才创新效能感之间的关系。组织创新氛围越强，关系嵌入与海外归国人才创新效能感之间的正向关系越强。

H5-3b：组织创新氛围正向调节结构嵌入与海外归国人才创新效能感之间的关系。组织创新氛围越强，结构嵌入与海外归国人才创新效能感之间的正向关系越强。

在组织创新氛围较强的情况下，高网络嵌入的员工更容易获得较强的创新效能感，进而投入到创新活动中。组织创新氛围作为一种创新支持，促进了员工的创新信念，使得在组织内的员工更倾向于寻求方法和工具实现创新行为（Rabl et al.，2023）。由于创新活动的高复杂性、不确定性和风险性，海外归国人才创新行为的积极性需要外在力量的推动和自身内在的牵引力共同作用。在充满挑战和困难的工作情境中，海外归国人才创新行为的承压能力源于其对自身创新能力的信心与信念，同时也受组织内部是否重视和认可创新工作重要性的影响。员工创新行为的实现依赖于一定资源，组织创新氛围较好时，组织会为员工提供必要的创新政策和平台支持，有助于海外归国人才通过网络嵌入对获得的创新资源进行整合和应用，因此能够增强个体对创新能力的信心，并进一步促进其转化为创新行为（Smale，2016）。组织创新氛围为网络嵌入通过创新效能感影响海外归国人才创新行为提供了组织的情境支持,海外归国人才积极嵌入企业网络,在组织和网络的支持中提升自我,有利于其自身应对复杂和充满不确定性的外部环境竞争,增加其创新行为的可能性(朱金强等,2020)。因此,本章提出以下假设。

H5-4:组织创新氛围正向调节创新网络嵌入通过创新效能感影响海外归国人才创新行为的间接效应。具体而言,组织创新氛围越强,这一间接关系越强。

H5-4a:组织创新氛围正向调节关系嵌入通过创新效能感影响海外归国人才创新行为的间接效应。具体而言,组织创新氛围越强,这一间接关系越强。

H5-4b:组织创新氛围正向调节结构嵌入通过创新效能感影响海外归国人才创新行为的间接效应。具体而言,组织创新氛围越强,这一间接关系越强。

基于以上理论,本章构建了如图 5.1 所示的假设模型。

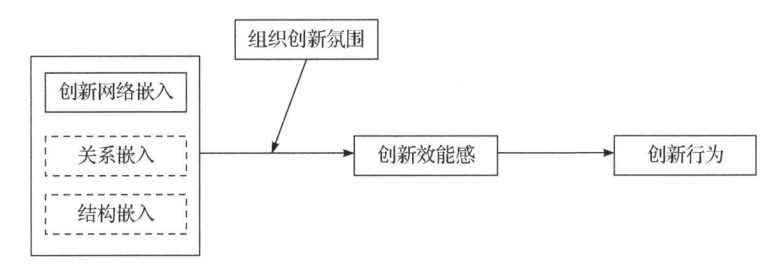

图 5.1　创新网络嵌入、创新效能感对海外归国人才创新行为影响的假设模型

5.3　研究方法与数据分析

5.3.1　问卷设计与变量测量

本章于 2022 年 5 月和 6 月通过线上及线下调查相结合的形式发放并回收问卷,研究对象主要为来自北京、上海、武汉及广州等地具有海外留学、工作或居留经历的海外归国人才。为保证研究严谨性,减少共同方法偏差,采用两阶段配对数据的收集方式。在时间点 1 发放了 400 份问卷,回收 380 份问卷,回收率为 95%,包含对人口统计学变量以及创新网络嵌入和组织创新氛围的测量;在距离时间点 1 一个月之后的时间点 2,向填写第一轮问卷的海外归国人才发放 380 份问卷,测量创新效能感以及创新行为,共回收 343 份问卷,回收率为 90.3%。剔除无效问卷后,共收集 306 份有效问卷。两阶段样本总体有效回收率为 76.5%。

筛选后的 306 份有效问卷中,155 人有海外留学或访学一年及以上经历,85 人有海外工作一年及以上经历,66 人有海外居留一年及以上经历。在性别方面,男性占比 60.5%,女性占比 39.5%;在年龄方面,25 岁及以下占比 1.3%,26～30 岁占比 13.7%,31～35 岁占比 22.9%,36～40 岁占比 14.4%,41～45 岁占比 16.7%,

46～50岁占比16.7%，51岁及以上占比14.4%；在教育背景方面，本科及以下占比48%，硕士占比22.9%，博士占比29.1%。样本的具体信息如表5.1所示。

表 5.1 样本基本信息表

项目	类别	人数/人	占比	项目	类别	人数/人	占比
性别	男	185	60.5%	行业特征	建筑业	43	14.1%
	女	121	39.5%		交通运输、仓储和邮政业	11	3.6%
年龄	25岁及以下	4	1.3%		信息传输、软件和信息技术服务业	22	7.2%
	26～30岁	42	13.7%		科学研究和技术服务业	32	10.5%
	31～35岁	70	22.9%		水利、环境和公共设施管理业	21	6.9%
	36～40岁	44	14.4%		教育	46	15.0%
	41～45岁	51	16.7%		卫生和社会工作	10	3.3%
	46～50岁	51	16.7%		文化、体育和娱乐业	24	7.8%
	51岁及以上	44	14.4%		其他	25	8.2%
教育背景	大专	39	12.7%	海外经历（一年及以上）	海外留学	155	50.7%
	大学本科	108	35.3%		海外工作	85	27.8%
	硕士	70	22.9%		海外居留	66	21.6%
	博士	89	29.1%				
行业特征	农林牧渔业	10	3.3%				
	制造业	62	20.2%				

注：数值进行了四舍五入修约，因此可能存在占比合计不等于100%的情况

本章主要采用SPSS 26.0和AMOS 22.0对数据进行分析。为确保量表的效度，本章问卷均采用国内外的成熟量表，其中国外量表均经过国内学者的翻译和实证检验。问卷共包含创新网络嵌入、创新效能感、创新行为和组织创新氛围四个变量，所有题目均采用利克特五级量表的方式来衡量，根据"完全不同意"至"完全同意"的描述分别给予1～5分的赋值。

（1）创新网络嵌入。该变量测量参考McEvily和Marcus（2005）与李永周等（2018）的研究，量表共包括12个题项。其中，关系嵌入包括"我信赖我的合作伙伴，并能保持长久、亲密的社会关系"等6个题项，结构嵌入包括"网络中我的合作伙伴之间主要通过我建立联系"等6个题项。关系嵌入的克龙巴赫α系数为0.859，结构嵌入的克龙巴赫α系数则为0.873。

（2）创新行为。该变量测量采用Scott和Bruce（1994）的研究，量表包括"工

作中，我会尝试运用新的技术与方法"等 6 个题项，克龙巴赫 α 系数为 0.885。

（3）创新效能感。该变量测量参考 Tierney 和 Farmer（2004）的研究，量表包括"工作中，我对自己创造性解决问题的能力有信心"等 4 个题项，克龙巴赫 α 系数为 0.870。

（4）组织创新氛围。该变量测量参考王辉和常阳（2017）修订的组织创新氛围量表，并根据本章情境进行删改。最终量表包括"公司对有创新想法的员工会给予奖励和报酬"等 10 个题项，克龙巴赫 α 系数为 0.899。

（5）控制变量。研究对海外归国人才的性别、年龄、教育背景等人口统计学变量进行了控制。

5.3.2 验证性因子分析

对两个时间点收集的数据进行同源方法偏差检验。首先，进行 Harman 单因素检验后，数据结果显示未旋转的第一个主成分因子方差贡献率为 39.8%，小于 40%；其次，本章在假设模型的基础上加入一个未测量的共同方法因子，构建的五因素模型与四因素模型相比，模型拟合指标没有明显改善（ΔCFI = 0.006，ΔTLI = 0.005，小于 0.1；ΔRMSEA = 0.003，小于 0.05），进一步表明本章同源方法偏差并不严重，可以进行后续的假设分析。

运用 AMOS 22.0 对关系嵌入、结构嵌入、组织创新氛围、创新效能感和创新行为这五个变量进行验证性因子分析。检验结果（表 5.2）显示，研究采取的五因素模型拟合度良好（χ^2/df = 1.686，TLI = 0.942，IFI = 0.950，CFI = 0.949，SRMR = 0.049，RMSEA = 0.047），且比其他备选测量模型显示出更好的拟合度，这说明变量具有较好的区分效度且与模型匹配较好。

表 5.2 验证性因子分析结果

模型	χ^2	df	χ^2/df	TLI	IFI	CFI	SRMR	RMSEA
五因素模型（RE, SE, EFF, IC, IB）	729.899	433	1.686	0.942	0.950	0.949	0.049	0.047
四因素模型（RE+SE, EFF, IC, IB）	744.777	437	1.704	0.940	0.948	0.947	0.051	0.048
三因素模型（RE+SE+IC, EFF, IB）	979.108	440	2.225	0.896	0.908	0.907	0.065	0.063
双因素模型（RE+SE+EFF+IC, IB）	1232.310	442	2.788	0.848	0.865	0.864	0.073	0.077
单因素模型（RE+SE+EFF+IC+IB）	1328.854	443	3.000	0.830	0.849	0.848	0.77	0.081

注：RE 代表关系嵌入，SE 代表结构嵌入，EFF 代表创新效能感，IB 代表创新行为，IC 代表组织创新氛围；IFI 为增量拟合指数（incremental fit index），SRMR 为标准化均方根残差（standardized root mean square residual）

5.3.3 描述性统计和相关性分析

各变量的均值、标准差及相关系数如表 5.3 所示。从表 5.3 可以看出，关系嵌入与创新效能感显著正相关（$r=0.534$，$p<0.01$），结构嵌入与创新效能感显著正相关（$r=0.605$，$p<0.01$），初步验证了 H5-1a 和 H5-1b。

表 5.3　变量描述性统计和相关性分析

变量	均值	标准差	性别	年龄	教育背景	关系嵌入	结构嵌入	创新效能感	创新行为	组织创新氛围
性别	1.395	0.490	1							
年龄	4.389	1.697	−0.083	1						
教育背景	2.193	1.058	0.023	0.057	1					
关系嵌入	3.712	0.654	−0.096	0.021	0.086	1				
结构嵌入	3.521	0.750	−0.063	0.005	0.004	0.751**	1			
创新效能感	3.659	0.737	−0.134*	0.134*	−0.036	0.534**	0.605**	1		
创新行为	3.600	0.743	−0.019	−0.015	−0.045	0.461**	0.562**	0.584**	1	
组织创新氛围	3.768	0.688	−0.086	−0.002	0.079	0.591**	0.562**	0.469**	0.496**	1

**表示 $p<0.01$，*表示 $p<0.05$

5.3.4　假设检验

本章在对性别、年龄、教育背景三个人口统计学变量进行控制的基础上，将创新效能感和创新行为分别作为因变量，进行多层线性回归检验。以创新效能感为因变量，表 5.4 显示，在控制了人口统计学变量后，关系嵌入和创新效能感仍然显著正相关（$r=0.532$，$p<0.001$），结构嵌入和创新效能感也显著正相关（$r=0.599$，$p<0.001$），H5-1a 和 H5-1b 得到了进一步验证。

中介效应检验的具体操作如下。以创新行为为因变量，将关系嵌入、结构嵌入和创新效能感引入回归模型。表 5.4 中，由模型 7 可知，关系嵌入和创新行为显著正相关（$r=0.471$，$p<0.001$）；由模型 8 可知，在控制了关系嵌入对创新行为的直接效应后，创新效能感与创新行为仍然显著正相关（$r=0.488$，$p<0.001$），H5-2a 得到了初步验证。同理，由模型 9 可知，结构嵌入和创新行为显著正相关（$r=0.563$，$p<0.001$）；由模型 10 可知，在控制了结构嵌入对创新行为的直接效应后，创新效能感与创新行为仍然显著正相关（$r=0.405$，$p<0.001$），H5-2b 得到了初步验证。

表 5.4 回归分析结果

变量	创新效能感					创新行为				
	模型 1	模型 2	模型 3	模型 4	模型 5	模型 6	模型 7	模型 8	模型 9	模型 10
性别	−0.071	−0.063	−0.061	−0.085	−0.075	−0.067	0.027	0.062	0.017	0.051
年龄	0.121*	0.126**	0.134**	0.126**	0.129**	0.142**	−0.018	−0.078	−0.014	−0.065
教育背景	−0.087	−0.095*	−0.095*	−0.044	−0.059	−0.060	−0.085	−0.042	−0.046	−0.029
关系嵌入	0.532***	0.392***	0.440***				0.471***	0.212***		
结构嵌入				0.599***	0.493***	0.513***			0.563***	0.321***
创新效能感								0.488***		0.405***
组织创新氛围		0.239***	0.270***		0.191***	0.221***				
关系嵌入×组织创新氛围			0.167**							
结构嵌入×组织创新氛围						0.123**				
R^2	0.313	0.351	0.373	0.392	0.417	0.430	0.221	0.385	0.318	0.418
调整后 R^2	0.304	0.340	0.361	0.384	0.407	0.418	0.211	0.374	0.309	0.408
F	34.341***	32.379***	29.668***	48.545***	42.868***	37.570***	21.347***	37.493***	35.132***	43.053***

***表示 $p<0.001$，**表示 $p<0.01$，*表示 $p<0.05$

为进一步验证中介效应的显著性，本章通过 Bootstrapping 反复抽样来估计中介效应的抽样分布和中介效应的置信区间，抽样样本数为 5000。分析结果显示，关系嵌入通过创新效能感对创新行为的间接效应值为 0.295，95%的置信区间为 [0.207,0.390]，不包含 0。由此可见，创新效能感在关系嵌入和创新行为之间发挥中介效应。H5-2a 得到了进一步验证。结构嵌入通过创新效能感对创新行为的间接效应值为 0.240，95%的置信区间为[0.156,0.329]，不包含 0。由此可见，创新效能感在结构嵌入和创新行为之间发挥中介效应，H5-2b 得到了进一步验证。

调节效应检验的具体操作如下。为避免共线性问题，将关系嵌入、结构嵌入和组织创新氛围进行中心化处理，再分别将关系嵌入、结构嵌入和组织创新氛围的交互项引入回归模型。由表 5.4 的模型 3 和模型 6 可知，关系嵌入和组织创新氛围的交互项会对创新效能感产生显著的正向影响（$r=0.167$，$p<0.01$），H5-3a 得到了支持；结构嵌入和组织创新氛围的交互项会对创新效能感产生显著的正向影响（$r=0.123$，$p<0.01$），H5-3b 得到了支持。此外，为了进一步明确组织创

新氛围的调节作用,选取高组织创新氛围(+1SD)和低组织创新氛围(−1SD)绘制简单斜率图。图 5.2 中可见,与低组织创新氛围下的海外归国人才相比,关系嵌入对高组织创新氛围下海外归国人才创新效能感的影响更强。在高组织创新氛围下,关系嵌入与创新效能感显著正相关($r = 0.625$,$p<0.001$);在低组织创新氛围下,关系嵌入与创新效能感显著正相关($r = 0.367$,$p<0.001$),但其间接效应更弱。

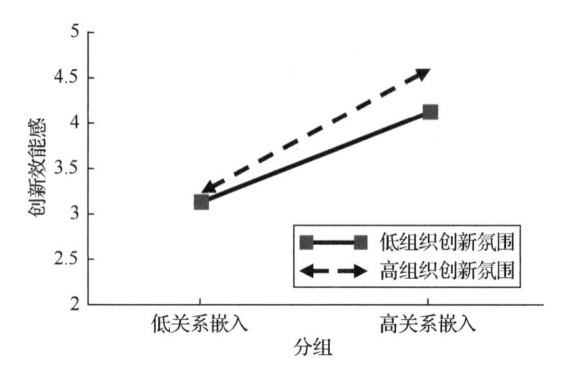

图 5.2 组织创新氛围在关系嵌入与创新效能感之间的调节效应

图 5.3 中可见,与低组织创新氛围下的海外归国人才相比,结构嵌入对高组织创新氛围下海外归国人才创新效能感的影响更强。在高组织创新氛围下,结构嵌入与创新效能感显著正相关($r = 0.602$,$p<0.001$);在低组织创新氛围下,结构嵌入与创新效能感显著正相关($r = 0.406$,$p<0.001$),但其间接效应更弱。

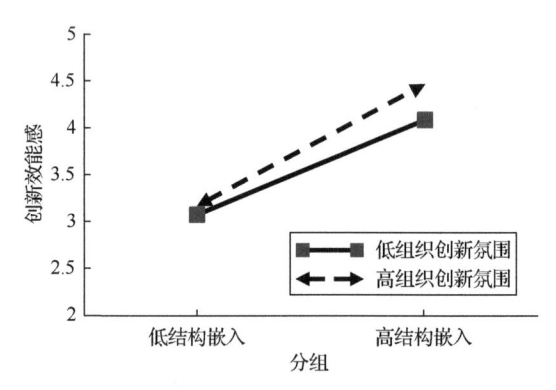

图 5.3 组织创新氛围在结构嵌入与创新效能感之间的调节效应

为了检验被调节的中介效应,本章计算了在不同组织创新氛围水平下(均值加减一个标准差),关系嵌入和结构嵌入通过创新效能感影响创新行为的间接效应,并得出 95%的置信区间,具体结果如表 5.5 所示。从表 5.5 可以看出,当组织创新氛围较低时,关系嵌入通过创新效能感对创新行为的间接效应值为 0.180,

95%置信区间为[0.103,0.262]，不包含0，显著为正；当组织创新氛围较高时，关系嵌入通过创新效能感对创新行为的间接效应值为0.308，95%置信区间为[0.211,0.413]，不包含0，显著为正；差值系数为0.127，95%置信区间为[0.047,0.214]，差值系数显著，因此H5-4a成立。当组织创新氛围较低时，结构嵌入通过创新效能感对创新行为的间接效应值为0.166，95%置信区间为[0.098,0.241]，不包含0，显著为正；当组织创新氛围较高时，结构嵌入通过创新效能感对创新行为的间接效应值为0.245,95%置信区间为[0.154,0.343],不包含0，显著为正；差值系数为0.080，95%置信区间为[0.005,0.082]，不包含0，差值系数显著，因此H5-4b成立。

表5.5 被调节的中介效应分析结果

自变量	调节变量	效应	标准差	95%置信区间下限	95%置信区间上限
关系嵌入	组织创新氛围（-1SD）	0.180	0.040	0.103	0.262
关系嵌入	组织创新氛围（+1SD）	0.308	0.051	0.211	0.413
关系嵌入	组间差异	0.127	0.042	0.047	0.214
结构嵌入	组织创新氛围（-1SD）	0.166	0.037	0.098	0.241
结构嵌入	组织创新氛围（+1SD）	0.245	0.048	0.154	0.343
结构嵌入	组间差异	0.080	0.040	0.005	0.082

5.4 研究结论与管理启示

5.4.1 研究结论

本章在全球人才竞争白热化的大背景下，基于社会认知理论探索性地讨论了网络嵌入对海外归国人才创新行为的作用机制。本章的主要结论是：①创新网络嵌入对海外归国人才创新效能感具有显著正向影响。其中，海外归国人才的关系嵌入和结构嵌入两个维度均对创新效能感有显著正向影响。②创新效能感在关系嵌入和结构嵌入与海外归国人才创新行为中均起中介作用。③当组织创新氛围较强时，网络嵌入对海外归国人才的激励作用会进一步增强。组织创新氛围正向调节创新网络嵌入和创新效能感之间的正向关系。同时，创新网络嵌入通过创新效能感影响创新行为，组织创新氛围正向调节这一关系。具体而言，组织创新氛围越强，这一间接关系越强。基于海外归国人才特征探讨创新网络嵌入对其创新行为的影响，有利于突破组织边界的网络内部资源积累、信息交流和关系构建对海外归国人才创新行为的影响,对全面理解和分析创新网络嵌入在创新全球化时代背景下的应用有重要意义,也有利于激励海外归国人才的创新行为。相比以往研究,本章的理论贡献主要如下。

首先,现有研究中网络嵌入理论常用于分析企业如何通过网络位置、结构洞和关系获取资源与支持。然而在知识经济背景下,产业集群更多表现为知识集群网络。海外归国人才作为连接国内外知识、技术与文化的桥梁,具有国际知识网络和本土关系网络双重嵌入的特点。海外归国人才的海外留学或在海外公司工作经历作为其独特的情境条件维持了国际社会网络关系,在其回国后,与本地社会经济产生联系、获取资源信息并建立本地关系网络,从而在不同程度上拥有本地和海外双重社会网络。海外归国人才作为个体不再是简单地被企业网络所吸纳,而是能够以自身为节点,主动构建和桥接不同的社会经济网络,形成一种"人才为中心"的网络嵌入新模式,在促进知识转移、技术创新和国际合作等方面具有不可忽视的作用。将海外归国人才视为网络中的关键节点,不仅拓展了网络嵌入概念在个体层面上的应用,也为理解全球化时代下人才流动、知识传播与创新生态提供了新的理论和实证基础。

其次,基于社会认知理论,本章丰富了创新网络嵌入对海外归国人才创新行为影响的作用机制研究,揭示了创新效能感的中介机制。以往研究更多聚焦组织层面海外归国CEO如何影响企业创新绩效,较少从个体层面探讨海外归国人才创新行为的前因研究,也尚未有研究突破组织边界从更广阔的网络视角分析海外归国人才的创新行为。海外归国人才有着独特的全球化视野并掌握最新的技术动向,但也面临"跨文化再适应""外来者劣势"等问题,因此需要获得足够的异质性创新知识和信息资源以提升创新效能感。海外归国人才作为重要的个人节点嵌入创新网络,能够突破组织内部资源限制,弥补海外归国人才本土资源匮乏、跨文化适应等问题。海外归国人才所属的企业创新网络作为一个协同系统,能有效集聚各创新网络节点的资源、关系和信息。关系嵌入和结构嵌入所带来的信息获取优势与控制优势均能够增强海外归国人才的创新效能感,并进一步提升创新行为。基于社会认知理论揭示创新效能感的中介作用,本章为创新网络嵌入对个体创新行为的影响机制提供了全新的解释视角。

最后,本章还验证了组织创新氛围在创新网络嵌入、创新效能感和创新行为之间的调节作用,有助于进一步分析如何更好地发挥创新网络嵌入对海外归国人才认知和行为的积极作用。海外归国人才所属组织和所嵌入的网络是影响其创新心理和行为的重要情境条件。尽管海外归国人才由于其异质性特征在创新网络中可以扮演特殊的节点并起到重要作用,但是其嵌入创新网络的程度以及对网络资源的利用程度仍然受其所属组织的影响。当组织创新氛围强时,组织才能成为海外归国人才创新活动的坚强后盾,以便海外归国人才更好地利用网络中的资源,并将资源转换为个体对创新活动的需求和信心，最终有利于创新活动。

5.4.2 管理启示

（1）企业应积极引进海外归国人才，深入挖掘并充分利用海外归国人才在创新活动中的价值。海外归国人才不仅具备先进的技术知识和国际化的管理理念，更是企业连接全球创新生态、获取前沿信息和资源的宝贵通道。企业应基于海外归国人才异质性特征分析，识别海外归国人才的独特优势，不仅要关注其显性的技术专长，更要深入挖掘并充分利用其跨国网络资源的隐性价值。通过个性化的职业发展规划、灵活的工作安排和创新活动支持，最大化激发其创新潜力和网络效能，促进技术转移和知识溢出，加速企业技术升级和产品创新。同时，建立一套完善的培训与辅导体系，帮助海外归国人才更快地融入企业文化，克服跨文化适应障碍，提升本土工作环境的适应性和创新效能。企业还应鼓励和支持海外归国人才参与国际交流与合作，如参加国际会议、主导国际合作项目等，以进一步扩大其国际影响力，为企业开拓国际市场网络、构建全球合作伙伴关系打下坚实基础。

（2）企业应重视创新网络嵌入对海外归国人才创新行为的积极作用，提升企业以及海外归国人才的关系嵌入和结构嵌入水平。海外归国人才的情境条件和资源优势有利于其生成和维持多重网络关系。这种多重网络关系有利于提高个人在创新网络中的位置优势，更易于缔结与网络成员的沟通纽带，从而扩大所嵌入网络的规模与密度及资源流的来源途径，确保所获取知识的数量和质量水平以及有效资源的交换效率。因此，企业可以通过增强与集群网络中合作伙伴的联系频率、联系密度，通过交流合作等方式建立各种关系网络，深化海外归国人才的关系嵌入性和结构嵌入性，帮助海外归国人才不仅在企业内部建立紧密的合作网络，也要在更广泛的行业内和社会环境中构建起有效的联系网络。同时，企业应帮助海外归国人才嵌入本地制度网络和关系网络，鼓励并促成人才与行业伙伴、高校科研机构、政府相关部门等创新主体开展交流并建立稳定的合作关系，以创新网络中的互动与合作为支点，撬动更多资源和机会，为创新活动提供源源不断的动力。

（3）企业应注重提高海外归国人才的创新效能感，营造鼓励创新和宽容失败的企业文化。当海外归国人才在国外学习或工作时，置身于创新氛围浓厚且相对开放的环境，使他们对采取创造性构想或方案解决问题充满自信心，进而拥有较高的创新效能感。包容、平等、理解的企业文化能够提升海外归国人才的创新效能感和心理安全感，让海外归国人才的创新行为无后顾之忧，有效激发其创新行为。而部分企业未能给海外归国人才提供相匹配的创新支持，使海外归国人才需要花费更多精力、成本维护关系联结。同时，部分企业所开展的创新创业沙龙等交流活动虽能在一定程度上使海外归国人才获取新的想法和创意，激发创新创业行为，但从个体主观感受来看可能收效甚微。因此，企业管理者应制定相关管理规章营造鼓励创新的工作环境和宽容失败的企业文化，在工作过程中针对具体的工作情境和任务对海外归国人才创新进行引导，使其不必担心失败带来的后果，从而更自主地接受工作中的挑战并从事创造性的工作，提高创新绩效。

（4）企业应积极营造信任、沟通和公平的组织创新氛围，为海外归国人才创新网络嵌入取得积极成效打造坚实后盾。在海外归国人才获取网络中创新相关资源并加以吸收利用的同时，企业还应该对创新知识、技术和信息进行系统整合与创造性拓展，形成具备独特竞争力、能够持续改进和升级的创新体系，为开展创新活动奠定坚实的基础。企业应定期评估海外归国人才的创新网络嵌入程度及其对创新行为的实际影响，根据评估结果及时调整策略，确保创新网络嵌入的积极效应得以持续放大。这包括提供必要的创新资源支持、创造有利于创新的宽松环境，以及建立有效的激励机制，通过创新网络嵌入有效促进海外归国人才的创新成果产出，提升创新效能，形成正向循环。

5.5 本章小结

本章基于海外归国人才在本土网络资源的劣势特点，总结其对网络资源的高需求等异质性人力资本特征，探讨个体创新网络嵌入如何影响海外归国人才的创新行为。研究基于社会认知理论和网络嵌入理论提出创新效能感可能是创新网络嵌入影响创新行为的重要中介，详细介绍创新效能感的概念与内涵，梳理国内外有关创新效能感文献，构建创新网络嵌入（关系嵌入和结构嵌入）通过创新效能感影响海外归国人才创新行为的作用机制，还进一步引入组织创新氛围这一重要的组织情境，探讨其作为边界条件的影响。

基于实证研究的数据结果分析发现，创新网络嵌入对海外归国人才创新效能感具有显著正向影响；创新效能感在关系嵌入和结构嵌入与海外归国人才创新行为的关系中均起中介作用；组织创新氛围正向调节创新网络嵌入和创新效能感之间的正向关系,也调节了创新网络嵌入通过创新效能感影响创新行为的正向关系。鉴于以上研究结果，本章进一步总结了管理启示，提出企业应积极引进海外归国人才，深入挖掘并充分利用海外归国人才在创新活动中的价值；重视创新网络嵌入对海外归国人才创新行为的积极作用，提升企业以及海外归国人才的关系嵌入和结构嵌入水平；注重提高海外归国人才的创新效能感，营造鼓励创新和宽容失败的企业文化；积极营造信任、沟通、情绪和公平的组织创新氛围，为海外归国人才创新网络嵌入取得积极成效打造坚实后盾。

第 6 章

创新网络嵌入、个体吸收能力与海外归国高校教师激励开发

当前，互联网领域的三大支柱——人工智能、大数据与云计算，引领着新一轮的科技与产业革新浪潮，重塑着众多行业的业态格局与分工协作模式，带来了前所未有的变革与挑战。伴随着技术革命和产业转型浪潮，国际人才市场的竞争明显呈现出"高移""前移""外移"的趋势。海外归国教师作为一种异质性人力资本，具有高成就需求、高创新需求和高职业忠诚等特点，且处于国内外双重创新网络优势节点位置，国际战略意义重大。习近平总书记在给南京大学的留学归国青年学者的回信中提到，留学归国青年学者"以李四光、程开甲等老一辈科学家为榜样，在海外学成后回国投身科教事业，在各自岗位上努力报效祖国、服务人民"，希望他们"在坚持立德树人、推动科技自立自强上再创佳绩"[1]。海外归国高校教师以其特殊的海外教育工作背景，在海外科研创新网络中占据着重要位置，并与海外学者和研究机构建立起紧密的合作关系；而国内外科研环境和文化的差异，使他们在适应国内科研体系、融入团队文化等方面需要一定的时间和努力。此外，由于个体对知识信息吸收、转化能力的差异性，身处国内高校（科研院所）等相对陌生的创新网络时，识别、理解和整合这些网络中有价值的信息变得更加具有挑战性。故而，针对如何高效汇聚并培育海外归国教师，促使他们深度融入高等教育机构的创新生态系统中，同时最大化利用其吸纳能力，激发其内在潜能与创新活力，亟须设计出一套个性化且高效的特殊策略框架。本章聚焦于海外归国教师在高校创新网络中的嵌入状态，融合吸收能力理论，深入分析这一群体的网络嵌入程度及其吸收能力如何共同作用于创新绩效，旨在为优化海外归国教师在高校的创新贡献率提出战略性的指导建议。

---

[1] 《习近平回信勉励南京大学留学归国青年学者 在坚持立德树人推动科技自立自强上再创佳绩 在坚定文化自信讲好中国故事上争做表率》，http://www.qstheory.cn/yaowen/2022-05/19/c_1128664718.htm，2024 年 11 月 21 日。

6.1 文献综述与理论模型

6.1.1 文献综述

吸收能力（absorptive capacity）一词最早出现于 Kedia 和 Bhagat（1988）对国际技术转移的研究中，后续的研究最先围绕其概念界定展开。Cohen 和 Levinthal（1990）、Robertson 等（2012）认为吸收能力是对组织外部的资源、信息等要素进行识别、获取、分析、利用的能力，运用这一能力可产生商业用途或带来创新成果。在人力资源管理与知识管理的交汇领域，Lane 和 Lubatkin（1998）从知识辨识力、知识内化力及知识商业化转化力三个视角，对组织层面的吸收能力进行了界定，并强调了个人认知作为这一过程中不可或缺的内在动力因素。Flatten 等（2011）通过深化研究，将吸收能力的范畴拓展至知识捕获、知识整合、知识转换及知识实施四大环节。Wehner 等（2015）将吸收能力视为一种基于知识流的动态机能，认为其是组织吸收潜能与现实吸收效能的综合体现。此外，Duchek（2015）提出，组织吸收能力涵盖了对外来知识的评估、吸收与整合，以及在此基础上对内部既有知识的有效重组，最终推动知识创新与企业转型的完整流程。

从组织吸收能力的视角来看，企业可被视为一个知识池，通过获取、吸收、转化、应用等关键行为，持续不断地吸收新知识以保证对外部市场的有效响应（Kogut and Zander，1996）。随着研究焦点日益精细及"以人为本"理念的广泛传播，针对个体层面的吸收能力内涵探讨也并行不悖地深入发展。Cohen 和 Levinthal（1990）在界定吸收能力为组织层面概念的同时，阐明其根基深植于个体层面，组织所展现的高级吸收能力实则构筑于个体基础吸收能力之上。Lowik 等（2016）的研究进一步印证了这一点，组织成员的个人吸收力以及促进个体知识融合的其他要素，共同构成了组织整体吸收能力的基石。郭彦丽等（2024）从知识吸收的层面，将吸收能力定义为个体对外部新知识的接触、选择、获取、内化、应用、再获取，最终转化为个人长久知识储备的循环过程。随着创新生态的形成以及协同发展理念的深入，"圈子""平台"等要素日益受到创新个体的青睐，个体依赖平台获取和吸收新的知识已经成为普遍现象。

吸收能力理论认为高级劳动力要素通过企业吸收新知识的能力来决定企业创新（孙文浩，2023）；而从高层次人才个人层面来看，其所嵌入的各类"网络"，同样是知识获取、吸收的重要途径。关系网络越复杂，对外部知识信息的接触面就越广，随着网络嵌入程度的深入以及吸收能力的加强，个体知识识别、吸收、转化的效率会越来越高，有效信息的吸收利用将会大大提升创新绩效的产出。鉴于学界对吸收能力广泛而深入的探讨，本章特将个体吸收能力这一概念细化定义为：个体为提高个人价值或达成既定目标，通过辨识、获取外部新知识、新观念、新技术等要素，并经过吸收与整合这一系列过程，进而实现对外来新要素的存储、转化及有效运用的综合能力。

整合现有文献关于吸收能力维度划分的研究发现，尽管个体吸收能力的维度划分尚存争议，但 Cohen 和 Levinthal（1990）的研究观点已受到学术界的普遍认可，即个体层面的吸收能力是组织层面能力的基石，并据此对个体吸收能力进行测度。Cohen 和 Levinthal（1990）首次从识别、消化到应用三个维度构建了个体吸收能力的测量框架。周霞和何健文（2011）则聚焦于个体与组织间的关联，将个体吸收能力视为一种综合能力与素质，通过知识获取、转化、整合及创造四个维度进行量化评估。王天力和张秀娥（2013）另辟蹊径，将吸收能力细分为辨别、吸收及整合应用三个维度，进一步丰富了测量视角。黄杜鹃等（2016）则采纳了 Zahra 和 George（2002）的四维度划分法——识别获取、消化转换、整合应用及利用能力，并强调了在提升竞争优势过程中高效利用吸收能力的重要性。综合上述研究，并考虑到个体与组织层面吸收能力的互动关系，本章拟从新知识信息、新理念观点和技术方法的获取识别、吸收整合，以及促进这些要素向实际成果转化的能力三个维度，对个体层面的吸收能力进行全面评估。

现有关于吸收能力的研究中，主要可以分为以下几类。其一，聚焦于分析吸收能力的影响因素。徐刚等（2014）在探究联盟企业机制时指出，联盟关系的成熟度显著影响联盟成员的吸收能力，进而影响其对外来知识的交流效率、共享深度以及知识的内化与转化过程。Szulanski（1996）在关于吸收能力的深入研究中揭示，个体层面吸收能力的构建与组织提供的支持和资源紧密相连。田红云等（2016）的研究构建了中小企业网络嵌入性和知识吸收能力之间的理论关系模型，分析了网络规模、网络中心性、网络关系强度和质量对中小企业知识吸收能力的影响。郭彦丽等（2024）探讨了在知识平台场景下，平台环境因素、个体认知因素及个体与环境的互动关系对用户知识吸收能力的影响。其二，将吸收能力视为中介桥梁，深入探索前因变量影响创新绩效的内在路径机制。Tsai（2001）立足于网络学习框架，阐明了吸收能力在网络核心位置与创新实体（组织或个人）绩效提升中的中介作用。Koka 和 Prescott（2002）进一步强调，吸收能力是企业构筑竞争优势的关键，并指出企业通过在网络中占据核心地位，可借助强大的吸收能力获取广泛且多样的新知与信息，进而通过知识的整合转化促进创新绩效的提升。国内学者解学梅和左蕾蕾（2013）针对长三角电子信息产业的研究，验证了吸收能力在创新网络特性与绩效间的中介效应。郑继兴和刘静（2015）聚焦于小微企业创新成果接纳过程，揭示了吸收能力在结构嵌入与成果接纳，以及关系嵌入与成果接纳之间的差异化中介效能。李桂华等（2020）则深入剖析了供应网络优势布局（如中心度与结构洞）如何通过企业吸收能力这一杠杆，对创新绩效产生影响。其三，将吸收能力视为调节器，分析其在不同变量间作用机制中的调节强度。王伏虎和赵喜仓（2014）的实证研究表明，企业吸收能力在外部知识吸纳与企业创新活动间展现出显著的调节功能。彭伟等（2017）则以海外归国创业企业为样本，验证了海外归国人才的吸收能力在其双重网络嵌入平衡与绩效表现之间的调节效应。陈玉萍等（2020）认为企业吸收能力越强，企业就越有能力识别、消化、整合和应用优秀的异质性知识，最终提升企业创新绩效，并通过研究证实吸收能力在研发国际化广度和强度与企业创新绩效之间能够产生正向调节作用。

6.1.2 理论模型

在全球化浪潮与知识经济日益深化的背景下，具备独特属性的海外归国教师作为一股不可或缺的异质性人才力量，正逐步崛起成为我国创新驱动发展战略的核心力量之一。高校作为吸引海外精英的重要阵地，随着引才政策的持续完善，已成为海外归国高层次人才融入并壮大高校创新团队的关键渠道。有效引进并高效利用这些海外归国教师资源，是构建"双一流"大学体系不可或缺的一环，更是推动高等教育迈向国际化的必由之路。海外归国高校教师具有"教师""海归""科研人员"等多重身份，相较于一般的海外归国人才，其人格特质更加复杂多元，承载的资源优势也更加突出。海外归国高校教师不仅具备国际前沿的学术知识与技术，更融合了东西方文化的精髓，形成了开放包容、勇于创新、追求卓越的鲜明个性。他们具有开阔的国际视野和跨文化交流能力，思维更加多元，能够包容和理解不同的观点和看法。在高校这样一个特殊的发展平台，海外归国高校教师更倾向于选择与国家发展战略、重点学科或新兴交叉学科相关的专业方向进行深入研究，职业生涯发展更侧重于人才培养、科学研究和学科建设，具有更加强烈的教育使命和社会责任感。因此，要结合海外归国高校教师独特的人格特质，进一步思考如何构建与之相契合的学术生态，包括优化资源配置、完善激励机制、建设学术交流与合作平台等，以充分激发其创新潜能，为我国高等教育事业的"双一流"建设提供坚实的人才支撑与智力保障。

但是，当前对海外归国人才的研究，大多集中在海外归国人才引进的满意度调查、影响回国的因素及政策的制定与现状分析等方面。例如，杨河清和陈怡安（2013）从"引得进、留得住、用得好"三个维度构建起关于海外人才引进政策效果的评价指标体系。Tarmizi 等（2016）在其实证性研究中揭示，优越的工作环境、丰富的工作机会、薪资水平的提升，以及个人家庭状况等，均对海外高层次人才选择回国产生显著影响。高灵新（2017）则从多元视角深入剖析，探索了影响高校中海外归国人才满意度的各类因素，并追溯了导致心理不适应现象的文化根源。

罗瑾琏等（2017）采用扎根理论分析方法，提取海外归国高校教师归国适应过程中的关键因素，探讨了社会支持、海外经历等对海外归国高校教师职业发展的影响。综合来看，当前针对高校领域内海外归国教师的研究尚显不足，尤其从创新网络嵌入视角探讨其创新绩效。尽管网络嵌入、吸收能力与创新绩效间的关联在学术界已获广泛认可，吸收能力作为促进或阻碍创新绩效的中介作用也被证实，但此类研究多聚焦于组织层面，针对个体层面，尤其是海外归国高校教师个体吸收能力的探讨相对较少。进一步而言，国内外丰富的研究成果均指向一个共识：个体吸收能力的强弱，是构筑团队乃至组织、网络层次吸收能力的基石。高阶层面的吸收能力对创新成效的促进作用，源于个体层面的有效吸收与转化。因此，本章聚焦于海外归国高校教师群体，旨在深入剖析创新网络嵌入、个体吸收能力与创新绩效之间的复杂关联，并揭示这三者间相互作用的内在机理，以期填补现有研究在这一特定领域的空白。

在知识经济蓬勃发展与科技日新月异的背景下，通过创新网络平台及其内部多元主体的协同创新策略，虽能部分弥补单一创新主体的局限，却仍难以全面应对创新需求的缺口。当海外归国高校教师置身于规模庞大的高校创新网络，且在创新网络结构中占据较高的中心位置时，更易于从创新网络中的多元创新主体汲取异质性的知识、信息等关键性创新资源，从而拓宽资源获取的渠道与机会。与创新网络内外的其他主体互动，促进了信息、知识的顺畅流通与高效转化，这一系列过程对提升个人及团队的创新能力与绩效具有显著的正面效应。此外，海外归国高校教师与创新网络内其他创新主体间建立的深厚信任基础和共享关系，以及由此形成的高质量关系网络，不仅极大地丰富了知识、信息等创新要素的来源与种类，还显著提升了发现、传递与转移创新要素的效率。这种高效互动机制不仅加速了信息流通的速度，也深化了人才对市场动态的敏锐洞察与响应能力，最终为创新能力与创新绩效的持续提升奠定了坚实基础。

当既有知识储备的广度与深度不足以支撑创新活动对即时信息、前沿理念及尖端技术方法的迫切需求时，海外归国高校教师需充分利用网络的独特优势，以满足其不断增长的创新需求。首先，通过关系嵌入与结构嵌入双重策略，有效融入横跨国内外的复杂网络之中，结合个人及组织现有的知识储备，从创新网络中汲取宝贵的外部新知。其次，一旦识别并捕获到这些外部的新信息、观念及技术方法，海外归国高校教师能够采取探索性学习的方式，将所获取的新知进行深度消化与整合，确保其与个人及团队的科研目标高度契合。最后，运用转化式学习策略，将这些精心筛选与整合的知识资源有效融入科研实践中，或作为宝贵的知识储备，为后续研究奠定基础。在此过程中，经海外归国高校教师转化应用的新知识，不仅拓宽了原有知识体系的边界，还在创新实践中催生了知识的溢出效应，对创新的整个过程与最终成果能够产生深远影响。创新绩效的显著提升，反过来又促进了先验知识的进一步积累,从而激发了海外归国高校教师对创新知识的持续探索与追求。综上所述,创新网络嵌入、个体吸收能力以及海外归国高校教师的创新绩效之间,构成了一个紧密相连、相互促进的复杂关系网络,其模型如图 6.1 所示。

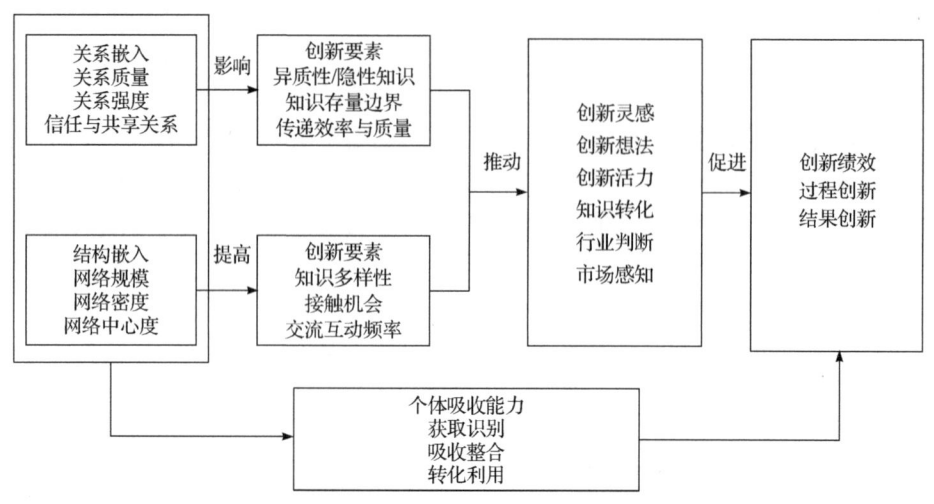

图 6.1　创新网络嵌入、个体吸收能力与海外归国高校教师创新绩效三者间的关系模型

6.2　研究假设

6.2.1　创新网络嵌入与创新绩效的关系

海外归国高校教师作为异质性高端人才群体,展现出双重网络嵌入以及高度专用性的鲜明特征,而这也表明,只有通过深度融入创新网络体系,他们才能有效弥补创新资源缺口、强化创新支持团队,进而实现个人知识、技能等核心创新要素的增值与扩大,激发超越个体局限的创新协同效应。网络嵌入作为现代人才资源开发与集聚的新兴范式,其对创新绩效的促进作用已得到国内外学术界的广泛研究与证实。Uzzi 和 Lancaster(2003)指出,网络中的强连接促进了成员间共同信念与观点的形成,便于资源与知识的深度共享;而弱连接则丰富了网络成员的多样性,加速了新知识与信息的流通和融合,为创新绩效的产出提供强大动力。Rooney 等(2013)强调,创新人才通过嵌入创新网络生态系统,能够拓宽资源获取渠道,加速创新进程,从而显著提升绩效表现。党兴华和常红锦(2013)的研究揭示了网络规模对创新绩效的正向影响机制:网络规模越大,意味着接触异质性知识与信息的机会越丰富,对市场动态与行业趋势的把握就更为精准,从而显著促进创新绩效的提升。吴松强等(2020)则从知识搜索的视角出发,

探讨了网络嵌入性对企业创新能力的作用，指出企业在集群中的紧密联结与中心地位能够显著提升其知识搜索与创新能力，在转型期展现出更强的适应性与核心竞争力。综上所述，无论是网络嵌入的关系强度与质量，还是网络的整体规模与个体的中心位置，这些因素均在不同层面和程度上对创新主体的创新绩效产生着影响。

在探讨海外归国高校教师这一独特的人力资本形态时，其异质性与体验性特质决定了其只有深度融入多元化网络体系，才能有效激活隐性知识资源，推动创新绩效的显著提升（李永周等，2011）。海外归国高校教师通过构建本土与国际网络的双重联结，维持与高校创新生态中各方成员的优质互动，利用与特定创新网络成员间的弱联结，丰富网络成员构成，促进创新知识、观点、技术路径的多元化交融，为个体创新活动注入丰富的资源动力，激发创新思维与活力。此外，利用与核心网络成员间的紧密关系（强联结），促进深层次隐性知识的显性化，并通过高度信任与资源共享机制，加速知识、信息等资源在创新网络内的流通与转化效率，进而提升海外归国教师对这些资源的获取、整合与应用能力，促进创新绩效的提升。再者，鉴于海外归国高校教师置身于跨文化的双重网络结构之中，相较于一般创新人才，其所处的创新网络规模更为庞大，异质性特征使其在网络结构中占据了得天独厚的"桥梁"位置（即结构洞），成为创新网络中的关键节点。这种结构嵌入的优势，不仅拓宽了他们的信息获取渠道，使其能够及时掌握行业前沿动态与市场趋势，还为他们创造了更多的创新机遇，强化了创新驱动力，促进新颖创意的萌发，最终对创新绩效的提升产生显著的正面效应。

基于以上分析，本章提出以下假设。

H6-1：创新网络嵌入对海外归国高校教师创新绩效具有显著正向影响。

H6-1a：关系嵌入对海外归国高校教师过程创新具有显著正向影响。

H6-1b：关系嵌入对海外归国高校教师结果创新具有显著正向影响。

H6-1c：结构嵌入对海外归国高校教师过程创新具有显著正向影响。

H6-1d：结构嵌入对海外归国高校教师结果创新具有显著正向影响。

6.2.2　创新网络嵌入与个体吸收能力的关系

在我国科技创新发展版图中，海外归国高校教师作为核心驱动力之一，其高度创新需求催生了对深厚专业知识、即时信息及行业动态等核心创新资源的迫切需要。依据社会网络理论，个体与组织所嵌入的社会网络，深刻影响着它们从合作方汲取知识资源的效率（Inkpen and Tsang，2005）。创新网络的深度融入，显著正向推动知识在创新主体间的流通、整合、转化及应用。具体而言，创新个体通过网络嵌入，将网络中错综复杂的关系脉络作为知识传递的桥梁，进而对创新绩效产生积极影响。Laursen等（2012）的研究深刻揭示，在激烈的市场竞争背景下，借助网络关系与结构嵌入，不仅能够增强吸收外部知识的能力，还能显著提升知识搜寻与获取的效能。网络内部成员间稳固的联系纽带促进了交流的深化，加速了知识与信息的交换与转移，激发了成员间互助互信的内在动机，增强了彼此提供帮助的意愿与可靠性，从而优化了知识接收者对新知识的学习与运用过程，提升了网络内部知识流转的效率。此外，Miller 等（2016）研究发现，网络内建立的坚实信任基础，不仅拓宽了外部新知识的获取渠道，还加速了知识、信息等要素的内化进程。对于高校归国教师而言，积极构建并维护与海内外科研平台、金融机构、业务合作伙伴及中介服务等多方主体的紧密联系，能极大地促进创新资源的共享流通，为获取海内外市场认可、稀缺资源及异质性知识提供了强有力的支持，最终促进个体吸收能力的提升。

在经济社会持续进步的浪潮中，知识的复杂度与日俱增，促使海外归国高校教师拓宽视野，深入探索多元化学科领域。同时，海外归国教师凭借其在海外构建的网络关系，无缝对接国际技术前沿与市场脉络，并依托其深厚的本土根基，快速融入国内制度框架与商业生态，形成独特的国内外双重网络嵌入优势。这种优势为海外归国教师搭建了国内外知识交流的桥梁，使其能够跨越更广阔的学科领域边界，深化对多元知识的理解，洞悉各领域间的内在联系，从而有效扩充其知识储备。在双重网络交织形成的结构洞位置，归国教师能够敏锐捕捉国内外市场动态、精准预判市场走向、挖掘潜在需求，促进归国教师将既有知识与新汲取的知识资源进行整合、转化与应用，从而增强知识的外溢效果，为经济社会发展贡献宝贵的智力支持。

基于以上分析，本章提出以下假设。

H6-2：创新网络嵌入对海外归国高校教师个体吸收能力具有显著正向影响。

H6-2a：关系嵌入对海外归国高校教师个体吸收能力具有显著正向影响。

H6-2b：结构嵌入对海外归国高校教师个体吸收能力具有显著正向影响。

6.2.3 个体吸收能力与创新绩效的关系

创新绩效作为创新主体的产出，是多种创新资源——知识库、信息源、技术以及方法等要素的综合体现。创新个体在网络环境中，经历了从捕获、内化、融合到转化利用知识、信息等一系列行为，不仅激发了其内在的创造动力，还优化了创新实践模式，从而对创新绩效产生显著的正向推动力。因此，高校引进的海外归国教师在能否高效、恰当地整合网络中的知识、信息等创新要素方面，直接关联着其创新成效的高低。Scuotto 等（2017）的深入探索揭示，强化并拓展创新主体的知识吸纳潜力，能够明显促进其创新行为的优化与创新成果的提升。缪根红等（2014）、张振刚等（2018）也持相似观点，他们认为，随着吸收能力的逐步提升，创新个体在获取外界知识时的深度与广度，以及知识来源的稳固性均会得到增强，这一变化会对创新绩效产生积极的推动作用。秦佳良和张玉臣（2018）则进一步追溯了吸收能力概念的核心，通过调研分析多位技术主管，揭示了个人层面吸收能力的三大维度如何分别作用于探索性创新与发掘式创新的实践过程。

海外归国高校教师作为连接国内外双重网络的桥梁，其创新行为与成果的产出机制尤为复杂，这一过程不仅依赖于创新网络内部知识资源的有效传递与共享，更会受到自身将创新网络内外新知识、前沿技术及先进理念进行辨识、吸收、整合与创造性转化能力的制约。创新网络作为一个多元化、动态性的知识生态系统，内含的知识与信息要素虽丰富多样，但并非所有内容都对特定创新活动具有直接贡献。海外归国高校教师凭借其深厚的学术素养与敏锐的洞察力，能够从海量的创新资源中精准筛选出对创新项目重要的、非冗余且异质性的知识要素，作为后续创新实践的先导性知识储备，并不断拓展个人的知识边界。在成功获取外部新知识、新技术及新观念后，通过一系列复杂的吸收与整合过程，将这些新要素内化为自身知识体系的一部分，并在此过程中增强了对市场变化与行业动态的敏感度与适应性，使其能够更好地将新获取的创新要素与现有的科研项目或技术研发活动相结合，实现创新资源的优化配置与高效利用。经过精心吸收与整合后的新知识、新观念还能够促使海外归国高校教师产生创新想法与观点，进而通过科学的方法将其转化为实际的创新成果。

基于此，本章提出以下假设。

H6-3：个体吸收能力对海外归国高校教师创新绩效具有正向作用。

H6-3a：个体吸收能力对海外归国高校教师过程创新具有正向作用。

H6-3b：个体吸收能力对海外归国高校教师结果创新具有正向作用。

6.2.4 个体吸收能力的中介作用

在创新绩效的探讨中，大量学者的研究揭示，对创新网络体系内知识信息、核心观点、技术路径等创新元素的辨识、内化、融合及创新应用的过程，在关系嵌入与结构嵌入对创新绩效的影响路径中，发挥着不同程度的中介作用。Massard和 Mehier（2009）强调，网络参与者之间的高关系紧密度与强连接纽带，能有效增进彼此之间的信赖与合作，促进创新资源与信息的自由流通和高效获取，最终激发创新活力。Farh 等（2017）从资源不确定性的维度探索，指出创新网络架构下的团队内部关系网不仅是高质量创新资源的重要来源，还促进了成员间对知识、信息等创新要素的高效交流与共享，在很大程度上帮助创新个体培养创造力，进而提高创新绩效。梁娟和陈国宏（2015）的研究验证了吸收能力作为完全中介，在关系嵌入与创新绩效间的关键作用，指出吸收能力对外部新知识转化为内在知识体系，以及新旧知识融合、价值提升方面具有显著的催化作用，是提升创新主体创造力的重要途径。值得注意的是，鉴于创新主体在认知与整合能力上的差异，外部知识并非都能转化为可利用的创新要素。当个体在网络中达到较高的嵌入层次，长期经验的积淀及占据知识网络核心节点的优势位置，能够大幅提升其识别、吸收并转化有价值资源的能力，使其能够摆脱传统资源整合框架的束缚，规避因核心刚性导致的集成路径依赖（胡双钰和吴和成，2023），从而为绩效增长注入源源不断的创新活力。

根据国内外学者的研究可以发现，创新主体网络嵌入与绩效提升之间的一个关键媒介，即个体吸收能力，能够显著调节两者的关系动态。在创新网络中，海外归国高校教师在维系高质量人际纽带的同时，强联结（高关系强度）或是弱联结（低关系强度）关系的界限趋于模糊。弱联结拓展了网络成员的多样性，为海外归国教师引入了丰富多元、非同质化的知识流与信息源，促进知识边界的延展及新旧知识的交融碰撞，激发了创意的涌现。相反，强联结则优化了隐性知识向海外归国教师传递的通道，提升知识传递的质量与效率，使其能够更加敏锐地捕捉、更加高效地内化新知识、新信息，从而提升创新绩效。另外，海外归国高校教师在创新网络结构中往往占据核心位置，其网络中心性的提升伴随着网络影响力的增强及交流互动的深化（周密等，2009）。这种优势位置使他们能够更频繁地触及各类资源与信息，加速了知识识别、吸收、整合及应用的循环，为科研活动的持续推进注入活力。同时，身处国内外双重网络交织的独特位置，海外归国高校教师受益于更广阔的网络覆盖，便于捕捉全球范围内的知识更新与技术动态，实现知识信息的精准筛选、深度整合与高效转化，最终提升创新产出的数量与质量。此外，海外归国高校教师往往在创新网络中占据着结构洞的位置，利用其吸收能力，可以更好地发挥"守门人"的作用，避免结构洞两端创新个体因信息不对称造成的闭塞，进而提高创新绩效。

基于此，本章提出以下假设。

H6-4：个体吸收能力在创新网络嵌入与海外归国高校教师创新绩效中起中介作用。

H6-4a：个体吸收能力在关系嵌入与海外归国高校教师过程创新中起中介作用。
H6-4b：个体吸收能力在关系嵌入与海外归国高校教师结果创新中起中介作用。
H6-4c：个体吸收能力在结构嵌入与海外归国高校教师过程创新中起中介作用。
H6-4d：个体吸收能力在结构嵌入与海外归国高校教师结果创新中起中介作用。

6.3 研究方法与数据分析

6.3.1 调查量表设计策略

鉴于海外归国高校教师独特的异质性特征，本章在深入的理论剖析与假设构建基础上，精心构建了一个探索创新网络嵌入、个体吸收能力与创新绩效三者间互动关系的结构方程模型。本章依据既有研究设计了一套严谨且科学的量表体系，借助先进的数据分析工具，对研究假设中的模型进行了逐一细致的实证检验。在问卷设计上，汲取了国内外广泛认可的高质量量表，通过线上问卷与线下访谈相结合的方式，广泛收集目标群体的主观反馈，旨在精准捕捉变量间潜在的关联脉络。问卷采用经典的利克特五级量表形式，每个题项均提供从"完全不认同"至"完全认同"五个等级的选项，分别赋值为1~5分，以全面反映受访者的态度倾向。

（1）创新网络嵌入测度工具。本章沿用了网络嵌入领域的经典分类框架，分别从结构嵌入与关系嵌入两个核心维度展开深入剖析。在关系嵌入层面，采用了吴晓波等（2011）的研究成果，聚焦于信任、共享关系、关系强度与质量等关键要素；而在结构嵌入层面，则借鉴了 Granovetter（1985，1992）、Burt（2004）及张首魁和党兴华（2009）等的理论贡献，重点考察网络规模、中心性、密集度与稳定性等结构性特征。

（2）个体吸收能力评估体系。在个体吸收能力的评估上，综合了 Lane 和 Lubatkin（1998）、Zahra 和 George（2002）、Szulanski（1996）等学者的经典维度划分，同时参考了 Minbaeva 等（2014）、黄杜鹃和陈松（2015）、缪根红等（2014）的测量实践，从获取识别、吸收整合及转化利用三个维度全面衡量个体的吸收能力。

（3）创新绩效衡量标准。鉴于海外归国高校教师的创新绩效涉及成果产出、能力发挥及组织贡献等多个层面，本章在构建创新绩效量表时，不仅关注创新成果的直接体现，还深入考量了创新过程中的行为表现。在 Loch 和 Tapper（2002）量表框架的基础上，融合了 Janssen（2005）、韩翼等（2007）、吴治国等（2008）、姚艳红和衡元元（2013）的研究成果，并充分考虑我国国情，最终形成了涵盖过程创新与结果创新两大维度共计八个题项的创新绩效量表。

6.3.2 预调查与数据收集流程优化

为确保研究的严谨性与数据的有效性，本章采用了两部分研究流程。首先，通过详尽的文献回顾与深入的访谈调研，精心编制了涵盖创新网络嵌入、个体吸收能力与创新绩效三大领域的调查问卷。其次，为验证问卷的科学性与适用性，实施了小范围的预调查，利用 SPSS 软件对收集到的数据进行了严格的信效度检验，并根据检验结果对问卷进行了针对性的优化调整，以提升研究的可信度与可靠性。预调查的目标群体主要锁定为拥有海外留学、工作、居住或访学经历，且目前正活跃于高校国家实验室、协同创新中心等高端科研平台的科研人员。

1. 预调查信度分析

在预调查阶段，本章主要通过网络平台共发放问卷 98 份，回收有效问卷 83 份，回收率为 84.69%。在完成数据收集后，运用 SPSS 20.0 软件对 83 份问卷进行了信度分析。该量表的整体克龙巴赫 α 系数为 0.899。在剔除 AC7 题项后，量表的整体系数提升为 0.919，这表明剔除该题项后问卷的信度得到了显著增强。具体信度分析结果详见表 6.1 与表 6.2。

表 6.1 个体吸收能力 AC 校正的项总计相关性

题项	删除该项后的刻度均值	删除该项后的刻度方差	校正的项总计相关性	多元决定系数	删除该项后的克龙巴赫 α 系数
获取识别					0.857
AC1	47.56	58.004	0.643	0.600	0.890
AC2	47.56	57.817	0.699	0.601	0.888
AC3	47.86	56.118	0.653	0.560	0.889
AC4	47.70	57.420	0.637	0.528	0.890
AC5	47.76	56.973	0.707	0.661	0.887
吸收整合					0.676
AC6	47.74	56.495	0.722	0.666	0.886
AC7	48.78	63.483	0.079	0.233	0.919
AC8	47.99	56.885	0.662	0.543	0.889
AC9	48.02	57.460	0.575	0.465	0.892
AC10	47.84	56.340	0.756	0.727	0.885
转化利用					0.739
AC11	47.78	57.282	0.666	0.652	0.889
AC12	48.14	57.979	0.476	0.353	0.897
AC13	48.07	56.153	0.631	0.494	0.890
AC14	47.71	57.860	0.650	0.540	0.889

表 6.2 个体吸收能力 AC 的吸收整合能力维度的项总计相关性

题项	删除该项后的刻度均值	删除该项后的刻度方差	校正的项总计相关性	多元决定系数	删除该项后的克龙巴赫 α 系数
AC6	13.69	6.476	0.510	0.452	0.593
AC7	14.72	7.584	0.066	0.062	0.814
AC8	13.94	6.305	0.528	0.324	0.583
AC9	13.96	5.862	0.596	0.438	0.547
AC10	13.78	6.102	0.638	0.620	0.541

由数据分析结果可知，创新网络嵌入的克龙巴赫 α 系数为 0.825，创新绩效的克龙巴赫 α 系数为 0.852；创新网络嵌入和创新绩效的克龙巴赫 α 系数均高于 0.7，问卷信度较好。问卷中各变量的信度具体情况如表 6.3 所示。

表 6.3 创新网络嵌入、个体吸收能力与创新绩效量表的信度检验

量表名称	克龙巴赫 α 系数
创新网络嵌入	0.825
关系嵌入（分量表）	0.781
结构嵌入（分量表）	0.803
个体吸收能力	0.919
获取识别（分量表）	0.857
吸收整合（分量表）	0.814
转化利用（分量表）	0.739
创新绩效	0.852
过程创新（分量表）	0.866
结果创新（分量表）	0.812

2. 原始量表效度检验

经过对数据的初步筛选与清理，本章采用 SPSS 20.0 软件对保留的有效数据实施了降维处理，通过因子分析的方法，进一步提升量表的结构效度和问卷的整体质量。依据因子分析的标准规范，理想的 KMO 值应超过 0.6，且数值越大，越适宜进行因子分析；同时，巴特利特球形检验值的显著性水平需低于 0.01。针对此次 83 份有效问卷的深入剖析，创新网络嵌入、个体吸收能力以及创新绩效三个变量的 KMO 值分别高达 0.785、0.907 和 0.844，均显著超过了临界值 0.7，且所有变量的巴特利特球形检验值均远低于 0.01，这一结果表明，本章所采用的问卷调查量表完全满足因子分析的必要条件，确保了数据分析的准确性和有效性。具体的因子分析结果已详尽列示于表 6.4 中。

表 6.4 因子分析的 KMO 值和巴特利特球形检验值

量表名称	KMO 值	巴特利特球形检验值
创新网络嵌入	0.785	0.000
个体吸收能力	0.907	0.000
创新绩效	0.844	0.000

同时，为验证调查问卷的效度、提高问卷质量，本章采用主成分分析法，对其进行数据处理。数据处理时选取特征值大于 1 的题项，通过最大方差法进行旋转，并且选取因子负荷系数大于 0.5、重复载荷系数小于 0.4 的因子作为有效因子的标准。通过探索性因子分析，个体吸收能力题项 AC12 的因子负荷系数低于 0.5，予以剔除。具体结果如表 6.5 所示。

表 6.5 创新网络嵌入、个体吸收能力及创新绩效的探索性因子分析结果

变量	维度	测量题项	因子负荷	累计贡献率
创新网络嵌入	关系嵌入	NE1	0.571	59.877%
		NE2	0.505	
		NE3	0.666	
		NE4	0.732	
	结构嵌入	NE5	0.637	76.045%
		NE6	0.672	
		NE7	0.660	
		NE8	0.722	
个体吸收能力	获取识别	AC1	0.721	
		AC2	0.649	
		AC3	0.564	
		AC4	0.535	
		AC5	0.659	
	吸收整合	AC6	0.650	87.151%
		AC8	0.511	
		AC9	0.617	
		AC10	0.787	
	转化利用	AC11	0.659	
		AC12	0.353	
		AC13	0.604	
		AC14	0.560	
创新绩效	过程创新	P1	0.642	37.172%
		P2	0.773	
		P3	0.710	
		P4	0.735	
		P5	0.646	
	结果创新	P6	0.584	77.652%
		P7	0.618	
		P8	0.735	

6.3.3 描述性统计与验证性因子分析

1. 描述性统计

基于预调查数据的深度剖析及海外归国学者的反馈意见,本章对初始问卷中的若干题项进行了剔除或描述性调整,随后利用微信、电子邮件等在线渠道广泛实施了问卷调查。调查焦点集中于湖北、山东、西安、上海等地知名高校的协同创新中心、国家级实验室等科研高地,覆盖新材料、生物医学、新能源、节能环保及电子信息等多个前沿科技领域。最终,成功回收问卷309份,经严格筛选剔除无效样本(包括填写不完整、重复及时间异常问卷)后,保留有效问卷280份,有效率高达90.61%。

通过对有效数据的描述性统计分析可以看出,性别分布上,男性占比高达70.36%(表6.6),显著超过女性,这与当前高校科研创新团队中男性占主导的现状相吻合;学历层次上,硕士研究生及博士研究生学历者占据74.28%,凸显了海外归国高校教师的高学历特征,他们是推动高校创新发展的核心力量;年龄结构上,人才群体主要集中在26岁至45岁之间,占比达到81.07%,这一年龄段正是科研创新与职业生涯的黄金时期;工作年限方面,大多数受访者在本单位的工作年限为2~10年,尤以2~5年者最为集中,占比37.86%,这反映了海外归国高校教师归国后融入高校科研体系的典型时间轨迹。

表6.6 样本描述性统计分析

项目	类别	人数/人	占比
性别	男	197	70.36%
	女	83	29.64%
年龄	25岁及以下	6	2.14%
	26~30岁	45	16.07%
	31~35岁	78	27.86%
	36~40岁	65	23.21%
	40~45岁	39	13.93%
	46~50岁	35	12.50%
	51岁及以上	12	4.29%
学历背景	本科	47	16.79%
	硕士研究生	83	29.64%
	博士研究生	125	44.64%
	其他	25	8.93%

续表

项目	类别	人数/人	占比
海外经历	海外留学	127	45.36%
	海外工作	34	12.14%
	访学、进修	65	23.21%
	海外人员	17	6.07%
	其他	37	13.21%
工作年限	1年及以内	61	21.79%
	2~5年（含）	106	37.86%
	5~10年（含）	78	27.86%
	10年以上	35	12.50%

注：数值进行了四舍五入修约，因此可能存在占比合计不等于100%的情况

2. 信效度检验

在对280份有效问卷数据进行整理的基础上，本章利用SPSS 20.0软件进行可靠性分析和因子分析。通过软件分析，修订后量表通过了巴特利特球形检验，表明修订后的量表具有较好的效度。具体结果如表6.7所示。

表6.7 修订后量表的信效度检验结果

量表名称	克龙巴赫 α 系数	KMO值	巴特利特球形检验值
创新网络嵌入	0.853	0.843	0.000
关系嵌入（分量表）	0.886	0.810	0.000
结构嵌入（分量表）	0.842	0.819	0.000
个体吸收能力	0.893	0.896	0.000
创新绩效	0.863	0.860	0.000
过程创新（分量表）	0.872	0.852	0.000
结果创新（分量表）	0.840	0.727	0.000

3. 验证性因子分析

在深入验证量表的高信效度基础上，本章采用AMOS 21.0工具，进一步分析创新网络嵌入、个体吸收能力以及创新绩效三者的适配度指标体系。鉴于当前学界在模型验证标准上尚未达成一致，本章参考了吴明隆（2010）的研究成果，精

选了包括 χ^2、df、χ^2/df、CFI、TLI、RMSEA 及 RMR 的七项关键指标，以全面评估模型。具体指标门槛设定如下：χ^2/df 应在 1~5，其中 1~3 视为优秀范畴；CFI 与 TLI 值均需超越 0.9；RMSEA 需低于 0.08；RMR 则需保持在 0.05 以下。

此外，针对收敛有效性的考量，本章还确保了 CR 大于 0.7，同时 AVE 亦需大于 0.5。从表 6.8 的数据呈现中可以清晰地看到，无论是创新网络嵌入、个体吸收能力，还是创新绩效，其 CR 与 AVE 均圆满达成了上述标准，且所有适配度指标均稳稳落在预设的阈值之内，这充分证明了本章所采用的研究量表在拟合效度和收敛效度上均展现出了卓越的性能。

表 6.8 验证性因子分析结果

构面	收敛效度 CR	AVE	适配度指标 χ^2	df	χ^2/df	CFI	TLI	RMSEA	RMR
参考标准	>0.7	>0.5			1~3	>0.9	>0.9	<0.08	<0.05
创新网络嵌入	0.928	0.616	36.168	19.010	1.903	0.984	0.977	0.057	0.031
个体吸收能力	0.941	0.572	92.187	51.000	1.808	0.973	0.965	0.054	0.035
创新绩效	0.926	0.612	38.488	19.005	2.025	0.982	0.973	0.061	0.045

4. 共同方法偏差检验

在探讨管理研究中的常见系统误差——共同方法偏差时，本章经研究得出现象往往源于受访者在相似环境、时间及参与方式下所产生的测量偏差。本章采用了拓展自 Harman 的经典单因素检验策略，通过 SPSS 平台实施因子分析，从中析出五个核心因子，首要因子的累计效应占比 34.77%，未触及 40% 的阈值，初步通过了 Harman 检验的筛查。然而，鉴于学界对此方法的局限性有深入认识，本章决定进一步采用 AMOS 构建的结构方程模型来深化对共同方法偏差的评估。

首先，本章遵循 Harman 检验的启示，构建一个单因素模型，其中创新网络嵌入、个体吸收能力、创新绩效三变量的 28 项测量指标均被加载至一个假设的共同方法偏差上。其次，基于量表设计的多维框架，构建包含关系嵌入、结构嵌入、个体吸收能力、过程创新、结果创新的五因素模型，以反映变量间的复杂关系。为全面考察共同方法偏差的影响，本章还构建了六因素模型，即在五因素基础上引入了共同方法偏差。

通过表 6.9 展示的共同方法偏差检验结果，发现五因素模型在拟合度上显著优于单因素及六因素模型。这一结果表明，本章研究所采用的调查量表并未受到显著的共同方差变异影响，从而验证了数据的可靠性与有效性，为后续分析奠定了坚实的基础。

表 6.9 共同方法偏差检验结果

模型	适配度指标				
	χ^2/df	CFI	TLI	RMSEA	RMR
单因素	6.288	0.532	0.495	0.138	0.115
五因素	2.263	0.891	0.901	0.067	0.047
六因素	2.078	0.907	0.897	0.162	0.106

6.3.4 路径分析与模型检验

在进行中介效应检验之前，须进行相关性分析，以便后续研究的顺利开展。本章对创新网络嵌入、个体吸收能力和创新绩效进行相关性分析发现，变量间的相关性系数均大于 0.4，并且在 0.01 水平上显著，表明本章研究的变量间存在较高的相关性。具体结果如表 6.10 所示。

表 6.10 变量间相关性系数

变量		结构嵌入	关系嵌入	个体吸收能力	结果创新	过程创新
结构嵌入	Pearson 相关性	1				
	显著性（双侧）					
关系嵌入	Pearson 相关性	0.441**	1			
	显著性（双侧）	0.000				
个体吸收能力	Pearson 相关性	0.484**	0.418**	1		
	显著性（双侧）	0.000	0.000			
结果创新	Pearson 相关性	0.524**	0.519**	0.516**	1	
	显著性（双侧）	0.000	0.000	0.000		
过程创新	Pearson 相关性	0.504**	0.457**	0.531**	0.408**	1
	显著性（双侧）	0.000	0.000	0.000	0.000	

**表示在 0.01 水平（双侧）上显著

基于良好的相关性检验结果，结合前文中提出的假设，本章首先构建起假设模型一（即创新网络嵌入与海外归国高校教师创新绩效的结构方程模型），以探究创新网络嵌入的关系嵌入、结构嵌入分别对海外归国高校教师的过程创新和结果创新的标准回归系数，如图 6.2 所示。

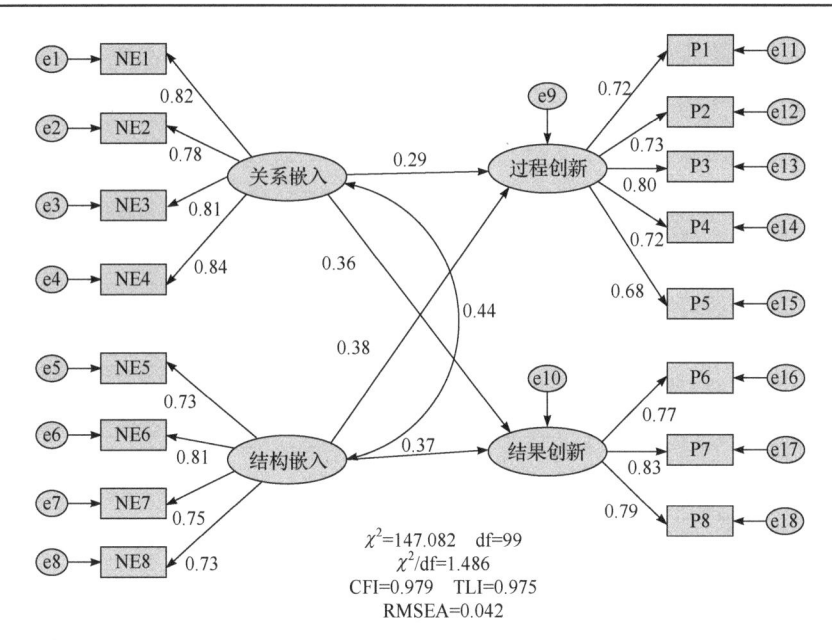

图 6.2 创新网络嵌入与海外归国高校教师创新绩效的路径系数（模型一）
e1～e18 为残差

其次，构建模型二，验证关系嵌入、结构嵌入对海外归国高校教师个体吸收能力的假设，如图 6.3 所示（根据前文数据分析结果排除原因子 AC7 和 AC12，对因子进行重新排序和命名后显示）。

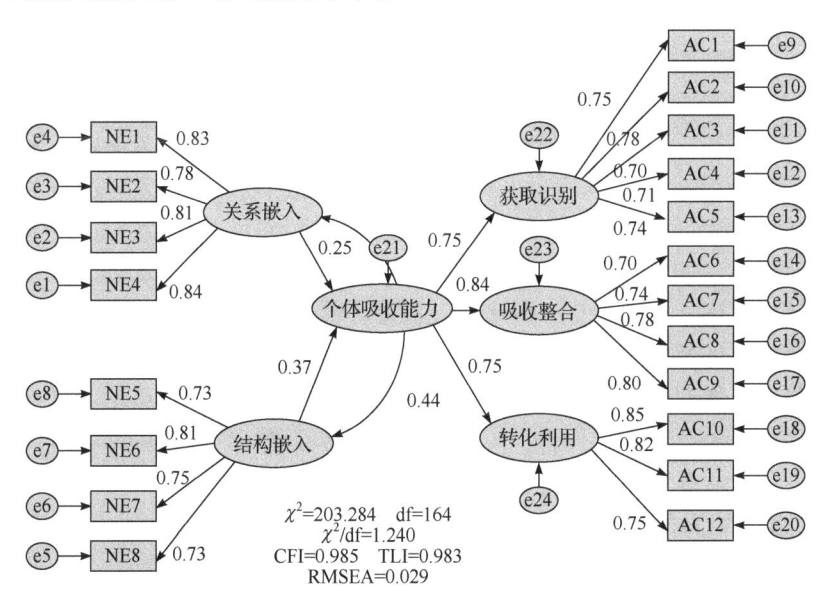

图 6.3 创新网络嵌入与海外归国高校教师个体吸收能力的路径系数（模型二）

再次，构建假设模型三，即构建个体吸收能力与海外归国高校教师创新绩效的假设模型，如图6.4所示。

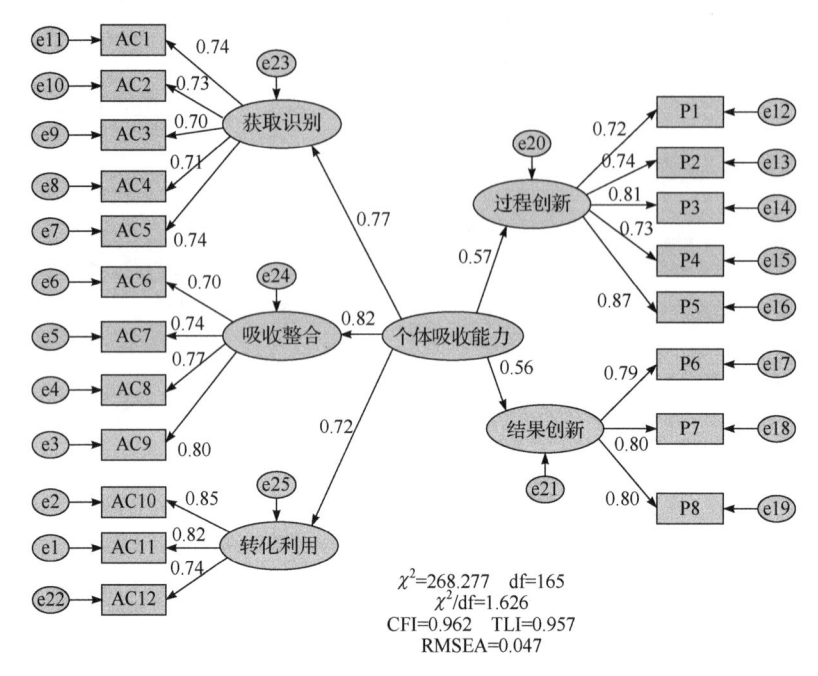

图6.4 个体吸收能力与海外归国高校教师创新绩效的路径系数（模型三）

最后，构建个体吸收能力在创新网络嵌入与创新绩效之间中介效应的结构方程模型（即模型四），如图6.5所示。

通过模型一的验证结果可知，创新网络嵌入的两个维度分别对创新绩效的两个维度均具有正向影响，且都在0.001的水平上显著。其中，关系嵌入维度对结果创新的影响程度较过程创新的影响程度更大；而结构嵌入维度对过程创新和结果创新的影响程度相差不大。因此，H6-1a、H6-1b、H6-1c、H6-1d均成立。

根据模型二的路径系数分析可知，创新网络嵌入的两个维度对个体吸收能力均具有正向影响，且在0.001的水平上显著。然而，创新网络嵌入的两个维度对个体吸收能力的影响程度是不同的，结构嵌入对个体吸收能力的影响要高于关系嵌入的影响。故H6-2a与H6-2b均成立。

通过对模型三的验证可知，个体吸收能力对过程创新和结果创新均会产生的正向影响，并且在0.001的水平上显著；个体吸收能力对过程创新的路径系数为0.57，对结果创新的路径系数为0.56。因此，H6-3a与H6-3b均成立。

根据图6.5可知，将个体吸收能力作为中介变量加入模型中后，关系嵌入对过程创新的路径系数由0.29降为0.21，对结果创新的路径系数由0.36下降到0.29，

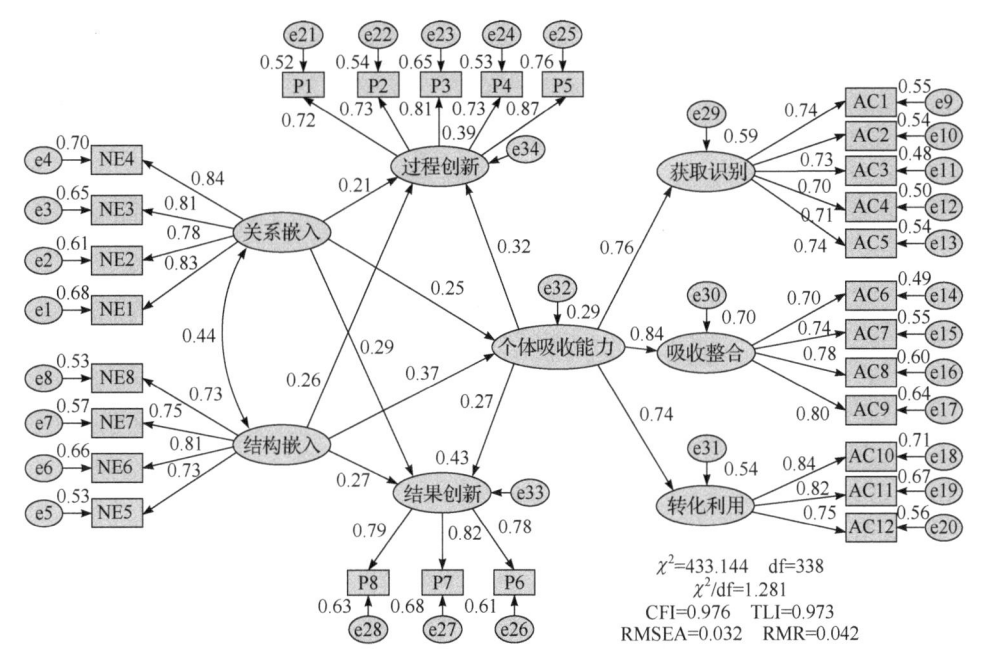

图 6.5 创新网络嵌入、个体吸收能力与海外归国高校教师创新绩效的路径系数（模型四）

表明个体吸收能力在关系嵌入与过程创新、结果创新之间均起部分中介作用，假设 H6-4a、H6-4b 均成立。结构嵌入对过程创新的路径系数由 0.38 下降到 0.26，对结果创新的路径系数由 0.37 下降到 0.27，证实了个体吸收能力在结构嵌入与过程创新、结果创新之间均具有部分中介效应，H6-4c、H6-4d 均成立。

6.4 研究结论与管理启示

6.4.1 研究结论

根据模型路径系数及数据分析结果，将前文提出的关于创新网络嵌入与创新绩效及个体吸收能力中介作用的假设检验结果汇总于表 6.11。

表 6.11 假设检验结果汇总表

研究假设	是否通过检验
H6-1a：关系嵌入→海外归国高校教师过程创新	是
H6-1b：关系嵌入→海外归国高校教师结果创新	是
H6-1c：结构嵌入→海外归国高校教师过程创新	是
H6-1d：结构嵌入→海外归国高校教师结果创新	是

续表

研究假设	是否通过检验
H6-2a：关系嵌入→海外归国高校教师个体吸收能力	是
H6-2b：结构嵌入→海外归国高校教师个体吸收能力	是
H6-3a：个体吸收能力→海外归国高校教师过程创新	是
H6-3b：个体吸收能力→海外归国高校教师结果创新	是
H6-4a：个体吸收能力在关系嵌入→过程创新路径中起中介作用	是（部分）
H6-4b：个体吸收能力在关系嵌入→结果创新路径中起中介作用	是（部分）
H6-4c：个体吸收能力在结构嵌入→过程创新路径中起中介作用	是（部分）
H6-4d：个体吸收能力在结构嵌入→结果创新路径中起中介作用	是（部分）

首先，在探讨 H6-1 的验证结果时，本章确认了其四个子假设均成功通过了结构方程模型的严格检验。这一成果不仅为研究的后续进展奠定了坚实的基础，也进一步验证了理论框架的合理性与有效性。然而，创新网络嵌入的两大维度——关系嵌入与结构嵌入，在促进创新绩效（具体分为过程创新与结果创新）的过程中，展现出了差异化的影响路径。这种差异性不仅丰富了我们对创新网络嵌入与创新绩效之间关系的理解，也为后续的研究提供了新的视角和启示。就结构嵌入而言，其对过程创新与结果创新均产生了显著的正面效应，这一发现与海外归国高校教师所具备的异质性特征紧密相关。这些人才凭借独特的异质性特质，能够深入嵌入到更为广泛和复杂的创新网络结构中，占据结构洞这一有利位置，他们凭借其在创新网络中的核心节点地位，掌握了信息流动和资源分配的关键话语权。他们利用这一结构上的优势，不仅直接拓宽了获取创新资源的途径，还通过间接方式增强了资源获取的效率和深度。这一优势使他们能够紧跟行业发展的最新趋势，紧密关注市场动态，从而捕捉到更多宝贵的创新机遇。这些机遇的涌现，不仅激发了他们的创新热情与动力，还促进了创新思维与创意的蓬勃发展，最终对创新绩效的提升产生了显著的推动作用。而在关系嵌入的维度上，我们发现其对结果创新的影响相较于过程创新更为显著。这一现象可能源于海外归国高校教师在创新网络中的特殊位置与角色。作为创新网络中的优势节点，他们与新知识、新观念、新技术的接触更为紧密和频繁，从而能够更快地把握这些外部动态的变化。在此过程中，他们更多地扮演了"传播者"与"催化剂"的角色，通过促进创新网络内外创新要素的流动与融合，加速了创新成果的孵化与转化过程。这种角色定位使得关系嵌入在推动结果创新方面发挥了不可替代的作用，因为它直接关联到创新成果的最终产出与市场化应用，是实现创新价值最大化的关键环节。一方面，他们自身深度知识的积累能够直接推动新产品、新技术或新服务的

产生，而知识的传播扩散对创新网络中其他主体的结果产出同样会有正向效应；另一方面，海外归国高校教师往往能够利用其广泛的国际人脉和资源网络，与国际上的科研机构、高校和企业建立合作关系，从而引进先进技术和管理经验，这种网络资源的利用可以显著加速结果创新的进程，提高创新成果的质量和水平。此外，海外归国高校教师通常对创新有更高的追求和更强的动力，他们愿意投入更多的时间和精力进行研发与创新活动；在创新网络内部，他们可以通过自身的影响力，营造更加浓厚的创新氛围，激发其他主体的创新潜能，而这种创新氛围和激励机制的建立，对于结果创新的推动作用尤为明显。相比之下，过程创新更多地依赖于组织内部的流程优化和管理提升，虽然海外归国高校教师也能带来一定的流程改进建议，但这一过程可能需要更长时间和更复杂的组织变革才能实现。

其次，针对创新网络嵌入与个体吸收能力之间复杂关系的 H6-2a 与 H6-2b，以及个体吸收能力如何驱动创新绩效的 H6-3a 与 H6-3b，均通过了模型验证。然而，通过进一步分析模型二，本章发现结构嵌入相较于关系嵌入，对个体吸收能力具有更为显著的影响力。这一现象的根源，或许可归因于海外归国高校教师在创新活动中的特殊角色——"守门人"与"传播桥梁"，他们不仅负责筛选和引入外部的新颖知识、前沿技术和创新理念，确保这些信息与资源的质量与先进性；同时，他们通过其广泛的网络联系，将这些宝贵的创新要素高效地传递给网络内的其他成员。他们在接纳及传递外部新颖知识、信息等创新要素时，更倾向于采用一对多的方式，而非广泛的多对多共享与互换。至于个体吸收能力在过程创新与结果创新中的影响，两者均呈现显著正相关的关系。这或许是因为个体吸收能力作为一个连贯的过程，它不仅仅局限于某一创新的特定阶段，而是贯穿于从创新构想到最终成果实现的整个过程中。它涵盖了从识别、获取、整合到转化利用外部新知识、信息、观念及想法的各个环节，它同时作用于创新的全过程及最终成果。

最后，关于个体吸收能力作为创新网络嵌入与创新绩效间中介的 H6-4a 至 H6-4d，均得到了结构方程模型验证的有力支持。这不仅强化了理论界对于个体吸收能力在创新过程中的核心作用认知，还为我们揭示了其作为关键中介变量的独特价值。进一步对比模型四与模型一，本章揭示了一个重要结论：在结构嵌入对创新绩效的传导路径中，个体吸收能力的中介效应相较于其在关系嵌入与创新绩效之间的作用更为显著。这一差异背后的可能原因，在于海外归国高校教师所独有的资源禀赋。作为连接国内外创新网络的桥梁，海外归国高校教师不仅根植于国内的制度与市场网络，还能够广泛接触到海外的技术前沿与市场动态。这种跨越国界的双重网络结构，为海外归国高校教师构建了高效的国际知识共享与学习平台，极大地促进了知识的跨界流动与溢出，加速了技术合作的步伐与深度。此外，海外归国教师凭借对国际市场的深刻洞察与敏锐捕捉，能够迅速响应市场变化，精准把握商机，从而激发源源不断的创新灵感与活力。这种能力不仅推动了技术创新的高效推进，还加速了科技成果向市场价值的转化，最终实现创新绩效的显著提升。

6.4.2 管理启示

本章基于研究对象和研究结果，从海外归国教师与网络管理者两个视角为提升海外归国高校教师的创新绩效提出对策建议。对于创新网络管理者，为促进海外归国高校教师的集聚与创新绩效的提升，本章提出以下建议。

第一，完善柔性人才引进制度，拓宽绿色通道，促进海外归国高校教师的有效集聚。应当坚持把海外优秀人才的集聚、开发与保留放在优先位置，充分打破行政、学科及学校的界限，坚持"开放、流动、竞争、共享"的原则、采取聘用制度和短期借调等新式的人才引用制度，完善开放式的海外归国教师共享机制；从功能定位与未来发展方向规划高校及其他协同创新主体的整体网络布局，加大对海外归国教师的政策引导力度，实行财务分担计划、人才引进专项资金和政策性福利补贴等特殊政策，拓宽绿色通道，针对性地搭建海外归国教师的服务体系，建立健全"一站式"服务和人才服务专员体系，提供如科研、住房安居、医疗保健、家属安置等基础和配套设施，精准引进和集聚与高校（网络）科研活动匹配度高的海外归国教师。

第二，拓宽多元化投融资渠道，完善科技成果转化与技术交易网络，保障海外归国教师自我价值实现。在整合高校（网络）现有创新资金的基础上，充分发挥政府财政资金杠杆作用，引导政策性银行、商业银行、地方金融机构加强对高校及海外归国教师创新的支持力度；积极探索与天使投资、创业风险投资及保险机构的合作，采取知识产权抵押与债券化等方式拓展海外归国高校教师创新资金的来源渠道；坚持以市场需求为导向，借力于网络对人才巨大吸引力的优势，加速建设服务于科技成果转化与技术交易的科研辅助人才队伍，促进建立与科研活动匹配度高的成果转化和市场交易平台，并加强与科技成果转化和技术交易中介机构的合作，促进形成良好的科技成果转化与技术交易网络，保障海外归国高校教师自我价值的实现。

第三，深入探索融入软指标的评估体系与激励机制，优化网络成员间的知识共享实践，营造更为积极的创新环境。受制于创新活动自身的风险性，网络管理者应当鼓励创新，并对创新的失败给予更多宽容，主动开创海外归国教师的精细化分类管理机制与综合评价模式。将创新性见解的阐述、创意思路的提出、科技成果转化及技术交易促进等软指标纳入考核与激励范畴，实施灵活可调的薪酬政策及奖励方案，强化归国人才与网络成员间的互助合作，有效应对知识外溢挑战与价值评估难题带来的产权界定困扰；充分发挥网络在吸引人才方面的优势，吸引更多科研辅助人才与创新主体积极融入,加速协同创新步伐,增强内外互动,构建包容失败、尊重差异的创新文化,强化知识共享的深度与广度,进而促进创新人才的凝聚与协作效应,激活归国人才及其科研团队的创新活力。

第四,为了激发海外归国高校教师的创新潜能并最大化其贡献,需深刻认识到赋予其更大自主权的重要性。这不仅是对海外归国高校教师专业能力和国际视野的认可,更是推动学术研究与技术创新深度融合的关键。因此,要致力于构建一个无界限的协同创新生态系统,打破学校、学科及行政之间的壁垒,让思想自由流动,资源高效配置。为海外归国高校教师及其研究团队量身构建独立创新的平台,探索赋予他们更广泛的人、财、物支配权,使其能够根据自身研究需求灵活调配资源;赋予他们在研究技术路径上的决定权,鼓励其探索未知领域,挑战传统范式;同时,明确科技成果的所有权与长期使用权归属,确保人才的辛勤付出能得到应有的回报与尊重。通过这些措施,海外归国高校教师的吸收能力将得到显著增强,进而推动创新过程与结果的双重提升。

为更好地促进海外归国高校教师发挥自身优势、提升创新绩效,本章提出以下建议。

首先,优化调整创新网络位置分布,提高关系网络质量,增强自身知识吸收能力。依据海外归国高校教师的异质性优势与双重网络嵌入的特点,积极提升网络中心度,拓展创新网络内网络关系强度,构建稳定的创新网络联系,有效甄别、吸收、整合并转化网络中的隐性、非同质化知识资源,提升个人的知识吸收与转化能力。

其次,充分发挥创新网络结构嵌入能力,重点突出结构洞的位置优势,推动网络氛围"国际化",带动国内网络成员接轨国外网络。海外归国高校教师应利用其在网络中的信息枢纽与控制力,通过共享与流通机制,提高国内外网络成员间的交流频率,强化国内网络中传播国际先进思想、知识、技术或方法的"传播者"角色,拓宽国外创新资源向国内流动的"多对多"渠道,加速构建国内外双向互利、资源共享的合作网络平台,最终推动归国人才个人及其团队整体创新潜能与创新成效的飞跃。

最后,充分发挥双重网络嵌入优势,强化对新知识敏锐度、感知度,丰富创新网络内知识的多元化。海外归国高校教师应充分利用自身多元文化认同优势,加强与海外的技术网络(如海外高校、科研机构)及市场网络(如海外供应商、客户)的关系强度,引入先进技术与理念、国际视野、最新科研动态等国外发达、成熟创新网络中的优质信息或知识到国内网络中;同时强化与国内政府、教育及科研单位、中介服务平台及成果转化组织的合作,以此丰富知识资源的来源范围,促进科研成果的高效产出与转化。

6.5　本章小结

本章基于海外归国高校教师高成就需求、高创新需求和高职业忠诚等异质性人力资本特征，探讨海外归国教师的创新网络嵌入对其创新绩效的影响。基于吸收能力理论，以个体吸收能力作为中介，分析创新网络嵌入对创新绩效的重要影响。通过详细介绍吸收能力的概念与内涵，梳理国内外有关吸收能力的文献，探讨个体吸收能力在创新网络嵌入中对海外归国高校教师创新绩效的作用机制。

根据深入的实证数据分析，海外归国高校教师在创新网络中的表现对其过程性和结果性的创新活动均展现出正向影响；个体吸收能力对这两类创新绩效的提升也表现出正面影响。个体吸收能力在关系嵌入和过程创新、结果创新，以及结构嵌入与过程创新、结果创新之间具备部分中介作用。基于上述研究结论，进一步提炼出面向管理实践的针对性启示。高校（网络）及其管理者应完善柔性人才引进制度，拓宽绿色通道，并完善科技成果转化与技术交易网络，保障海外归国教师自我价值实现，积极探索包含软指标的考核评价与奖励激励方式，赋予海外归国高校教师更大的自主权，增强个体吸收能力，提升创新能力和创新绩效。对于海外归国高校教师自身来说，要充分发挥双重网络嵌入优势，强化对新知识的敏锐度和感知度，不断优化调整网络中的位置，搭建高质量关系网络，还应充分发挥网络节点的作用，加强创新网络内创新个体的互动，促进整体创新绩效的提升。

第7章

企业网络能力、创新网络嵌入对海外归国人才创新绩效的影响研究

海外归国人才是一种兼具国际化视野、双重文化嵌入和高人力资本投资、高创新需求、高职业忠诚的异质性人力资本。他们掌握国际前沿的科学理论和技术知识，能充分利用国际国内两个市场，在技术、管理、服务、商业模式创新上挖掘创业机会，实现自身价值。但由于面临境内外文化、市场规则的冲击，加之对国内法律法规、市场准则了解的相对匮乏，海外归国人才创新创业之路复杂且艰难，创新创业绩效亟待提升。如何依托企业资源和网络能力，合理配置社会资本，建立稳定的网络合作关系，是提升海外归国人才创新绩效的关键。企业网络能力是企业在区域创新网络中获取知识、信息等创新资源并进行有效开发利用的能力，对企业的优秀海外归国人才占据优势位置及提升创新创业绩效有重要影响。已有研究强调创新企业的环境依赖性，认为政策环境、创新氛围和生态、组织支持等是影响海外归国人才创新创业绩效的重要外部因素，却忽略了创新企业及人才自身网络能力禀赋、网络嵌入对网络资源获取和配置等内生性要素的影响。海外归国人才提升创新绩效的关键在于利用其资源禀赋与网络能力，整合外部资源与信息，科学配置网络社会资本，构建稳固合作关系。本章基于异质性人力资本、区域创新网络、网络能力及网络嵌入等理论，构建概念模型，并通过实证调查，提出提升创新绩效的学术性对策与政策建议，旨在促进个体创新潜能最大化与资源配置优化。

7.1 文献研究与理论基础

7.1.1 文献综述

20世纪80年代以来，随着经济全球化的不断加深和现代通信技术的进步，

社会组织范式逐渐由群体化转向网络化，个体网络依赖性增强而群体性弱化，需求满足更多依靠社会网络（Rainie and Wellman，2012）。社会组织更明显地呈现出由群体、团队转向网络化的趋势，企业组织和个体亟须通过外部创新网络，广泛利用外部知识和信息搜寻商业潜力与机会。众多学者将社会网络理论引入创新创业领域，衍生出对创新网络的研究。在网络化社会环境下，组织和个人都很难仅凭借自身资源能力实现成功创新以维持竞争力，需要转向开放网络，通过网络广泛利用外部的知识搜寻商业潜力和新机会，以获得持续竞争优势，网络能力的概念也受到了越来越多学者的关注。基于 Håkansson（1987）的长期跟踪调查结果，市场表现与绩效卓越的企业普遍展现出在外部网络化关系构建与管理上的高度娴熟和稳健性。这一发现促使我们提出，网络能力——企业为优化其网络位置及有效处理多元关系网络中的单一关系所具备的能力——是构成组织绩效显著提升的重要影响因素。

网络能力的强弱直接关系到企业能否有效利用外部资源、促进信息流通与知识共享，进而在竞争激烈的市场环境中占据有利地位，实现绩效的持续增长。Hagedoorn 等（2006）引入了战略网络能力的概念，将其阐释为企业所独有的一种特殊才能，这种才能体现在如何精妙地构建创新网络架构以及精准地选择合作伙伴上。Walter 等（2006）则进一步将网络能力定义为一种企业能力，它侧重于发展和维护组织间的网络关系，以此作为从外部网络中汲取多样化资源的有效途径。两者均强调了网络能力在企业战略管理和资源获取中的核心作用。Human 和 Naudé（2009）则认为，网络能力是来源于组织对其自身异质性、不可模仿性战略资源掌控的能力，是组织的独特竞争力，并从协调能力、关系技能、网络伙伴了解程度、内部沟通氛围等多维度验证其对企业绩效的积极影响。

林润辉和李维安（2000）引入网络能力概念，认为网络能力是网络组织企业适应知识社会、信息经济和组织创新要求，更好应对复杂、不确定性环境变化的能力。邢小强和仝允桓（2006）则将网络能力界定为一种动态能力，这种能力使企业能够敏锐地识别网络中的价值与机遇，主动塑造网络结构，并通过开发、维护与利用各层次的网络关系来获取稀缺资源，同时引导网络环境的积极变化。朱秀梅等（2010）从更为细致的维度出发，将网络能力解析为网络导向、资质及行为三个层面。具体而言，网络能力是在强烈的网络导向驱动下，企业运用特定的关系与合作技巧，实施一系列旨在构建与管理网络关系的活动。这一过程涵盖了网络导向的明确、网络构建的策略以及网络管理的精细操作，其共同构成了网络能力的三个核心维度。任胜钢（2010）将网络能力分为网络愿景、构建及关系管理三大能力。张宝建等（2015）针对科技企业，将其划分为网络资质、规划与运营三个维度。任胜钢（2010）和张宝建等（2015）均揭示了网络能力的多维度特性。尽管国内外学者对网络能力的界定与维度划分存在差异，但综合研究可见，网络能力主要包含两大核心内容：一是企业融入社会网络并开展网络活动所必需的基础资质与条件，这是企业参与网络互动的基石；二是企业在网络活动中展现出的对网络关系的规划、调整与控制能力，这体现了企业在网络环境中的主动性与适应性。

7.1.2 理论基础

随着网络能力研究的深入，越来越多的学者将网络能力视为影响企业创新绩效的重要因素。网络能力是体现企业整合资源、发展关系的能力，是企业融入创新网络的基础，也是企业内的海外归国人才从创新网络内部获取和重新整合知识、信息等稀缺资源的前提，因此对其创新绩效有重要影响作用。在建设开放式创新体系背景下，企业所处的网络结构形态、网络环境和网络关系都会不断产生变化，创新绩效的实现也依赖于动态复杂环境下资源的有效配置。海外归国人才往往因信息滞后、技术脱节及资源局限而难以在动态复杂的市场环境中生存。此时，网络能力作为一种核心能力显得尤为重要，它体现了企业在跨越组织边界时高效获取、整合与再创造资源的能力。对于企业及其核心成员而言，良好的网络能力不仅是洞察市场先机、精准把握顾客潜在需求的必要条件，也是发掘并利用各类资源（包括有形与无形资源）的重要途径，进而推动企业持续创新与市场拓展。因此，网络能力的研究与提升，对于海外归国人才及企业在全球化竞争中的成功至关重要（李纲等，2017）。网络能力超越了企业有限和同质性资源的边界，网络能力较高的企业能够更快地打破组织边界限制，实现知识流动和转移，通过持续性累积异质性知识获取竞争优势，在关系合作交往中取长补短，为企业带来相对整合和创新竞争优势，从而提升创新绩效（姜骞和唐震，2018）。McGrath 等（2019）指出，初创企业普遍面临资源与时间的双重约束，提升战略网络能力成为其弥补短板的关键路径。在此过程中，管理者对网络关系重要性的认知深度及其驾驭网络关系以达成合作目标的能力，成为构建并深化与其他企业合作关系的关键决定因素。Acosta 等（2018）研究中小企业的市场导向、网络能力、创业导向和企业全球化市场表现与绩效的关系时，发现中小企业的网络能力对其全球化市场表现和绩效有显著的积极影响。Majid 等（2019）针对服务业企业战略绩效的实证研究结果也表明，企业网络能力对战略绩效有正向影响，而网络结构弹性则在两者的关系中起中介作用。鲁若愚等（2021）研究发现网络能力的核心是对网络治理和利用的能力，而动态的网络能力对企业产品开发、技术创新速度、知识资源获取以及企业技术创新能力都会产生积极影响。网络能力对企业创新绩效的研究已经得到了广泛的验证，但目前尚未有研究关注网络能力对海外归国人才创新绩效的影响。

尽管已有研究对网络能力对创新绩效的积极影响展开了研究，如屠兴勇等

（2019）认为知识资源获取在网络能力与渐进式创新绩效的关系中起中介传导作用，环境动态性则弱化了知识资源获取与渐进式创新绩效的关系。宋水正和邵云飞（2021）的实证研究结合社会网络理论和资源基础理论验证了企业网络能力通过影响吸收能力从而对创新绩效产生显著正向影响。但其中的作用机制仍有待进一步的探索。鉴于网络能力是企业融入网络环境，进而获取、整合及再创造知识、信息等稀缺资源的基石，对网络结构及网络关系网络的深度嵌入，便成为剖析网络能力作用机制的一种新颖且深刻的视角。社会关系结构与经济活动之间存在着密切的相互作用，这一互动过程深刻影响着个体在社会网络中的经济行为与结果。具体而言，行为主体之间的双边关系构成了经济行为发生的社会背景，进而促进了资源与信息的汇聚与交换，这一过程是理解社会网络中经济动态的关键所在。行为主体在网络中的中心度、结构、规模和密度，以及网络成员频繁交互形成的相互关系是网络嵌入的重要体现（Uzzi，1996）。Huggins 和 Thompson（2014）等学者致力于全球与地方网络定量化测度的研究，揭示了网络组织关系在促进创新网络主体跨越地域汲取知识、增强创新预期收益及经营效率方面的积极作用。Buchmann 和 Pyka（2015）进一步指出知识相关性、吸收能力、技术距离及基础知识模块化构成了技术创新网络演化的核心驱动力，并强调经验丰富的企业往往扮演区域创新网络构建的引领者角色，成为众多企业寻求合作的优选对象。Tseng 等（2016）的研究也支持了上述观点，他们发现创新网络内企业主体间的紧密联结是知识转移的高效渠道，而拥有更高网络中心度与密度的企业则展现出更为强劲的创新潜力与能力。然而由于各企业获取、运用、转换网络资源的效率和实力存在差异，在同样的创新网络下，不同创业企业的网络嵌入度，即在网络中所处的位置和连接强度却有很大的区别。企业的网络能力不仅通过网络嵌入影响企业创新绩效，同时因企业中人才在创新网络中扮演重要节点角色，其也是创新活动的主导性资源，近年来也有学者从网络嵌入的视角，探索网络能力、网络嵌入对企业员工个体层面创新绩效的影响。González-Brambila 等（2013）探讨了网络嵌入在个体创新绩效层次上的同步效应，发现科学家的关系网络对创新质量而不是创新产出有显著影响，而结构嵌入在创新的数量与质量间均具有趋同效应。俞兆渊等（2020）认为企业社会网络中的关系资本有利于隐性知识转移和创造，也能够降低员工间的知识交易和合作成本，因此能够促进新知识的产生。

7.2 研究假设

海外归国人才的创新网络嵌入受到所在企业网络能力的影响，并进一步作用于企业内部员工的创新活动。具有较强网络资质能力的企业能通过构建广泛的紧密联系形成紧密的关系联系以对抗环境不稳定性冲击，形成企业连续经营运作的壁垒；同时企业可以通过运营能力改变网络结构，从而使网络向更有利于提升海外归国人才创新绩效的方向转变。在全球化背景下，海外归国人才因其丰富的国际经验、前沿的专业知识和技术技能，成为推动本土企业技术创新与发展的重要力量。为了更深入地理解这些人才如何在本土环境中发挥其潜力，本章从创新网络嵌入的角度出发，探讨企业网络能力对创新绩效的影响机制，这不仅有助于识别影响海外归国人才创新绩效的关键因素，也为科技人才的引进与开发、优化网络结构和提高科技创新效率、实现经济发展创新驱动和转型升级提供了新的研究视角。通过分析企业网络能力对创新绩效的影响机制，可以揭示出在何种条件下以及通过何种路径，企业网络能力能够促进海外归国人才的创新活动。因此，本章将进一步探索企业网络能力如何通过创新网络嵌入影响海外归国人才创新绩效的作用机制。

7.2.1 企业网络能力与海外归国人才创新绩效的关系

在全球化、网络化和开放式创新大背景下，海外归国人才的创新活动将面临本土资源匮乏、信息同源同质且滞后等问题，很难在动态复杂的环境下获得竞争力，急需通过企业平台获取企业间知识流动、碰撞和交融所带来的资本、技术和管理经验，以及创新知识成果的转化运用。网络能力正体现了企业在网络中跨组织边界获取资源并进行整合和再创造的水平。Kohtamäki 和 Bourlakis（2012）指出，网络构建能力为网络内部企业和其他合作伙伴提供了可以相互学习和沟通的平台，有效提升了组织的动态能力，并进一步促进知识的流动和应用。解学梅和左蕾蕾（2013）提出，处在协同创新网络中企业的知识吸收能力与企业创新绩效呈正相关关系。Laursen 和 Salter（2014）的研究也验证了网络能力越强的企业，对外部市场和技术信息的识别与利用能力也越强，企业能够通过技术转移来提高创新绩效。庞博等（2018）认为企业在网络中能够获得更多的商业合作机会与稀缺资源，因此有利于提升创新绩效。具有高网络能力的企业更容易在市场化交易中获得身份认同，并结合企业自身的资源优势制定结网活动的指导原则，通过具体网络关系的构建、维护以及冲突管理形成稳定的互惠信任关系以提升企业中员工的创新绩效。

网络资质是网络行动的准入条件，网络资质较高的节点企业能够有效规避合法化约束，实现市场化交易过程中的身份认同和自主权利。网络运营能力是企业在对网络整体发展情况做出预测和判断后表现的动态调适能力，是企业选择合作对象、构建联系并动态调整网络关系、网络地位和发展战略的能力（Crawford-Mathis et al., 2010）。良好的网络能力不仅能促进创新知识、信息资源流动共享，还有助于企业了解企业顾客的潜在需求和利益，更早识别市场机会以开发适合新市场的创新产品。Mu（2013）的研究表明，具有较高网络能力的新创企业能精准搜寻最优合作对象并建立有效联结，结合自身资源和需要优化关系组合及资源配置，因而可以通过具体网络关系的构建、调整以及高效管理形成稳定的互惠信任关系；Schøtt 和 Jensen（2016）提出，企业的网络化既有利于过程创新，也有利于产品创新；创新网络的制度支持不会显著影响联网企业数量，但会大大提高联网企业质量。李纲等（2017）实证研究结果揭示，企业管理者能够利用网络能力从合作伙伴构成的网络中获取新的关键知识，推动自身服务创新并提升创新绩效。网络中的外部知识源为海外归国人才提供新的学习机制和方法，促进他们充分利用知识进行吸收和转化，并将所消化的知识应用到创新活动中（赵炎等，2023）。对于海外归国人才而言，良好的网络环境也有助于他们快速适应新环境，建立起与本地市场相连接的工作网络，进而加速科技成果的转化应用。并且良好的网络结构能够加快企业外部关系网络效率的提升和核心竞争能力的形成，创新绩效不仅包含结果上的创新，也包含过程上的创新。海外归国人才能够通过广泛的弱联结和结构洞获得异质性信息及关键性资源与信息，促进其创新绩效的提升。

综上，本章提出如下假设。

H7-1：企业网络能力对海外归国人才创新绩效有显著正向作用。

H7-1a：企业网络资质对海外归国人才过程创新有显著正向作用。

H7-1b：企业网络资质对海外归国人才结果创新有显著正向作用。

H7-1c：企业网络运营能力对海外归国人才过程创新有显著正向作用。

H7-1d：企业网络运营能力对海外归国人才结果创新有显著正向作用。

7.2.2 企业网络能力与海外归国人才创新网络嵌入的关系

当前社会网络化促使创业组织范式逐步转向网络依赖，创新网络嵌入成为衡量企业能否在网络中取得竞争优势、有效获取资源的重要标准。网络嵌入是社会主体行为的基本属性，强调由于社会关系结构与经济活动交互作用，个体在社会网络中的经济行为和结果都会受到行为主体双边关系的影响，并在此基础上产生资源和信息的集合与交换，因此行为主体在网络中的中心度、结构、规模和密度，以及网络成员频繁交互形成的相互关系是网络嵌入的重要体现（Uzzi，1996）。由于各企业获取、运用、转换网络资源的效率和实力不同，企业网络嵌入不同，即在创新网络中所处的位置和连接强度不同，因此网络能力也不同。Mahmood 等（2011）的研究显示企业网络能力体现了企业对网络治理和掌控的能力，其也和企业在创新网络中的战略选择以及网络关系等紧密相关。Georgiou 等（2013）的研究结果表明，网络能力是企业通过关系构建并通过这种关系获得相对竞争优势的能力，因此与企业的关系嵌入紧密相关；网络能力中网络资质的提升扩大了合作关系的接触面，网络运营能力则为企业审视外部关系、挖掘外部关系价值提供了保障。Rusanen 等（2014）的研究显示关系管理能力较强的企业能够与网络内部合作伙伴构建稳定良好的合作关系，增加企业的合作伙伴数量，增强彼此之间的信任感。王婕和宋耘（2020）提出企业在网络中的位置是企业关系管理能力的体现，关系管理能力对网络位置的正向影响在低密度网络中会更强，因为此时网络中组织间的直接联系相对较少。具有较强网络资质能力的企业能通过构建广泛的紧密联系对抗环境的不稳定性冲击，形成企业连续经营运作的壁垒；同时企业可以通过运营能力改变网络结构，从而使网络向更有利于提升创新绩效的方向转变。因此，探索网络能力与网络嵌入的关系具有重要意义。

由于海外归国人才的异质性特征，其在创新创业过程的优势和劣势都十分明显，创新创业活动的系统性、复杂性需要更多跨学科、跨专业协作，延伸产业链、知识链和价值链，网络嵌入还表现为企业在网络组织的中心度、占据的结构洞和关系对象的异质性等（Scott，2011）。在同样的创新网络下不同创业企业的网络嵌入度，即在网络中所处的位置和连接强度却有很大的区别，这主要是由于各企业获取、运用、转换网络资源的效率和实力存在差异。拥有较高网络能力的企业不仅能够凭借自身网络资质获得身份认同，而且能够快速与外围节点发生频繁交往并向网络核心位置移动，而处于网络核心地带的企业有较高的信息资源共享度，因此比边缘地带的企业创新效率更高。Mian 和 Hattab（2013）表示，创新成功较大程度依赖于创新机会的搜寻和把握，而结构洞体现了企业对网络外部信息资源的获取和控制，结构洞的控制优势诱导了企业在网络中的占位行为。Cenamor 等（2019）的研究显示平台经济背景下企业的网络能力有助于企业打破组织边界，跨时空与用户建立紧密关系连接，从网络中获取大量的关键数字资源。网络能力中网络资质的提升扩大了合作关系的接触面；网络规划能力从战略层面帮助企业审视外部关系；网络运营能力则为外部关系价值的发挥提供了保障。因此，较高网络能力的企业具有较高网络活动意愿和管理技能，在外部关系构建方面表现出更高的效率，在既定关系维护方面表现出更多的效能。同时，网络能力较高的企业更能够精准判断结构性竞争机制，通过选择性结网活动，改变自身的不利位置，占据较多的结构洞，获得结构洞的先行决策优势和资源控制优势。综上，本章提出以下研究假设。

H7-2：企业网络能力对海外归国人才创新网络嵌入有显著正向影响。

H7-2a：企业网络资质对海外归国人才创新网络嵌入有显著正向影响。

H7-2b：企业网络运营能力对海外归国人才创新网络嵌入有显著正向影响。

7.2.3 创新网络嵌入与海外归国人才创新绩效的关系

由于社会关系结构与经济活动交互作用，个体在社会网络中的经济行为和结果都会受到行为主体双边关系的影响，并在此基础上产生资源和信息的集合与交换。行为主体在网络中的中心度、结构、规模和密度,以及网络成员频繁交互形成的相互关系是网络嵌入的重要体现。创新网络嵌入能够促进海外归国人才识别机会、获取关键资源和信息、增强知识交流和扩散,因此能够促进创新活动。在企业成长阶段,企业借助网络实现知识共享以及显性和隐性知识的获取、知识的共享与转移,通过组织学习提高组织绩效,而网络成员数量、资源载荷、知识存量及信息流量等反映了创新者及企业可获取外部资源、信息的充裕程度(de Hoyos-Ruperto et al.,2013)。国内外大量研究表明,创新网络能够促进网络内主体识别机会及获取外部资源,从而对创新绩效产生积极影响。Gebreeyesus 和 Mohnen(2013)考察了集群企业网络嵌入方式及其吸收能力差异对创新绩效的影响,发现本地网络位置和吸收能力对创新绩效存在积极和强有力的影响。Larcker 等(2013)的研究也发现,网络组织异质性越高,资源冗余程度越低,企业获得资源要素组合功能越全面。刘学元等(2016)实证研究也表明,创新网络关系强度和企业吸收能力均对企业创新绩效存在显著正向影响。徐晓俊(2023)提出如果企业在网络中拥有强关系,强关系所带来的资源、成本、合作等多方面的优势能够增强企业的探索与利用能力,因此能够提升创新绩效。在企业成长的关键阶段,网络机制成为推动企业知识管理的重要平台,不仅促进了显性与隐性知识的广泛共享与高效转移,还通过组织学习活动的深化,直接提升了组织的整体绩效。此外,高水平的关系嵌入性策略显著拓宽了企业资源获取的多元化渠道,密集的网络互动进一步优化了企业的运营流程,确保了资源配置的精准与高效。在这一过程中,企业网络内基于深厚信任与共同价值认同的频繁交流,不仅重塑了企业的交流生态,增强了其开放性,还极大地促进了合作质量的提升。这种积极的互动模式不仅加深了企业间的相互信任,还催生了一系列规范性行为准则与协同解决问题的制度安排,有效降低了交易过程中的不确定性及关系维护成本。这些正面效应共同构筑了企业稳定运营的坚实壁垒,优化了市场环境,最终提升了创业成功的概率与企业的长期绩效。

当企业积极嵌入到依赖于组织关系形成的正式网络中,能够加强与其他企业、供应商、行业协会、银行、税务局、中介机构等组织的联系,进一步为企业内部员工提供创新相关信息、咨询服务及各种资源。同时较高程度的关系嵌入性能够拓展企业资源获取渠道,通过密集的网络互动优化企业运营机制,改善企业交流结构和开放性,提高资源配置效率。个体在企业网络不同位置的差异会影响其对稀缺资源的掌控程度,网络结构中更靠近中心位置的个体会拥有更大的竞争优势,能够获取更多有效且及时的知识资源(宋水正和邵云飞,2021)。魏江和徐蕾(2014)的调查结果显示,集群企业本地和超本地双重嵌入与其创新能力提升存在主效应,本地与超本地网络的功能整合和知识整合是促进集群企业创新能力跃迁的必要条件。由于创新活动面临较大的风险和不确定性,海外归国人才的创新绩效在很大程度上取决于能够从企业获得的关键资源，包括智力资本、心理资本和社会资本等（Kwon and Kim，2020）。Iurkov 和 Benito（2018）的研究显示当关系嵌入度较高时，网络成员能够更及时地传递资源和信息，因此能够促进知识的转移和分享。处于网络相对中心位置的海外归国人才面临多种资源和信息获取路径，具有更多替代选择和自主性，能够摆脱网络资源阈值的限制，选择最优路径以降低外部不确定性冲击。同时处于网络中心位置主导了创新资源的流动，海外归国人才能够根据自我需求调整关系结构，占据较多结构洞从而获得机会识别优先权和网络控制优势。因此，本章提出以下假设：

H7-3：创新网络嵌入对海外归国人才创新绩效有显著正向影响。

H7-3a：创新网络嵌入对海外归国人才过程创新有显著正向影响。

H7-3b：创新网络嵌入对海外归国人才结果创新有显著正向影响。

7.2.4 创新网络嵌入的中介作用

许多学者已验证了企业网络能力和创新绩效之间的关系，然而企业网络能力如何作用于创新绩效仍存在争议。根据社会网络理论，个体或组织通过获取网络内部资源影响绩效，也因此依赖其所处的外部网络结构、经营环境和社会关系。网络嵌入一般被认为包含关系嵌入和结构嵌入两个维度，其中关系嵌入强调稳定的人际关系与结构能产生信任，防止网络中的机会主义和违规行为发生。关系嵌入主要表现在企业之间联结的强度、接触频率、稳定性以及由此而产生的信任程度、信息共享和共同解决问题的制度安排等方面。结构嵌入则主要表现为企业在网络组织的中心度、占据的结构洞和关系对象的异质性。网络能力是企业处理和运用外部网络关系与资源的能力，对网络内主体的行为有重要影响。而企业的网络嵌入代表了其与其他网络内部成员关系的紧密度和在网络中所处的位置，对企业发挥自身能力、利用网络资源、提升创新创业绩效都有重大影响作用。Wang（2015）通过实证研究证明企业网络能力有助于企业管理自身网络，促进企业通过改善网络结构如网络密度、关系力量和网络位置而最终提升企业创新绩效。王凯等（2019）的研究表明，产学嵌入性关系在大学网络能力与知识协同创新绩效之间发挥中介作用，而构建网络嵌入关系是提升知识协同创新绩效的重要手段。吴文清等（2019）也发现，孵化器网络为网络内部企业提供了交流平台和网络依托，弥补了企业在技术、经验、能力、信息、资源等方面的不足。Wang 等（2022）的研究显示网络能力和数字平台能力相互独立又相互影响，能够共同作用满足企业在平台经济环境下对资源的高需求，对推动数字化创新能够起到关键作用。

对海外归国人才来说，技术、国际化背景、先进的理念等是他们的优势，然而对本土经济市场的不熟悉、合作关系的短缺、制度的差异是他们将自身优势转换为绩效提升的最大阻碍。Simsek 等（2003）强调，由于要素功能存在差异，只有人才嵌入创新网络才能使知识技能得到互补、资源共享，并产生协同效应以提高绩效。宋华和卢强（2017）提出，中小企业在供应链网络中的强连接和弱连接对提高其能力和融资绩效具有重要作用，弱连接更利于供应链融资实现。柳学信等（2024）研究显示企业的网络能力以及数字平台能力的总和平衡会对企业的数字化创新绩效产生影响，而行业和区域创新环境在这一关系中起到了调节作用。网络嵌入为企业与网络内部其他企业、政府管理部门、金融机构和其他服务机构建立长期稳定的社会关系提供了平台，并能通过所建立的关系获取自身所需的信息、资源或服务，提升企业优势和创新绩效。知识经济时代，海外归国人才在创新活动过程中的短板效应明显，价值链的延伸、知识分工背景下要求更多跨学科、跨专业协作。网络能力较高的创业企业更易在这种竞争情形下胜出，构建起企业必需的异质性网络结构。因此，企业网络能力会对企业在网络中的位置和关系产生影响，而创新网络嵌入是促使企业网络能力显著影响海外归国人才创新绩效的中介变量。基于此，本章提出以下假设。

H7-4：创新网络嵌入在企业网络能力对海外归国人才创新绩效的影响机制中起中介作用。

H7-4a：创新网络嵌入在企业网络资质对海外归国人才过程创新的影响机制中起中介作用。

H7-4b：创新网络嵌入在企业网络资质对海外归国人才结果创新的影响机制中起中介作用。

H7-4c：创新网络嵌入在企业网络运营能力对海外归国人才过程创新的影响机制中起中介作用。

H7-4d：创新网络嵌入在企业网络运营能力对海外归国人才结果创新的影响机制中起中介作用。

7.3　研究方法与数据分析

7.3.1　样本选取与数据收集

本章以海外归国人才为调查对象，采用问卷调查和访谈的方式搜集数据。问卷调查和访谈的数据收集工作自2016年起，在武汉、西安、济南、深圳等地的高新技术产业开发区企业进行，共收集样本数据410份，去掉问卷填写时间过短、选项数据缺失、单个或多个变量选项一致、答卷明显失真的样本，最终获得331份有效样本数据，样本有效率为80.7%。在筛选后的331份样本中，有男性262人，女性69人；具有本科学历者67人，硕士130人，博士130人，其他4人，研究生学历占比78.6%；从海外归国人才的海外居留时间来看，52.3%的受访者在海外居留时间在 3 年及以上。从企业分布看，158 家企业隶属于高新技术开发区，占比 47.7%，71 家企业属于留学人员创业园，占比 21.5%，52 家企业属于经济技术开发区，占比 15.7%；68.9%的企业表示拥有专利技术。样本具体统计情况见表 7.1。

表 7.1　样本描述性统计

项目	类别	频率	占比
园区性质	高新技术开发区	158	47.7%
	经济技术开发区	52	15.7%
	留学人员创业园	71	21.5%
	科技企业孵化器	42	12.7%
	大学科技园	4	1.2%
	其他	4	1.2%
性别	男	262	79.2%
	女	69	20.8%
年龄	25 岁及以下	9	2.7%
	26~30 岁	57	17.2%
	31~35 岁	71	21.5%
	36~40 岁	72	21.8%
	41~45 岁	43	13.0%
	46~50 岁	25	7.6%
	51 岁及以上	54	16.3%
教育背景	大学本科	67	20.2%
	硕士	130	39.3%
	博士	130	39.3%
	其他	4	1.2%
海外居留时间	不足 1 年	65	19.6%
	1~3 年（不含）	93	28.1%
	3~5 年（不含）	49	14.8%
	5 年及以上	124	37.5%
有无专利技术	有	228	68.9%
	无	103	31.1%

注：数值进行了四舍五入修约，因此可能存在占比合计不等于 100%的情况

7.3.2 变量测量

问卷以国内外已有成熟文献为基础，根据创新网络和海外归国人才特点进行设计和适当修改，并在收集数据后依据因子载荷值、模型拟合度等标准删减不符合要求的题项并进一步优化。调查问卷包含企业网络能力、创新网络嵌入、创新绩效三个变量，均以利克特七级量表来测量，依"完全不符合"至"完全符合"的描述分别给予1~7分赋值，同时要求调查对象对题项的陈述做出如实的评判。最后采用 SPSS 19.0 和 AMOS 22.0 进行结构方程建模和数据分析。

问卷设计中，企业网络能力测量参考张宝建等（2015）的测量量表，从网络资质和网络运营能力两个维度衡量，测量企业的技术水平、市场和政策导向、战略性网络规划能力、资源整合利用等关键要素水平，最终问卷包含8个题项。网络资质量表的克龙巴赫 α 系数为 0.770，网络运营能力量表的克龙巴赫 α 系数为 0.947。

创新网络嵌入测量参考许冠南等（2011）以及 McEvily 和 Marcus（2005）的量表，测量企业在创新网络的中心度、网络内部信任程度、知识共享行为等，最终问卷包含5个题项，创新网络嵌入量表的克龙巴赫 α 系数为 0.807。

创新绩效测量根据 Loch 和 Tapper（2002）以及韩翼等（2007）的量表修改，从过程创新和结果创新两个维度测量海外归国人才创新创业过程中体现的新想法产生及产品和管理创新结果呈现，最终问卷包含8个题项。问卷具体题项的因子载荷、CR 和 AVE 值结果见表 7.2。

表 7.2 各变量验证性因子分析结果

测量变量	问卷题项	因子载荷	CR	AVE
网络资质	NQ 1 NQ 2 NQ 3 NQ 4	0.777 0.718 0.843 0.737	0.853	0.593
网络运营能力	NO 1 NO 2 NO 3 NO 4	0.927 0.934 0.931 0.920	0.921	0.746
创新网络嵌入	NE 1 NE 2 NE 3 NE 4 NE 5	0.740 0.722 0.753 0.768 0.778	0.867	0.566
过程创新	PP 1 PP 2 PP 3 PP 4	0.928 0.941 0.933 0.801	0.946	0.815
结果创新	RP 1 RP 2 RP 3 RP 4	0.850 0.838 0.901 0.817	0.914	0.726

注：NQ 代表网络资质，NO 代表网络运营能力，NE 代表创新网络嵌入，PP 代表过程创新，RP 代表结果创新

为进一步检验变量的区分效度,本章通过 AMOS 22.0 软件进行了验证性因子分析。检验结果显示网络资质、网络运营能力、创新网络嵌入、过程创新、结果创新的五因素模型拟合度符合要求,且比其他备选测量模型显示出更好的拟合度,详见表 7.3。

表 7.3 模型适配度比较

模型	χ^2/df	TLI	CFI	RMSEA
五因素模型（NQ, NO, NE, PP, RP）	2.759	0.926	0.937	0.073
四因素模型（NQ, NO, NE, PP+RP）	2.953	0.918	0.929	0.077
三因素模型（NQ+NO, NE, PP+RP）	3.277	0.904	0.915	0.083
双因素模型（NQ+NO, NE+PP+RP）	4.607	0.848	0.864	0.105
单因素模型（NQ+NO+NE+PP+RP）	6.877	0.752	0.777	0.133

7.3.3 假设检验

表 7.4 给出了网络资质、网络运营能力、创新网络嵌入、过程创新和结果创新变量的均值、标准差及相关系数。从表 7.4 可知,网络资质（$r=0.526$, $p<0.01$）和网络运营能力（$r=0.595$, $p<0.01$）均与创新网络嵌入有显著正相关关系,创新网络嵌入与过程创新（$r=0.526$, $p<0.01$）和结果创新（$r=0.486$, $p<0.01$）均为显著正相关,网络资质与过程创新（$r=0.609$, $p<0.01$）和结果创新（$r=0.556$, $p<0.01$）均为显著正相关,网络运营能力与过程创新（$r=0.706$, $p<0.01$）和结果创新（$r=0.600$, $p<0.01$）也为显著正相关。

表 7.4 主要变量的描述性统计

类别	均值	标准差	网络资质	网络运营能力	创新网络嵌入	过程创新	结果创新
网络资质	5.610	0.944	1				
网络运营能力	5.767	0.933	0.699**	1			
创新网络嵌入	5.336	0.849	0.526**	0.595**	1		
过程创新	5.820	0.964	0.609**	0.706**	0.526**	1	
结果创新	5.153	0.980	0.556**	0.600**	0.486**	0.606**	1

**表示 $p<0.01$

为进一步探讨各变量间的关系，本章使用 AMOS 22.0 对模型中各变量间的关系进行探讨。在未加入中介变量时通过构建模型依次检验企业网络能力与创新网络嵌入，创新网络嵌入与创新绩效，以及企业网络能力与创新绩效间的关系。三个模型的整体拟合度均符合标准（企业网络能力与创新绩效关系模型拟合度：$\chi^2/df=2.867$，RMSEA=0.075。企业网络能力与创新网络嵌入关系模型拟合度：$\chi^2/df=2.264$，RMSEA=0.062。创新网络嵌入与创新绩效关系模型拟合度：$\chi^2/df=2.162$，RMSEA=0.059）。

从表 7.5 中可知，网络资质对过程创新（$\beta=0.431$，$p<0.001$）和结果创新（$\beta=0.338$，$p<0.001$）均具有显著影响；网络运营能力对过程创新的标准化路径系数为 0.389（$p<0.001$），而对结果创新的标准化路径系数为 0.373（$p<0.001$），H7-1a、H7-1b、H7-1c、H7-1d 成立。网络资质对创新网络嵌入具有显著影响（$\beta=0.402$，$p<0.05$），网络运营能力对创新网络嵌入也具有显著影响（$\beta=0.361$，$p<0.05$），H7-2a、H7-2b 成立。创新网络嵌入对过程创新（$\beta=0.614$，$p<0.001$）和结果创新（$\beta=0.492$，$p<0.001$）具有显著正向影响，H7-3a、H7-3b 成立。

表 7.5　模型路径分析结果

假设	路径	路径系数
H7-1a	过程创新←网络资质	0.431***
H7-1b	结果创新←网络资质	0.338***
H7-1c	过程创新←网络运营能力	0.389***
H7-1d	结果创新←网络运营能力	0.373***
H7-2a	创新网络嵌入←网络资质	0.402**
H7-2b	创新网络嵌入←网络运营能力	0.361**
H7-3a	过程创新←创新网络嵌入	0.614***
H7-3b	结果创新←创新网络嵌入	0.492***

***表示 $p<0.001$，**表示 $p<0.05$

为进一步检验创新网络嵌入的中介效应，在将创新网络嵌入作为中介变量的模型检验中，采用不需要假设抽样正态化分布的 Bootstrapping 方法，通过反复抽样估计中介效应的抽样分布和 95%置信区间（抽样样本数为 1000）。该模型的拟合度良好（$\chi^2/df=3.008$，RMSEA=0.078，CFI=0.927，TLI=0.915）。具体中介效应检验结果如表 7.6 所示。

表 7.6 利用 Bootstrapping 方法检验的中介效应结果

路径	标准化间接效应	95%置信区间 下限	95%置信区间 上限
网络资质→创新网络嵌入→过程创新	0.033	−0.004	0.102
网络资质→创新网络嵌入→结果创新	0.054	0.004	0.159
网络运营能力→创新网络嵌入→过程创新	0.041	−0.008	0.120
网络运营能力→创新网络嵌入→结果创新	0.067	0.004	0.174

创新网络嵌入在网络资质和网络运营能力与结果创新关系中的标准化间接效应值分别为 0.054 和 0.067，置信区间均不包含 0，因此创新网络嵌入在企业网络能力影响结果创新的作用机制中起中介作用，H7-4b 和 H7-4d 成立；创新网络嵌入在网络资质和网络运营能力与过程创新关系中的标准化间接效应值分别为 0.033 和 0.041，置信区间包含 0，因此创新网络嵌入在企业网络能力影响过程创新的作用机制中不起中介作用，H7-4a 和 H7-4c 不成立。而在控制创新网络嵌入中介变量后，网络运营能力对结果创新的直接效应不显著，95%置信区间 [−0.093,0.484]包含 0，因此创新网络嵌入在网络运营能力和结果创新的关系中起完全中介作用。而网络资质对结果创新的直接效应的 95%置信区间[0.095,0.737]不包含 0，因此创新网络嵌入在网络资质和结果创新的关系中起部分中介作用。

7.4 研究结论与管理启示

7.4.1 研究结论

当前全球经济进入知识密集创新时代，知识创造和技术创新缩短了新技术、新产品更新换代的周期，科技产业成为世界各国创新发展的主导产业和竞争的焦点。"互联网+"、工业 4.0 等创新驱动新业态异军突起，世界经济发展进入智能制造和新一代信息技术引领创新发展的阶段。海外归国人才的创新活动是以新的科技和创新成果为基础，对现有生产要素和资源进行重新改造、组合以及创新，将科技创新能力转化为实际社会生产力以实现科技与市场的有机结合，对发挥科技创新对市场经济的促进作用具有重要意义，本章具体研究结论如下。

第一，企业网络能力对海外归国人才创新绩效具有显著正向影响，企业网络能力的两个维度即网络资质和网络运营能力均对创新绩效有显著正向影响。前者指的是企业在社会经济网络中的地位及其所拥有的正式或非正式的认可度，后者则涉及企业如何有效地管理和运作这些网络关系以支持其战略目标。海外归国人才往往拥有较强的工作能力。但由于文化、市场和商业模式与其以往的经历存在差异，能否融入国内市场环境、获得网络认可、构建经营网络关系，成为其能否在国内创业成功的关键。网络能力较强的企业能够快速适应网络环境，并通过优化资源配置，在诸如资金筹集、技术创新、法律法规遵循等多个方面获取竞争优势。承受激烈市场竞争的冲击，挖掘和利用资源，建立和维护网络关系，最终促进企业技术、产品和管理创新。

第二，网络资质和网络运营能力均对海外归国人才的创新网络嵌入有显著正向影响。本章调查的对象主要来自高新技术产业开发区、留学人员创业园等平台，企业网络能力成为海外归国人才是否有资格进入所处的创新网络的重要考虑因素。网络资质是企业在网络行动的先决准入条件，拥有专业技术、经济、法律技能且在网络设计活动中能够开放、独立运营的创业企业才能获得创新网络的市场认可，在嵌入创新网络的过程中取得竞争优势，而网络运营能力则集中体现了企业对自身资源的利用能力和外部关系的管理水平。较强的网络运营能力证明企业能够合理规划和利用本身的资源，且能够较好地建立和维护外部关系，这为企业在创新网络嵌入中与其他主体建立互惠信任的关系打下了良好的基础。企业网络能力整体体现了企业在市场活动中整合和有效利用资源与关系的能动性及活跃程度，是海外归国人才在所处创新网络中获取优势中心位置、建立紧密关系的重要先决条件。

第三，创新网络嵌入对海外归国人才创新绩效呈正相关作用。创新网络嵌入反映了网络内部企业成员间信息分享、深度合作、信任程度，而频繁和深度的交流、合作为初创企业在创业道路上洞悉行业情况、获取关键信息、促成战略合作关系打下了良好的基础。同时，企业所处的创新网络规模越大，且企业在创新网络中越接近上下游产业链的中心位置，则企业的核心员工能够从中获取的资源、信息、资本就越多，也更有可能有效利用这些资源并将其转换为实际产出和创业成果，构建自身的独特竞争力。正是网络嵌入对创新创业绩效的积极影响使得高新技术产业开发区等网络平台对海外归国人才有强大的吸引力，企业渴望主动地嵌入到创新网络之中并攫取资源和信息以提升海外归国人才的创新绩效。

第四，创新网络嵌入在网络能力与结果创新间起中介作用，而在企业网络能力与过程创新的关系间不起中介作用。海外归国人才创业初期缺乏社会关系网络，可能面临文化、制度、市场、法律上的多重阻碍，企业网络能力解决了优秀人才嵌入创新网络的资质和运营能力问题，积极嵌入创新网络为优秀人才获取有利资源、知识和信息提供了条件并最终促进其结果创新。而过程创新代表海外归国人才在创新过程中引入新的理念或产生创新的想法，尽管企业网络能力可以促进其产生创新想法，但海外归国人才的技术能力、国际化视野等优势使得其在企业拥有较高水平的网络化水平时，可能不需要将企业置于网络背景下便能直接对过程创新产生影响。同时，企业网络能力证明了自身的资质和运营能力，也可能通过影响海外归国人才的信心、创新效能感等心理感知因素进而对其过程创新产生积极影响。

7.4.2 管理启示

近年来，为谋求新一轮技术革命的竞争优势，世界各国纷纷调整战略方向，出台创新战略，不遗余力地参与科技创新和人才竞争。中国共产党第二十次全国代表大会提出，"教育、科技、人才是全面建设社会主义现代化国家的基础性、战略性支撑""要坚持教育优先发展、科技自立自强、人才引领驱动，加快建设教育强国、科技强国、人才强国，坚持为党育人、为国育才，全面提高人才自主培养质量，着力造就拔尖创新人才，聚天下英才而用之"[①]。在以中国式现代化全面推进中华民族伟大复兴的新时代背景下，科技是第一生产力，人才是第一资源，创新是第一动力，教育、科技、人才以及高层次人才的创新效能成为理论研究和政策实践关注的热点。由于兼具高人力资本投资、高价值创造、高创新创业意识、高成就动机等异质性特征，海外归国人才成为推动区域经济社会高质量发展不可忽视的力量，如何促进海外高层次人才引进和激励开发、提升其创新创业效能成为我国高质量发展和中国式现代化建设的重要支撑。基于本章实证研究结论，为了进一步激励海外归国人才发挥关键作用，提出相关政策建议。

首先，优化和完善区域创新网络产业结构，扩大规模，以产业链、信息资源结构优势增强海外归国人才创新创业凝聚力。高新技术产业开发区、留学人员创业园等是海外归国人才创新创业的重要载体。硅谷聚集了英特尔、苹果、谷歌、脸书、雅虎等近1500家高新技术企业，斯坦福大学等世界知名大学，吸引了来自世界各地的优秀人才；德国慕尼黑通过17所高等教育和科研机构建立国际学术网，吸引德裔学者回国效力。政府应制定和完善有利于海外归国人才创新创业的政策体系，在保证网络质量的同时扩大网络规模，优化和整合创新网络主导产业上下游产业链、知识链，大力发展主导优势产业的同时，兼顾企业的多元化和多样性，为创新网络内部企业获得丰富的创新资源提供便利。鼓励园区内企业以入股、合资等多种方式开展合作，统筹同质竞争型企业和异质互补型企业协同发展；发挥具有核心技术的高端领头企业辐射带动效应，吸引产业链上下游企业入驻。

其次，促进产学研深度融合与协同创新，推动科技中介和公共技术服务机构发展，引导创新网络内成员建立互惠合作关系。加强网络资质审核管理，鼓励企业与高校、科研院所深入开展产学研合作，共建科技合作平台；增强与产业链上

[①] 引自2022年10月26日《人民日报》第1版的文章：《高举中国特色社会主义伟大旗帜 为全面建设社会主义现代化国家而团结奋斗》。

下游企业、政府、金融机构等网络主体的联系与合作，搭建项目对接平台，扩大企业"朋友圈"；为了促进中介服务机构的社会化、产业化与专业化进程，有必要完善创新网络中的信任机制与信息交流机制。运用互联网技术和新兴媒体，可以有效地拓宽信息传播渠道，如设立专门的信息公布网站和共享资源数据库，并开发出科学的信息检测与处理软件，以降低信息收集的成本和交易过程中的不确定性；此外，创造直接开放的沟通环境也十分重要，可以通过定期举办高峰论坛、主题沙龙、创新创业大赛等技术研讨与创新交流活动，在园区内设置创业圈、咖啡吧、"海创贷"等平台，丰富交流合作方式，营造出更加有利于创新思维碰撞与实践探索的良好氛围。企业不仅能够加速科技成果的转化应用，还能在更广泛的范围内吸引并留住高层次人才，最终实现创新驱动发展战略的目标。

再次，优化创新网络的创新生态，健全创新网络基础设施和公用设施，为海外归国人才创新创业提供便捷、高效的创新创业环境。创新网络应统筹规划、合理布局，持续推进基础设施建设，加大硬件设施投入；完善以家庭为单位的就业、医疗、教育保障体系，引进国际化学校、医疗资源；提升公共服务配置能力，完善社区配套设施和公共交通体系，加快配套建设现代服务业集聚区、商业综合体和文化娱乐设施；定期开展创意文化活动，支持文创互动，丰富海外归国人才业余生活；加强对海外归国人才教育引导，将国际多元文化融入中国文化，求同存异，兼收并蓄，提高海外归国人才归属感，增强思想认同、情感认同、价值认同，构筑集创新创业、文化娱乐、绿色智慧于一体的国际人才社区。要优化营商环境，营造鼓励创新、宽容失败的创新创业氛围，为人才做大做强做优企事业平台。

最后，提升企业网络资质和网络运营能力，充分利用海外归国人才国内国外双重社会网络，建立独特竞争优势。企业需要充分理解国内市场政策偏好、产业政策，与创新网络内其他企业、行业组织、服务机构及政府的关系建立起稳定的合作关系。只有提升自身的网络资质和运营能力，才能获得在区域创新网络中占得优势的中心位置，迅速融入国内市场及区域创新网络。同时，企业也需要强化合作伙伴背景和性质的多样化以丰富资源、信息、创新要素的异质性，弥补自身资源短板，使企业获得可持续发展的保障。作为国际化的人力资本，海外归国人才不仅具有先进的技术和管理理念，还具有丰富的国际市场关系网。如果企业能够有效地将这些外部资源与国内市场的需求相结合，便可以在激烈的市场竞争中脱颖而出，建立起难以复制的竞争优势。因此，企业应当积极搭建平台，促进海外归国人才与本土资源的有效对接，以此为基础推动企业向更高层次的发展阶段迈进。

7.5 本章小结

本章结合创新网络理论，基于对海外归国人才的特点分析，提出企业网络能力可能通过创新网络嵌入影响海外归国人才的创新绩效，梳理国内外有关企业网络能力以及网络能力和创新绩效关系的文献，构建了企业网络能力、创新网络嵌入与海外归国人才创新绩效的关系模型。通过对武汉、西安、济南等地的高新技术产业开发区、留学人员创业园进行问卷调查和访谈，以实证研究的形式探讨企业网络能力对海外归国人才创新绩效的影响和作用机制，以及创新网络嵌入在其中所起的中介作用。

实证研究结果表明，企业的网络资质和网络运营能力对海外归国人才的过程创新和结果创新均具有显著正向影响；创新网络嵌入在企业网络能力和海外归国人才的结果创新关系中起中介作用，而在企业网络能力和过程创新的关系间不存在中介效应。具备较强网络能力的企业能够更好地支持海外归国人才在创新活动中的表现，创新网络嵌入有助于将企业网络能力转化为海外归国人才的创新成果，是连接企业网络能力和海外归国人才创新绩效的中介。

基于研究结果，本章提出要优化和完善区域创新网络产业结构，扩大规模，以产业链、信息资源结构优势增强海外归国人才创新创业凝聚力；促进产学研深度融合与协同创新，推动科技中介和公共技术服务机构发展，引导创新网络内成员建立互惠合作关系；优化创新网络的创新生态，健全创新网络基础设施和公用设施，为海外归国人才创新创业提供便捷、高效的创新创业环境；提升企业网络资质和网络运营能力，充分利用海外归国人才国内国外双重社会网络，建立独特竞争优势，切实提升海外归国人才来华创新创业绩效，为我国的科技创新和产业升级注入新的活力。

第8章

协同创新氛围、创新网络嵌入与海外归国高校教师激励开发

高校作为国家知识创新体系的核心主体,是创新源泉、技术转移以及成果转化的关键载体。其中,海外归国高校教师作为这一群体中的一部分,是高校科研发展的加速器,也是国家创新体系构建的关键推手。海外归国高校教师群体以其独特的异质性人力资本为标志,展现出高度的自由开放精神、强烈的知识信息渴求以及自我价值的卓越追求。同时,他们凭借在海外积累的丰富留学与工作经验,对国际创新网络生态有着深刻的理解和独特的嵌入优势。但由于海外归国高校教师较长时期在海外学习、工作,回国后他们需重新适应并融入一个全新的创新生态系统,与本土政府、企业及科研机构建立紧密的联系与合作网络。为了最大化地发挥海外归国高校教师对高校乃至国家创新体系的引领作用,他们必须深度嵌入并融入引进高校及其所在地的学术与产业网络之中。在此背景下,协同创新中心作为微观创新网络的关键节点,其重要性凸显。对于嵌入其中的海外归国高校教师而言,这不仅是获取丰富创新资源的宝贵平台,更是他们建立创新优势、实现个人与集体价值的重要舞台。因此,本章聚焦于协同创新网络嵌入的视角,深入剖析异质性人力资本的独特价值,旨在探讨如何通过营造积极的创新氛围和构建有效的创新网络嵌入机制,激发并提升海外归国高校教师的创新绩效,进而为我国高校乃至整个国家的创新发展贡献更大的力量。

8.1 文献综述、理论模型与研究框架

8.1.1 文献综述

20世纪70年代,德国物理学家哈肯(1995)最早系统地提出了协同理论,聚焦于探索远离平衡状态的开放系统,在持续与外部环境进行物质与能量交换的

过程中，如何通过其内部各组成部分之间的协同作用，自发地涌现出时间、空间以及功能层面的有序结构。进入21世纪，随着全球化浪潮和网络经济的深入，开放式创新成为新形势下个体和组织创新的必然选择。Chesbrough（2003）正式提出开放式创新理论，该理论强调企业在推进技术创新时，应巧妙融合并充分利用互补性的内部与外部资源，以实现创新的突破。随着协同理论与开放式创新理论的快速演进，创新生态系统中各类要素深度融合与高效协同，进而催生出更为灵活多变的创新资源获取机制。

两者的有机结合保障了资源的无障碍流动，使得创新系统范式更为优化，协同创新理论由此得以正式形成和发展。Gloor（2006）认为，协同创新就是"由自我激励的人员所组成的网络小组形成集体愿景，借助网络交流思路、信息及工作状况，合作实现共同的目标"。吴晓波等（2007）诠释了协同创新概念，认为协同创新是企业与群外环境之间既相互竞争制约又相互协同受益并产生企业自身所无法实现的整体协同效应的过程。陈劲和阳银娟（2012）认为协同创新整合了知识、资源、行动、绩效，且呈现沟通—协调—合作—协同的上升过程。何郁冰（2012）基于协同创新理论的相关研究，提出了协同创新在战略协同、知识协同和组织协同三个层面的理论框架，阐明企业、大学和科研机构之间如何快速实现知识协同与资源整合。王进富等（2013）指出产学研协同创新的冲突缘于各主体之间存在的目标差异、文化差异、知识差异和信息不对称等问题。

鉴于高校在产学研合作创新中的科技支撑作用日益显著，部分学者将协同创新理念引入高校产学研合作，对高校协同创新的理论与政策实践进行深入探究。原长弘和孙会娟（2013）分析了协同创新主体在高校知识创新链产出及其效率中的影响，发现市场的需求程度决定着高校知识创新成果的商业机遇与市场前景。林涛（2013）、项杨雪等（2014）从自组织理论视角指出，高校知识生产、知识传播和知识转移三个能力子系统通过自组织的有序演化而最终实现协同增效。王江哲等（2018）探究发现产学研合作对高校科研成果转化具有显著正向影响。Marullo等（2022）对比了不同类型（如合作研究、合同研究、咨询等）产学研合作背后的机制对高校专利、许可、衍生产品等科研成果的影响。原毅军和高康（2020）认为，高校和科研机构创造的隐性知识很难被制造业直接吸收并转换为生产力，但通过产学研协同创新，生产性服务业在高校、科研机构和制造业之间起联结和催化作用，从而能够加速新知识的传递和溢出，提高成果转化效率。杨蕙馨等（2022）研究发现知识网络扩张性对高校协同创新绩效具有显著的正向影响，建议高校把握自身网络位置优势以获取和控制更多知识资源。Mariani等（2022）探讨了协同创新网络中的各主体在促进可持续发展方面可能扮演的角色和机制。Callens（2023）认为来自公共和私营部门的不同组织之间的合作能使创新者探索和连接新的想法与知识基础，共享信息和资源，并培养实施新颖和大胆想法的能力。

近年来，国内外学者对协同创新和创新网络嵌入的研究大多以企业为研究主体。Kim（2019）研究了协同创新网络对韩国半导体产业企业创新绩效的影响，发现企业在协同网络中所处的位置和与网络中其他主体的联结均对企业创新绩效具有正向影响。吴兴宇和王满（2020）基于社会网络理论，探究协同网络嵌入对创新绩效的影响机理，发现协同网络嵌入对创新绩效起正向促进作用，协同能力在联盟网络嵌入与创新绩效间起部分中介作用。王金凤等（2023）以企业为主体探究发现网络嵌入性及其子维度与协同创新绩效具有显著的正相关关系。Guzmám和Castro（2023）基于墨西哥460家企业数据研究发现协同创新对汽车行业的产品、流程和管理的生态创新以及公司的经营绩效均有显著积极影响。唐厚兴等（2024）研究发现，对企业来说产学研协同创新的最大动力在于经济收益，提出学研机构在寻找最佳产业合作伙伴时，需要综合考虑企业市场竞争地位、协同创新技术市场前景、企业研发实力等。较少有学者从个体视角研究协同创新网络嵌入对其创新行为的影响。刘斌等（2018）从动态视角研究了我国海外高端科研人才合作网络强弱关系变化对其创造力的影响。孙雯和刘人境（2023）认为在协同创新网络中，个体层面的网络关系嵌入是建立在信任与信息共享的前提下的，一定水平的关系嵌入能够提升关系双方共同解决问题的速率，从而促进协同与创新。

海外归国高校教师作为海外归国人才的重要组成部分，是异质性人力资本的重要体现，对我国高校科研发展和国家创新体系建设具有关键作用。但国内关于海外归国高校教师的研究较少，目前大多集中在现状分析、满意度调查、影响其回国的因素和引才政策制定等方面。北京高校归国留学人员研究课题组对北京市近50所高校中的归国留学人员进行满意度调查，发现92.5%的高校归国留学人员对回国后的工作状况比较满意，而申请科研课题困难、现有硬件条件差、专业技术职务晋升难等是其回国后工作中遇到的主要困难（北京高校归国留学人员研究课题组和汪远航，2017）。魏立才（2019）以青年高层次人才为例，分析了海外青年理工科人才回国流向及其影响因素，研究结果显示大学层次、经济资源和城市级别对其流向影响较大。潘娜等（2023）研究了我国15座新一线城市"十三五"期间颁布的海外人才政策，发现政策工具使用不均衡导致政策理性不足、政策变现基础不牢。基于此，本章从创新网络嵌入视角出发，剖析异质性人力资本的内在特质，深入探析协同创新的内在驱动力与协同机理，探讨创新氛围与创新网络嵌入对海外归国高校教师创新绩效的影响，为进一步激励开发海外归国高校教师创新产出提供理论支撑与思路建议。

8.1.2 理论模型与研究框架

协同理论和开放式创新理论缔结出协同创新理论。在高校产学研合作方面，理论研究与实践表明，序参量（order parameter）和自组织（self-organization）是协同机理发挥作用的核心。高校产学研合作的有效推进需要充分解读序参量概念和自组织原理，促进创新资源的有效汇聚和活力释放。Haken（1988）认为，序参量是在系统演变发展过程中影响各系统要素从一种相变状态转变为另一种相变状态的参量，并在此过程中实现各要素的集体协同。在高校协同创新的产学研合作中，序参量是指对高校协同创新系统发展演化起主导作用，决定其发展方向，主宰其向有序、稳定状态演化的关键宏观因素。随着高校协同创新系统中创新要素及各创新子系统的不断竞合，最终形成主导系统演化、支配子系统行为的主导序参量，即协同增效。

从序参量理论角度审视高校产学研合作机制，必须深入掌握协同创新的知识协同模型、知识增值与信任机制。高校产学研合作网络主要通过不同节点间的信息交流与共享、知识协同与互动，来保障系统的协同演化。同时，产学研合作的各主体通过知识增值和信任机制得以凝聚，各主体的主动性与积极性不断提高，创新主体间的网络嵌入程度增强，产学研各主体间达到深度融合。Haken和Fraser（1989）进一步赋予系统自组织明确定义，其是指一个远离平衡的开放系统，在外界环境变化与内部子系统及构成要素的非线性作用下，不断地层次化、结构化、自发由无序走向有序或由有序走向更为有序的状态。高校协同创新系统网络的竞合演化，实质上是创新系统运用协同的手段和形式，自主地从无序向有序演化的自组织过程。根据自组织机理，产学研主体间的深度融合主要通过要素集聚、效益耦合与资源共享机制等得以实现。

自组织理论对高校产学研协同创新的现实意义在于，高校产学研合作的发展高度依赖于企业的终端需求，因此必须精心打造创新型企业，确保市场拉动机制发挥作用。基于上述序参量概念和自组织理论的系统协同机理分析，产学研合作构成了一种创新系统范式，它涵盖了高校、科研院所、企业和政府等主体的跨组织、跨文化和跨区域的创新组织活动。相比于开放式创新，协同创新更注重多元主体协同互动的要素集成机制的形成，具备整体性、层次性、复杂性、耗散性和动态性等特点，实现高校产学研合作主体深度融合的重点在于创新主体深度交互、体制机制创新以及关键资源要素的互动与整合。因此，推进高校产学研合作应切实发挥高校在知识生产创造和提供技术支撑方面的主要作用，及时获取企业的终端需求信息，发挥政府在公共服务方面的作用，在推进产学研合作过程中做到合理引导与协调，完善资源共享与利益分配机制，充分促进教育、科技和产业的协同发展。海外归国高校教师嵌入创新网络主要表现在以下几个方面。

首先，海外归国高校教师嵌入于学术合作关系网络中。在该网络，海外归国高校教师与各地高校、科研机构、其他正式或非正式的学术团体通过合作研发、技术转移、合作发表、学术交流等方式，实现知识、技术、智力和能力等资源在各主体间不断循环流动，从而促进海外归国高校教师产出新的知识、创造新的技术，提升创新绩效（何会涛和袁勇志，2018）。

其次，海外归国高校教师嵌入于产业关系网络。在该网络中海外归国高校教师与企业、产业联盟、行业协会和中介机构等组织建立联系，获取互补性研究成果、进入新技术领域、开发新产品、提高学术研究是这些组织与海外归国高校教师建立联系的主要动机，而海外归国高校教师能通过嵌入产业关系网络，与这些组织建立联系，从而获得资金支持，探索开拓新的研究领域，加强研究的实用性，产生更多适应市场需求的学术研究成果等，通过资源交换激发海外归国高校教师的创新意识，帮助其实现科技成果的转化。

最后，海外归国高校教师嵌入于社会服务关系网络中。社会服务关系网络是海外归国高校教师与政府部门及其他社会服务机构之间建立的互动联结，良好的社会服务网络嵌入关系使得海外归国高校教师有更多开展科研工作的机会（李季，2013），有利于帮助其解决生存状态和职业不适应问题，为其提供经费支持和更多深入研究的机会，在生活和工作方面提供帮助，提高生活幸福感和工作满意度，从而增强其创新意识，促进创新行为产生，提升创新绩效。海外归国高校教师创新网络嵌入模型具体如图8.1所示。

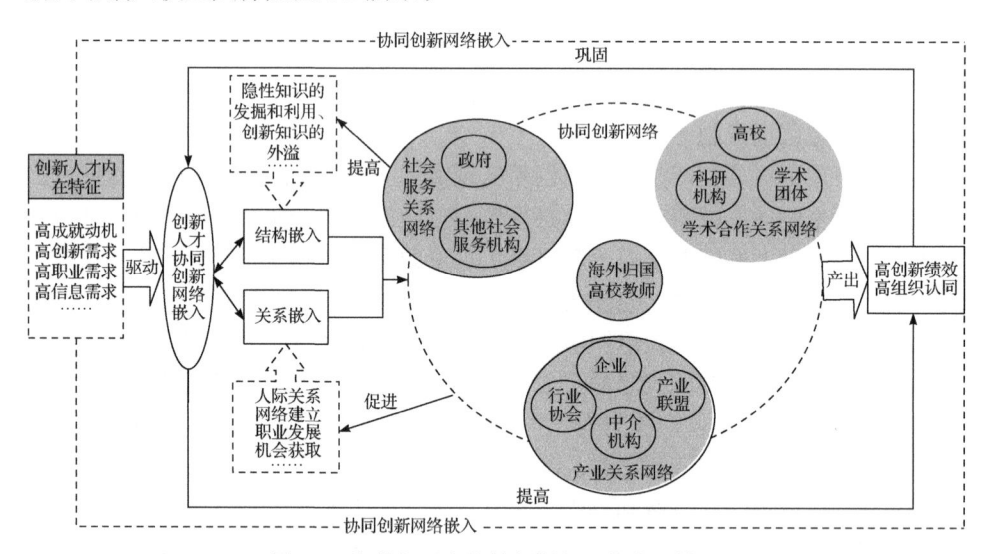

图8.1 海外归国高校教师创新网络嵌入模型

8.2 研 究 假 设

作为高校子系统内部的重要一员，海外归国高校教师具有高成就动机、高创新需求、高职业需求、高信息需求等异质性特征，驱动其嵌入创新网络之中。海外归国高校教师具有丰富的协同网络资源和地缘与人缘优势，在需求驱动下，与网络中的各主体进行正式与非正式的频繁往来，逐渐构建了有利于信息获取、创新需求的个人与社会网络系统。从结构嵌入视角看，处于网络中心位置的海外归国高校教师能够拥有更高地位、更多信息获取渠道和更频繁的人际互动，保持与网络各节点的密切联系。因此，通过调整自己嵌入的结构位置，海外归国高校教师能具有信息获取与控制优势，从而提高自身创新能力。从关系嵌入视角看，海外归国高校教师嵌入创新网络，不仅能获得创新网络内流动的资源，尤其是异质性信息和隐性知识，还能从中获得创新网络成员间的信任与支持。高强度的信任能够减少人为的干扰与障碍，提高创新网络中成员对知识转移和共享的意愿，进而促进创新行为的发生，提高创新结果的数量和质量。

8.2.1 协同创新氛围与创新绩效的关系

创新氛围是存在于组织内部，能够被组织成员直接或间接知觉到在工作环境中影响成员创新性行为表现的组织特质（曹科岩和窦志铭，2015）。协同创新氛围是促进协同创新行为产生的一系列内部要素，包括协同企业员工理念和业务能力、管理人员的管理风格和方法、团队协作、创新文化氛围、激励和薪酬制度等。根据社会认知理论，个体的行为、认知与其所处环境之间存在着持续不断的相互影响。已有研究结果显示，创新氛围对创新绩效的影响主要有以下三方面。首先，创新氛围直接对创新绩效产生影响。创新氛围对员工创新行为产生直接影响是因为创新氛围能对创新行为产生预测作用，这种影响通常受领导效能、团队氛围、学习成长等因素的调节作用（侯浩翔和王旦，2018）。其次，创新氛围通过领导力或领导风格对创新绩效产生影响。不同类型的领导力能增强或减弱创新氛围，从而影响员工的创造力和创新绩效（Hughes et al.，2018）。最后，创新氛围通过员工个人吸收能力对其创新绩效产生影响。创新氛围在员工个人吸收能力对创新绩效的影响中起调节作用，组织创新氛围使员工能够获取和转化知识以增加他们的创新意识并产生创新绩效；创新氛围还能够促进员工知识共享行为意愿的产生，从而提升创新绩效（Matić et al.，2017；Contreras et al.，2021）。

海外归国高校教师协同创新氛围从三个方面促进创新绩效提升。首先，团队支持能使个体担忧最小化，团队成员不必担心人际风险或犯错风险，从而提高创新绩效（Elsayed et al.，2023）。海外归国高校教师在海外有学习或工作的经历，受到海外文化的影响，而国内科研创新氛围与海外存在较大的差异，高校、科研院所等单位的科研体制与国外存在差异，海外归国高校教师一时难以适应国内的氛围，不利于其产出创新绩效。此时，容错的创新氛围可以缓解海外归国高校教师的不适应感，促进创新绩效的提升。其次，海外归国高校教师具有稀缺性、专用性和不可替代性特征，可以通过其所掌握的知识开展创造性的研究。此时，宽松的创新氛围、相对自由的科研管理体系有助于海外归国高校教师更快融入新环境，毫无顾忌地开展创造性的研究，促进创新绩效的提升。最后，协同创新氛围是创新活动的内在要求，协同创新氛围有助于创新网络内知识和信息的交流、扩散，促进网络内的信息存量不断扩大。一些学者研究发现，创新氛围显著正向影响员工创新绩效，且知识吸收能力在协同创新氛围与创新绩效之间具有部分中介效应（张爽和陈晨，2022；Malibari and Bajaba，2022）。创新是知识和信息的函数，海外归国高校教师需要不断地更新自身掌握的知识，才能有新的科技成果产生，因此协同创新氛围在促进知识和信息的交流、扩散速度时，也促进网络内海外归国高校教师创新绩效的提升。

综上所述，本章提出以下假设。

H8-1：协同创新氛围对海外归国高校教师创新绩效具有显著正向影响。

H8-1a：团队支持对海外归国高校教师过程创新具有显著正向影响。

H8-1b：团队支持对海外归国高校教师结果创新具有显著正向影响。

H8-1c：组织支持对海外归国高校教师过程创新具有显著正向影响。

H8-1d：组织支持对海外归国高校教师结果创新具有显著正向影响。

H8-1e：资源供应对海外归国高校教师过程创新具有显著正向影响。

H8-1f：资源供应对海外归国高校教师结果创新具有显著正向影响。

8.2.2 协同创新氛围与创新网络嵌入的关系

作为创新主体，企业不仅受到协同创新氛围的影响，而且在嵌入的创新网络中担任重要角色。协同创新氛围浓厚的组织，通常提倡开放性的沟通，开放性的沟通氛围促进行为主体间的信息交换，加强彼此间的联结，从而提高企业网络嵌入的程度（张恒俊和杨皎平，2015）；协同创新氛围对创新网络嵌入有显著的正向影响，且创新网络嵌入以关系互惠性为基础，促进企业知识共享与创新绩效提升（李京勋和金意颖，2017；毛义华等，2021）。以上研究虽是从企业视角讨论协同创新氛围对网络嵌入的影响，但对个体同样适用。在具有优质创新氛围的组织中，个体对组织的认可度更高、从事创新活动的积极性更高、创新过程参与感更强，具体表现为信息交互、资源共享和创新合作更频繁。良好的协同创新氛围能为个体提供嵌入网络的资源平台，帮助个体获取知识、信息、技术等新资源，加深个体工作嵌入程度。组织创新氛围中的容错氛围能够加深员工的工作嵌入程度，并且公平和给员工提供支持的组织氛围有利于员工的工作嵌入（Hashim et al.，2017；Hashim et al.，2023）；良好的组织氛围能够增进员工与周围人的良性互动，对组织氛围的认同能帮助员工主动适应组织环境，增强员工与组织的匹配度，从而加深工作嵌入程度（许欣等，2018）；组织的多样性氛围同样对员工的工作嵌入程度产生影响，发展积极的多样性氛围有利于提高员工的工作嵌入性（Jolly and Self，2020）。

根据社会交互理论，个体的认知和行为会受到组织环境的影响，并且会因为良好的组织环境而增强自身的正面行为。协同创新氛围作为一种组织环境，对组织内部个体的正面行为具有较强的引导效应，通过支持个体的创新活动以加强其创新意识与行为的产生。协同创新氛围较好的组织具有宽容的领导风格、较强的容错氛围及个体多样性氛围等特点，为组织中各成员间的互动沟通创造了良好环境条件。良好的协同创新氛围能为海外归国高校教师的创新工作提供高度的团队与组织支持，使得他们产生正面的回馈行为，尽快地融入创新网络中，增强海外归国高校教师的网络嵌入程度。当协同主体嵌入于微观创新网络中，与其他协同创新主体建立联系，促进知识、信息、技术等资源的交换，从而进一步整合利用创新资源，充分发挥协同优势，实现产出能力的增加（王婉娟和危怀安，2016），海外归国的高校教师掌握着国际先进的知识和技术，在融入创新网络时，能够巧妙地构建与学术合作关系网络、产业关系网络及社会服务关系网络的紧密联系，这种联系既可以是紧密的强关系，也可以是广泛的弱关系，从而为他们开辟了更广阔的渠道来获取宝贵资源。资源的丰富性和任务的特定性质，进一步助力这些教师深化其创新网络嵌入程度。他们利用世界前沿的知识、技术、信息等核心资源，不仅能够稳固地融入网络生态，还往往能够占据网络的中心地位，形成战略性的结构洞，促进知识与资源的高效流通。

同时，高校内部配备的先进软硬件设施成为强有力的支撑，它们不仅优化了教师的工作环境，更极大地促进了教师专业技能的发挥，增强了他们对学校及科研组织的归属感与依赖度。这种硬件与软件的双重赋能，显著提升了海外归国高校教师在组织中的结构嵌入水平，确保了他们能够更好地将国际视野与本土实践相结合，为高校的科研创新、产学研合作以及社会服务贡献重要力量。

综上所述，本章提出以下假设。

H8-2：协同创新氛围对海外归国高校教师创新网络嵌入具有显著正向影响。

H8-2a：团队支持对海外归国高校教师的创新网络嵌入具有显著正向影响。

H8-2b：组织支持对海外归国高校教师的创新网络嵌入具有显著正向影响。

H8-2c：资源供应对海外归国高校教师的创新网络嵌入具有显著正向影响。

8.2.3 创新网络嵌入与创新绩效的关系

基于 Granovetter（1985）提出的嵌入性分析框架，行为主体先通过结构嵌入于创新网络中，结构嵌入主要是行为主体间的关系特征，主体在网络中的中心性和联结性是嵌入的核心；而协同创新网络是创新资源集聚的平台，在该平台上可以充分地进行信息和知识的交流，为优秀人才开展创新工作提供条件，有利于优秀人才创新绩效的提升（Whittington et al., 2009）。总体来说，个体通过结构嵌入创新网络中，自身所处位置的中心性和所处的网络规模大小均对其创新绩效产生影响，此外，个体的吸收能力、个体创造知识的动机与其所嵌入创新网络产生的交互作用也对个体的创新绩效产生影响（耿丽君等，2013）。专业人员的知识创造既受益于内部网络结构，也受益于开放的外部结构，嵌入创新网络中的专业人员更能进行知识创造（Dunn, 2019），知识的创造过程也促进创新的产生。此外，处于网络中心位置的个体在获得创新相关的知识和信息方面具有较大的优势，能凭借中心性的位置优势获得更广泛的资源（常路等，2019），有助于创新活动的进行。Boadi 等（2022）研究发现社会资本能够通过网络中心性和结构洞刺激不同网络参与者的新思想和知识创造的发展。海外归国高校教师在国外的学习和工作经历使其自身掌握国外前沿的知识和先进的技术，通过结构嵌入网络中，通常可以占据网络中心位置，能获得大量的网络外溢知识，开展创新工作，促进其创新绩效的提升。

除了前文提到的通过结构嵌入于创新网络中，海外归国高校教师还通过关系嵌入于创新网络中。关系嵌入反映海外归国高校教师与创新网络中各主体间的交互关系，主要有与各主体间的融合度、交流合作、资源共享等方面。关系嵌入决定了信息和知识的获取质量与性质，而海外归国高校教师能否获取大量的高质量创新资源又取决于关系嵌入的强弱。当个体与网络中其他主体建立较强的关系时，强关系使各主体互相信任，从而产生较强的合作意愿，在合作过程中彼此较容易获得创新资源。强关系嵌入有助于创新绩效的提升，但是太强的关系嵌入容易使网络成为封闭系统，从而使知识和信息同质化，反而会阻碍创新（Landsperger et al., 2012）。在关系嵌入中，关系强度和关系质量对显性知识获取和隐性知识获取均有显著影响，强关系有利于知识的交流和转移，嵌入网络中的各主体更容易从网络中获取知识，相互信任的关系基于各主体长期的接触和交流，促进了隐性知识的流动（陈如芳和徐卫星，2016）。网络关系强度在互补性资源对合作创新绩效的影响和交互能力对合作创新绩效的影响中均具有调节作用，网络关系强度越强，影响越显著（王丽平和何亚蓉，2016）。海外归国高校教师应主动嵌入创新网络中，与网络中的企业、高校、科研机构等协同主体频繁互动、建立联系，运用网络位置的中心性，进一步增强与网络内其他主体的联系与信任。创新网络的关系嵌入无论是对于海外归国高校教师进行创新活动的过程还是其通过创新活动产生的结果来说，均能实现知识、信息、技术等资源的交换和共享，从而进一步提升高校教师自身的创新绩效。

综上所述，本章提出以下假设。

H8-3：创新网络嵌入对海外归国高校教师创新绩效具有显著正向影响。

H8-3a：创新网络嵌入对海外归国高校教师过程创新具有显著正向影响。

H8-3b：创新网络嵌入对海外归国高校教师结果创新具有显著正向影响。

8.2.4　创新网络嵌入的中介作用

海外归国高校教师具有高需求、高价值创造等异质性特征，而创新网络嵌入是更适合异质性人力资本内生激励的新型激励手段。在创新网络中，个体之间存在的互补性和差异性驱动其嵌入到创新网络中寻求知识、信息、技术、资金等资源支持。因此，创新网络嵌入对个体创新行为既有直接影响，也存在间接联系。一方面，在创新网络中占据较好位置的个体能够接触到更多的异质性信息，扩大了获取创新资源的渠道，进行创新活动具有更好的基础条件（Mazzola et al., 2015）。另一方面，创新网络关系嵌入体现了协同主体间频繁的互动和高度的信任，有利于加强个体与其他协同主体合作的稳定关系，进一步加深合作双方的资源交换、知识共享及承诺互惠等，从而促进个体创新行为的产生（顾建平和房颖莉，2022）。此外，协同创新氛围在对个体创新行为产生影响的过程中也需借助创新网络发挥其促进作用，嵌入于创新网络中的个体通过占据中心性位置和与其他协同主体的紧密关系，能进一步获得团队和组织为其提供的支持和创新需要的资源。

海外归国高校教师强烈的知识信息渴求特质使其格外在意组织是否能够提供创新支持，高度的自由开放精神使其对宽容失败的组织氛围更加敏感，而对自我价值的卓越追求使其尤其关注所在团队是否鼓励创新意识与创新行为。这与社会交互理论所强调的组织情景在与个体特征相符时能影响个体的潜能是一致的。充足的资源供应和自由便捷的任务分配使海外归国高校教师能更好地发挥自身优势，将知识转化为绩效，这激励他们更好地嵌入创新网络，从而提高创新绩效。此外，鼓励创新的组织理念、容忍失败的团队文化、民主宽松的领导风格以及高度信任的同事关系会让他们产生组织归属感，更主动地接受网络，与网络中其他成员建立联系，从而更愿意嵌入到创新网络中。由于协同创新也是知识创新的过程，海外归国高校教师通过网络嵌入，利用结构洞优势攫取异质性知识、信息等创新资源，激发自身创新意识，保证自己的创新想法得到落实，提升创新观点、成果产出意愿。所以，海外归国高校教师通过创新网络嵌入，使协同创新氛围的激励作用得到最大化利用，提升了创新绩效。一旦海外归国高校教师认同创新网络，愿意嵌入到网络中去，那么他们能更好地感知到外界对于他们的支持，通过外界的刺激不断调整自身的行为，并在这一过程中提升创新绩效。

综上所述，本章提出以下假设。

H8-4：创新网络嵌入在协同创新氛围与海外归国高校教师创新绩效中起中介作用。

H8-4a：创新网络嵌入在团队支持与海外归国高校教师过程创新中起中介作用。

H8-4b：创新网络嵌入在团队支持与海外归国高校教师结果创新中起中介作用。

H8-4c：创新网络嵌入在组织支持与海外归国高校教师过程创新中起中介作用。

H8-4d：创新网络嵌入在组织支持与海外归国高校教师结果创新中起中介作用。

H8-4e：创新网络嵌入在资源供应与海外归国高校教师过程创新中起中介作用。

H8-4f：创新网络嵌入在资源供应与海外归国高校教师结果创新中起中介作用。

8.3 研究方法与数据分析

8.3.1 问卷设计与变量测量

1. 量表设计

采用问卷调查的方式，调查海外归国高校教师对协同创新氛围、创新网络嵌入和创新绩效的主观感受，通过模型分析变量之间的关系。每个测量题项都采用利克特五级量表，分别提供五个不同程度的答案（完全不符合、不太符合、基本符合、比较符合、完全符合），分别代表1~5分。

（1）协同创新氛围量表，本章主要参考和借鉴了刘云等（2009）的创新氛围量表，并在他们量表的基础上结合中国本土情景、海外归国高校教师的异质性特征和创新网络的特点，做出了相应的修改。由于创新网络中的管理者主要从事科研工作，高校中的领导对高校教师也多是给予其鼓励和帮助。不同于企业中领导对下属的行政管理，高校教师科研一般多以课题组、研究室或其他团队形式出现，因此本章把主管支持和同事支持合并为团队支持。此外，海外归国高校教师在国外求学或工作时深受国外科研氛围影响具有高度的自由开放精神，因其具有国内外双重文化嵌入的特征，当其回到国内需要适应不同于国外的环境，这时组织为其提供的支持和帮助可以促进组织信任和认同的形成，故可将其归类到组织支持维度。本章结合创新网络的具体特点对协同创新氛围量表做出相应的修改使问卷表达更加契合研究内容。

（2）创新网络嵌入量表。Granovetter（1992）认为网络嵌入可从关系和结构两个维度进行测量。本章的创新网络嵌入量表的关系维度分别借鉴了吴晓波等

（2011）的相关研究，分别从信任、信息共享和共同解决问题 3 个方面共 4 个题项进行测量（前 4 题）；结构维度主要参考 Granovetter（1992）、Burt（2004）、张首魁和党兴华（2009）等学者开发的量表，从网络的中心度等 4 个题项进行测量（后 4 题）。之后结合创新网络的具体特征对部分题项进行适当的修改，使其更符合要求。

（3）创新绩效量表。理论研究和管理实践研究均表明，创新绩效不能只看过程也不能只看结果，创新绩效是包含创新意愿的产生与创新结果的完成这一整个阶段。本章的量表依然是沿用 Loch 和 Tapper（2002）提出的量表，从结果和过程创新两个维度对创新绩效进行测度。同时，参考和借鉴了韩翼（2006）、姚艳虹和衡元元（2013）的测量量表，并结合我国国情做出本土化的修改，最终形成海外归国高校教师的创新绩效量表。

2. 预调查

首先通过查阅资料和实地调研访谈，设计影响海外归国高校教师创新绩效的调查问卷。为了确保问卷设计的合理有效性，在大范围的调查之前，通过小范围针对性地发放问卷进行预调查，回收数据并进行整理，然后通过 SPSS 软件对量表的信效度进行检验，剔除不合理的题项，优化量表的可信度。预调查发放对象主要是具有国外留学、工作、居住或短期访学经历但目前在国内高校科研平台内从事技术研发（含管理类）工作的人员。预调查通过问卷星平台和邮箱投递共发放了 80 份问卷，回收了 60 份，剔除了 10 份填写不合理的问卷，问卷回收有效率较高。

对原始量表进行信度检验，原始量表协同创新氛围维度的系数为 0.773，信度偏低。通过校正项的总计相关性（corrected item-total correlation，CITC）系数对协同创新氛围各个分量表题项做出调整从而提高总体信度，剔除团队支持维度中的"TD2"题项、组织支持维度中的"ZZ5"题项、资源供应维度中的"ZY5"题项后，协同创新氛围的总信度为 0.790，信度达标。创新网络嵌入的信度较高达到 0.923，创新绩效总信度为 0.792，分量表信度分别为 0.817 和 0.836，信度总体都大于 0.7，部分高于 0.9，问卷的总体信度达标。

对原始量表展开探索性因子分析，根据要求测得协同创新氛围、创新网络嵌入与创新绩效 3 个量表的 KMO 值分别为 0.778、0.920、0.801，均达到 0.7 以上水平，且巴特利特球形检验值均在 0.01 以下，结果显示被测量表符合因子分析的基本要求。通过主成分分析法，选择抽取特征值大于 1 的要求下对各变量的题项进行最大方差法旋转，并且采用因子载荷系数在 0.6 以上、交叉载荷系数在 0.4 以下的标准获取有效因子。通过因子分析，协同创新氛围分别提取了团队支持、组织支持和资源供应 3 个主成分，创新网络嵌入提取了 1 个主成分，创新绩效提取了过程创新和结果创新 2 个主成分，题项分布和预想的维度分布相吻合。其中，协同创新氛围 3 个因子累计解释方差为 70.471%，效度较好；创新网络嵌入按预期归为一个因子且载荷均在 0.70 以上，累计贡献率为 65.570%，效度达到要求；创新绩效提取了 2 个主成分，累计贡献率达到 66.737%，效度达到要求。因子分析总体达到了预期结果。

通过预调查后，形成的协同创新氛围量表包含 12 个题项，创新网络嵌入量表包含 8 个题项，创新绩效量表包含 8 个题项。正式调查采用线上和线下同步进行的方式，主要针对武汉、上海与西安等城市发放，调研对象涵盖生物医药、新材料、电子信息、新能源与节能技术等领域的高校教师或科研人员。最终，共收回 210 份问卷，剔除信息不完整、填写时间异常与多题连续重复答案的问卷以后，最终得到 206 份有效问卷。然后通过 SPSS 22.0 对整理后的数据展开分析，检验修订后量表的信度和效度，其中协同创新氛围、创新网络嵌入和创新绩效各量表的信度检验值均在 0.80 以上，具有较好的信度。

8.3.2　验证性因子分析和共同方法偏差检验

本章借鉴吴明隆（2010）在其著作中对于结构方程整体模型适配指标的选取和标准作为本章检验的重要依据。吴明隆在书中表明，模型通过的条件需满足以下要求，其中 RMR<0.05，RMSEA<0.08，1<χ^2/df<5（若在 1 和 3 之间则为优秀），CFI、NFI（normed fit index，规范拟合指数）、TLI、GFI 等值在 0~1，需大于 0.9，且越接近 1 越好。同时还需检验 CR、AVE 和构面的配适度指标等，一般 CR 值需要高于 0.7，AVE 值需高于 0.5，各题项的因子载荷要求还需高于 0.6。

通过分析发现，协同创新氛围量表的各项指标均达到要求，其中 χ^2/df 为 1.059，RMSEA 小于 0.08，RMR 小于 0.05，增值适配度指标均大于 0.9；创新网络嵌入和创新绩效的各项配适度指标也均达到了要求。同时在构面的适配度指标比较中，CR 和 AVE 均在要求之内，说明量表的整体效度较好，可以进行大规模的问卷调查，具体指标如表 8.1 所示。

表 8.1　验证性因子分析指标

构面		收敛效度		配适度指标							
		CR	AVE	χ^2	df	χ^2/df	CFI	TLI	GFI	RMSEA	RMR
协同创新氛围	团队支持	0.8619	0.6101	54	51	1.059	0.997	0.996	0.959	0.018	0.046
	组织支持	0.8438	0.5751								
	资源供应	0.8314	0.5528								
创新网络嵌入		0.9164	0.5786	40.4	20	2.020	0.978	0.969	0.955	0.071	0.039

续表

构面		收敛效度		配适度指标							
		CR	AVE	χ^2	df	χ^2/df	CFI	TLI	GFI	RMSEA	RMR
创新绩效	过程创新	0.8518	0.5901	27	19	1.421	0.988	0.983	0.967	0.045	0.042
	结果创新	0.8457	0.5784								

通过对所得数据检验发现，本章可提取六个因子，且第一个因子贡献率为32.750%，满足需求。但是随着研究的深入，部分学者对 Harman 单因素检验提出疑问，认为尽管 Harman 单因素检验符合要求，但是依然不能认为其不存在因子潜在共变，故本章进一步通过 AMOS 建立单因素、六因素和七因素模型检验。其中，单因素模型是将六个变量看作一个因子，六因素模型将变量共分为六个因子，而七因素则是在六因素模型的基础上加入一个共变因子，最后分别检验它们的模型拟合情况，并通过比较模型拟合情况做出具体分析。通过比较可以发现，单因素模型的部分适配度指标未通过，整体模型拟合不通过。而通过对六因素和七因素模型比较发现，六因素模型的模型拟合程度均优于七因素模型，故加入共变因子之后模型拟合没有改善，则不存在共变差异，具体结果如表 8.2 所示。

表 8.2 共同方法偏差检验

模型	适配度指标							
	χ^2	df	χ^2/df	GFI	NFI	CFI	RMSEA	RMR
单因素	826.977	346	2.390	0.745	0.743	0.831	0.082	0.153
六因素	375.478	335	1.121	0.886	0.883	0.986	0.024	0.053
七因素	456.348	334	1.366	0.856	0.803	0.985	0.035	0.064

8.3.3 描述性统计分析

通过样本的描述性统计，可初步了解本章研究对象的基本信息。本次调研的人员中，男性占总人数的 68.4%（表 8.3），是女性的两倍多，与目前从事科研活动人员的构成特征相符合，不仅体现当前海外归国高校教师以男性为主，且表明由于中国社会因素，男性更倾向于长期从事科研工作。从年龄上看，海外归国高校教师主要在 26~40 岁，正是事业发展的上升期，这也表明了国内的发展环境对不同年龄段的海外人才具有不同程度的吸引力，且吸引力逐步加强。调查对象学历均在本科及以上，研究生学历占总样本的比例达 68.9%，表明海外归国高校教师的普遍学历水平较高、知识储备丰富，是高校科研平台创新的主要补充力量。

另外,本次调查对象在所在单位工作年限主要集中于1~10年,占总样本的89.8%。这不仅体现了海外归国高校教师的高自我实现的特质,也与其高学历、年轻化趋势有一定的相关性,他们更渴望在职业生涯中有长远的发展。而且本次收集的样本对象分布于电子信息、人工智能与新能源等多个高新技术领域,覆盖面较为齐全。

表8.3 样本描述性统计

项目	类别	人数/人	占比
性别	男	141	68.4%
	女	65	31.6%
年龄	25岁及以下	3	1.4%
	26~30岁	39	18.9%
	31~35岁	54	26.2%
	36~40岁	48	23.3%
	41~45岁	23	11.2%
	46~50岁	30	14.6%
	51岁及以上	9	4.4%
教育背景	本科	41	19.9%
	硕士	83	40.3%
	博士	59	28.6%
	其他	23	11.2%
海外经历	海外留学	85	41.2%
	海外工作	28	13.6%
	访学	44	21.4%
	海外人员	14	6.8%
	其他	35	17.0%
工作年限	1年及以内	58	28.1%
	2~5年(含)	77	37.4%
	5~10年(含)	50	24.3%
	10年以上	21	10.2%

本章将人口统计变量对创新绩效两维度的影响情况在SPSS 22.0上进行方差分析,发现教育背景对过程创新和结果创新均具有显著性影响($p<0.001$),这

可能是由海外归国高校教师的特质造成的。海外归国高校教师中学历越高越倾向于技术研发和科学研究，而学历较低者对科研创新的动机和产出相对较低；工作年限对过程创新没有显著性影响，却对结果创新有显著性影响（$p<0.001$），这可能是由创新倦怠造成的。新入职的海外归国人才带着国外创新氛围影响对工作充满干劲，乐于发现新想法和新事物。但是随着工作年限的增长会造成工作倦怠，更难产生新的想法，然而成熟的网络和丰富的经验却依然可以产出较多的成果。除此之外，年龄、海外经历、地区、单位性质和研究领域等对创新绩效均没有显著性影响。

8.3.4 假设检验

本章在 SPSS 22.0 上经过双变量相关性分析，发现各变量之间具有相关性，符合结构方程检验的要求。其中，协同创新氛围、创新网络嵌入与创新绩效各潜变量之间有较高的相关性。具体结果分布如表 8.4 所示。

表 8.4 变量间相关性系数

变量		团队支持	组织支持	资源供应	创新网络嵌入	过程创新	结果创新
团队支持	Pearson 相关性	1					
	显著性（双侧）						
组织支持	Pearson 相关性	0.250**	1				
	显著性（双侧）	0.000					
资源供应	Pearson 相关性	0.171*	0.240**	1			
	显著性（双侧）	0.014	0.001				
创新网络嵌入	Pearson 相关性	0.252**	0.451**	0.394**	1		
	显著性（双侧）	0.000	0.000	0.000			
过程创新	Pearson 相关性	0.299**	0.443**	0.347**	0.439**	1	
	显著性（双侧）	0.000	0.000	0.000	0.000		
结果创新	Pearson 相关性	0.222**	0.450**	0.406**	0.490**	0.350**	1
	显著性（双侧）	0.001	0.000	0.000	0.000	0.000	

**表示在 0.01 水平（双侧）上显著，*表示在 0.05 水平（双侧）上显著

通过相关分析可知，本章可以进行路径分析和模型检验，故本章结合前文的假设构建模型一，即协同创新氛围对海外归国高校教师创新绩效的结构模型，探究协同创新氛围对创新绩效三个维度（团队支持、组织支持与资源供应）的标准

回归系数；构建模型二，验证协同创新氛围对海外归国高校教师创新网络嵌入的影响；构建模型三，验证创新网络嵌入分别对创新绩效两个维度的影响；构建模型四，验证创新网络嵌入在协同创新氛围与创新绩效关系中的中介效应。在假设模型的基础上，本章运用 AMOS 22.0 进行检验，从结果分析中可发现各模型拟合情况良好。

通过适配度指标可知，模型一的适配度结果良好。由路径系数分析可知，协同创新氛围的三个维度对过程创新均具有显著正向影响，其中组织支持与资源供应对过程创新的影响程度较大，且均在 0.001 的水平上显著；而对于结果创新，组织支持和资源供应均具有正向影响且影响程度相差不大，并在 0.001 的水平上显著，但团队支持对于结果创新的路径系数为 0.068，p 值（$p=0.351$）>0.05，对结果创新的影响不显著。故可知 H8-1a、H8-1c、H8-1d、H8-1e、H8-1f 成立，H8-1b 不成立。

通过模型二验证结果可知，模型适配度各项指标均达到要求。协同创新氛围的组织支持和资源供应两个维度对创新网络嵌入具有显著正向影响，且影响程度接近，均在 0.001 的水平上显著；而团队支持对创新网络嵌入的影响并不显著，其路径系数为 0.125，p 值（$p=0.162$）>0.05。故 H8-2b、H8-2c 成立，H8-2a 不成立。

通过模型三的验证结果可知，模型适配度各项指标均达到要求。创新网络嵌入对创新绩效的过程创新和结果创新两个维度有明显的正向影响，路径系数分别为 0.51 和 0.56，影响程度较大且接近，并且 p 值均在 0.001 的水平上显著。故 H8-3a、H8-3b 成立。

模型各变量的各维度间关系标准化路径系数的估计值及假设检验的通过情况如表 8.5 所示。

表 8.5 标准化的路径系数

研究假设	Estimate	SE	CR	p	是否通过检验
过程创新←团队支持	0.209	0.085	2.470	*	是
结果创新←团队支持	0.068	0.073	0.933	0.351	否
过程创新←组织支持	0.386	0.082	4.696	***	是
结果创新←组织支持	0.357	0.073	4.864	***	是
过程创新←资源供应	0.203	0.060	3.371	***	是
结果创新←资源供应	0.238	0.056	4.270	***	是
创新网络嵌入←团队支持	0.125	0.089	1.399	0.162	否
创新网络嵌入←组织支持	0.438	0.090	4.863	***	是

续表

研究假设	Estimate	SE	CR	p	是否通过检验
创新网络嵌入←资源供应	0.280	0.067	4.189	***	是
过程创新←创新网络嵌入	0.561	0.093	6.047	***	是
结果创新←创新网络嵌入	0.547	0.085	6.435	***	是

注：Estimate 代表估计值，SE 代表标准误差（standard error）

*表示 $p<0.05$，***表示 $p<0.001$

通过模型四的验证结果可知，将创新网络嵌入变量放入模型，适配度各项指标均达到要求，整个模型拟合度较好，说明模型通过检验，但中介作用仍需要进一步探讨。中介作用的检验一般是在 AMOS 上进行，通过 Bootstrapping 检验不对称置信区间是目前探讨中介作用较为有效的方式。对中介作用的检验可以通过综合比较总效应、间接效应和直接效应的情况来得到。通常在非标准化值的情况下，观察是否包含 0 是检验是否存在或存在何种中介作用的最直接的方式。

由表 8.6 可知，在团队支持对过程创新的中介效应中，间接效应置信区间包含 0，所以创新网络嵌入在团队支持和过程创新中不存在中介作用；组织支持、资源供应在过程创新和结果创新的中介效应中，它们的直接效应和间接效应区间均不包含 0，则说明创新网络嵌入在组织支持、资源供应对过程创新和结果创新中分别存在部分中介作用，H8-4c、H8-4d、H8-4e、H8-4f 得到部分验证（表 8.7）。

表 8.6　创新网络嵌入的中介作用检验

效应	变数	误差修正 95%置信区间 低值	误差修正 95%置信区间 高值	百分数 95%置信区间 低值	百分数 95%置信区间 高值
总效应	团队支持→过程创新	0.048	0.331	0.326	0.687
	组织支持→过程创新	0.231	0.494	0.038	0.307
	资源供应→过程创新	0.104	0.306	0.323	0.806
	组织支持→结果创新	0.272	0.504	0.249	0.479
	资源供应→结果创新	0.171	0.374	0.151	0.336
间接效应	团队支持→过程创新	0.000	0.082	−0.004	0.079
	组织支持→过程创新	0.039	0.170	0.037	0.165
	资源供应→过程创新	0.032	0.124	0.020	0.109
	组织支持→结果创新	0.035	0.186	0.019	0.162
	资源供应→结果创新	0.024	0.112	0.013	0.098

续表

| 效应 | 变量 | Bootstrapping ||||
| | | 误差修正 95%置信区间 || 百分数 95%置信区间 ||
		低值	高值	低值	高值
直接效应	团队支持→过程创新	0.000	0.000	0.000	0.000
	组织支持→过程创新	0.163	0.405	0.139	0.386
	资源供应→过程创新	0.101	0.294	0.085	0.269
	组织支持→结果创新	0.141	0.435	0.159	0.458
	资源供应→结果创新	0.053	0.289	0.030	0.265

表 8.7 创新网络嵌入的中介效应假设通过情况表

假设路径	是否通过
H8-4c：组织支持→过程创新	是（部分中介）
H8-4d：组织支持→结果创新	是（部分中介）
H8-4e：资源供应→过程创新	是（部分中介）
H8-4f：资源供应→结果创新	是（部分中介）

8.4 研究结论与管理启示

8.4.1 研究结论

本章基于序参量概念和自组织理论的系统协同机理，探讨了创新网络嵌入对海外归国高校教师创新绩效的影响。研究的主要结论包括如下内容。

（1）协同创新氛围中，团队支持、组织支持和资源供应均对海外归国高校教师创新绩效产生正向影响。团队支持有助于海外归国高校教师在团队中交流和传播前沿的知识与技术，与团队成员共享信息、交换资源，促进知识和信息的融合发展。但团队支持对结果创新的影响并不显著，究其原因是受到领导支持的影响，森严的等级制度抑制了创新绩效。组织支持包括提供求同存异、容忍犯错、自由的文化氛围，通过结果导向管理减少过程干预，减少日常行政琐事占用的时间，促使海外归国高校教师专注于创新工作。资源供应是组织为海外归国教师创新工作提供各种软硬件设施支持，以及各类交流和学术会议的机会。

（2）创新网络嵌入对海外归国高校教师创新绩效产生正向影响。区别于传统的股权和物质激励，创新网络嵌入更关注海外归国高校教师渴望创新的内在需求，使得其在创新网络中能获取开展创新活动所必备的资源。资源获取的便利性充分激发了高校海外归国人才创新的积极性，最终实现创新绩效的提升。创新绩效提升又会促使海外归国高校教师有更强烈的组织归属感。依据社会交换理论的观点，海外归国高校教师会回馈创新网络，提高创新网络嵌入的强度，主动与创新网络内的各主体进行知识和信息的分享，最终形成良性的创新生态循环。

（3）创新网络嵌入在协同创新氛围对海外归国高校教师创新绩效的影响中起中介作用，其中，创新网络嵌入在组织支持和资源供应对创新绩效的影响中均起部分中介作用。团队支持对网络嵌入的影响没有得到验证可能是因为团队支持更多体现为情感支持或任务协作，而不是推动跨团队的资源链接，因此不能直接促进海外归国高校教师嵌入创新网络。因此，创新网络嵌入在团队支持和创新绩效的中介作用没有得到支持。创新网络嵌入的广度和深度决定了海外归国高校教师对创新网络中的创新氛围支持的感知程度。根据社会交互理论可知，当个体的创新动机受到的外部环境的强化与驱动刺激越强烈时，创新意愿表现得就越突出。但从知识外溢角度来看，过于固定的网络圈子内，知识和信息无法得到有效的更新，缺乏异质性知识，则不利于创新；同时，当海外归国高校教师能够占据网络中的关键节点时，可以通过创新网络优势发掘更多的交流渠道，获得更多的同质或异质性信息，进而有效地促进海外归国高校教师产生创新思想，并通过网络内丰富的硬件条件和充足的资源供应实现创新结果的产出。

8.4.2 管理启示

（1）建设"伙伴式"团队。作为异质性人力资本，海外归国高校教师倾向自由，追求自我价值实现，具有批判精神，敢于挑战权威。应结合其异质性特征改进当前的主管沟通方式，构建"伙伴式"管理模式与民主型领导风格，加强海外归国高校教师对组织和团队的认同感，使其能更好地与科研主管及同事相互沟通，加强团队内部交流。结合其国内外双重网络嵌入特征，积极搭建双栖"候鸟"式团队模式，给予海外归国高校教师自由宽松的工作环境与空间，保证他们在较短时间内了解到国际最新科研动态，有充足的时间和更多的机会接触国内外的优秀团队和专家，促成交流、学习以及合作。团队支持能够帮助海外归国高校教师缓解压力和焦虑，为他们提供情感支持和技术支持，这不仅有利于促进创新行为产生，更有利于提高团队凝聚力，从而提高整个团队的创新绩效。

（2）营造宽容失败的组织氛围。宽容失败是鼓励创新的前提，是组织支持的关键。由于创新活动本身具有失败的风险，大多数的创新都是建立在失败的基础上，应当允许并鼓励海外归国高校教师在科研活动中"犯错"，加强组织内部的创新文化环境建设。组织需营造鼓励创新、宽容失败的科研氛围，以实际行动加强对海外归国高校教师创新行为的支持，积极帮助他们解决在工作和生活中遇到的难题，为其创新提供便利，加强他们对组织的信任。要树立海外归国高校教师的创新信心，增加其心理安全感，为其提供专业化的咨询服务，分享成功经验，激发科研人员的创新效能感与创新热情。同时，文化营造是科研人员发挥创造性的重要外在力量，可以迎合海外归国高校教师的价值观念，使其更加认同组织文化、适应组织氛围，从而更顺利地嵌入到创新网络中。

（3）加大创新要素投入。设施、经费、服务和人员等资源供应是促进创新行为产生的基础，只有为海外归国高校教师提供必要的创新要素资源，才能更好地促进其产生创新行为，提高其创新绩效。首先，软硬件设施的投入是提高创新绩效的前提，如期刊资源和实验设备器材的完备性是创新意愿产生与创新成果产出的基本保障；其次，灵活的科研经费使用也是保证科研交流的必要条件；再次，为海外归国高校教师提供学术会议与交流访问等服务是提高其创新绩效的关键；最后，行政、教学和科研工作的剥离能让海外归国高校教师从日常的行政事务中解脱出来，为其配备教学助手和科研助手能减少其无效工作时间，做到教学与科研在时间和精力上的合理分配，提高工作效率，从而提升创新绩效。

（4）提升创新网络嵌入程度。在提升创新网络嵌入广度方面，创新网络的范围越大，知识、技术与信息等资源的存量就越多，海外归国高校教师嵌入到网络之中就可以攫取到更多的创新资源，产生的创新绩效越明显；在加强创新网络嵌入深度方面，结构嵌入会影响资源的总量，关系嵌入决定资源的质量，嵌入越深，获得的创新资源质量越好。提升海外归国高校教师创新网络嵌入应当从组织和个体两方面着手：组织应当为海外归国高校教师搭建畅通开放的交流合作平台，与高校、科研院所、企业、政府等跨组织、跨文化、跨区域的创新主体建立联系，通过与各主体的资源共享和信息互换，提高创新网络内资源的存量与质量；作为个体的海外归国高校教师也应积极与网络中的其他创新主体建立关系，把握好与各主体的关系强度，平衡强关系连接和弱关系连接，并占据网络中心位置，实现结构洞优势，通过关系嵌入与结构嵌入避免网络内部信息和知识等资源的同质化。

8.5 本章小结

本章从创新网络嵌入视角出发，针对海外归国高校教师高成就动机、高创新需求、高职业需求和高信息需求等异质性人力资本特征，探讨协同创新氛围与创新网络嵌入对海外归国高校教师创新绩效的影响。本章基于协同创新理论和网络嵌入理论提出协同创新氛围和创新网络嵌入均对海外归国高校教师创新绩效产生显著正向影响的假设,并且创新网络嵌入在协同创新氛围对创新绩效的影响中起中介作用。

基于实证研究的数据结果分析发现,协同创新氛围是影响海外归国高校教师创新绩效的重要因素,其中,团队支持、组织支持和资源供应均对海外归国高校教师创新绩效产生正向影响;创新网络嵌入对海外归国高校教师创新绩效产生正向影响;创新网络嵌入还在协同创新氛围对海外归国高校教师创新绩效的影响中起中介作用。

鉴于以上研究结果,本章进一步总结了管理启示,从组织视角提出:应构建"伙伴式"管理模式与民主型领导风格,搭建双栖"候鸟"式团队模式;营造宽容失败的科研氛围,加强对海外归国高校教师创新行为的支持与鼓励;加大创新要素投入,以充足的资源供应为海外归国高校教师的创新行为做保证;搭建畅通开放的交流合作平台,与高校、科研院所、企业、政府等跨组织、跨文化、跨区域的创新主体建立联系。从个体视角提出:海外归国高校教师应积极嵌入到创新网络中去,主动与网络中的其他创新主体建立关系,占据网络中心位置,获得知识和信息优势;同时,注意控制嵌入关系强度,平衡好强关系连接与弱关系连接。

第 9 章

促进海外归国人才创新网络嵌入开发政策建议

工业 4.0 和移动互联网时代使科技飞速发展，同时，也造成了后金融危机时代下经济市场竞争的剧烈波动。在此背景下，世界经济形势呈现低迷状态。科学技术与创新创造成为促进各国经济复苏、结构转型、驱动长期平稳发展的核心生产力。高层次创新创业人才是创新创业活动的重要力量。在贸易和投资全球化推动下，人才国际流动规模不断扩大、速度不断加快，对国家和地区经济社会发展的影响越来越明显。近年来，国家实施创新驱动高质量发展战略，以集成电路、生物工程、高端制造、资源环境、新能源、新材料等战略性新兴技术领域为重点，大力引进海外归国人才，在突破核心技术、发展新兴产业、带动新兴学科、培养创新人才等领域获得了重大进展和突破，在促进国家科技创新和高新技术产业发展中发挥了重要作用。作为我国人才资源的重要组成部分，海外归国人才是创新创业中一支重要的科技力量和高端智力资源。在国际人才竞争日益激烈的背景下，不少国家采取"短、平、快"人才战略，通过移民法规、优厚待遇、便利签证等政策争夺海外人力资本。海外归国人才日益成为我国推动知识技术转移的重要力量、产业转型升级的推动者。如何在现实情况下有效开发海外归国人才这一异质性人力资本、激发其创新创业活力是理论和实际关注的焦点，也是本书研究的重点目标。

9.1 研究总结

在知识加速流动、创新驱动发展、人才竞争"白热化"背景下，国家核心竞争力越来越依赖于异质性人才所具有的高端知识、前沿技术、深度研究以及创新创意、敢于突破的企业家精神。海外归国人才掌握着国际先进的专业化理论和知识，且拥有国际化视野，熟悉和了解国际化运行规则和管理，具有较强的双重文化沟通能力和独立的国际活动能力，能够充分融合国内外良好的理论、经济、技术资源，并在国内良好的经济环境下将个人拥有的知识技能转化为实际产出。调查结果显示，目前的海外归国人才引进政策在一定程度上取得了显著成效，但对海外归国人才内在心理感知的关注度仍不够，本团队从创新网络嵌入、创新支持感、企业网络能力、创新效能感、协同创新氛围等多角度对海外归国人才的创新绩效激励政策进行分析，旨在为海外归国人才激励开发模式提供新思路，最大限度激活海外归国人才的创新创业活力，调动创新积极性，助力我国的科技创新从跟跑者向并行者转变，并在部分领域向领跑者迈进。

9.1.1 海外归国人才是具有异质性需求的异质性人力资本

本书基于社会资本理论和异质性人力资本理论提出，海外归国人才作为异质性人力资本，具有区别于一般人力资本的异质性特征，主要包括高成就动机、高价值追求、高资源需求、联系断层、逆文化适应等特征。团队系列研究的调查数据结果也验证了该结论。本书针对1422人次海外归国人才的调查显示，72.4%的海外归国人才拥有硕士或博士学位。海外归国人才普遍拥有良好的教育背景和国际化视野，能够快速有效理解和分析国际化商业环境与市场需求，具备较高的人力资本投资价值，也成为创新创业活动的主力军。此外，由于海外归国人才的海外学习、工作或生活背景，不同程度地受海外文化理念、教育方式、市场意识等的影响，因此海外归国人才往往兼具本土和海外双重文化嵌入性。

海外归国人才的异质性特征是探索其激励开发手段的基础和前提。针对异质性人力资本的特殊需求，海外归国人才的开发和激励模式经历了从基础物质性激励到高股权激励的探索过程。随着经济的高速发展以及管理、创新的复杂程度提高，异质性人力资本的需求也发生了转变，高稀缺、强专有性的海外归国人才不再追求简单的物质财富，他们更愿意追求成就的满足和知识信息的获得，这导致基础物质性激励和股权激励逐渐趋于保健化。在海外归国人才高成就动机、高创新需求等异质性特征逐渐凸显的环境下，针对这一类人才的管理与激励应根据其特殊需求"对症下药"。以城市创新生态系统为基础的城市创新网络，以产业创新系统为基础的高新技术产业开发区、经济技术开发区，以及以创新主体和要素集成孵化为基础的留学人员创业园等孵化网络为典型代表的创新网络，能够为嵌入其中的海外归国人才营造良好的创新创业环境、文化氛围与创新生态，契合其异质性人力资本需求特征，因此成为新时期海外归国人才激励开发的主要模式。

9.1.2 创新网络嵌入是海外归国人才激励开发的有效新模式

海外归国人才的高成就动机衍生出其对创新知识和信息的强烈需求，因此海外归国人才往往需要在创新网络中与合作者交流学习，通过特定情景的人际关系和环境建设提升创新活动。海外归国人才的异质性人力资本的专用性和默会性特征决定其"嵌入"创新网络的必要性和可能性。网络嵌入通过丰富的网络连接，促使海外归国人才嵌入在网络中获取他们所需要的知识和信息以及人脉，提供了实现自我价值的必要条件，有效地吸引和保留优秀的人才。本书提出，创新网络嵌入激励模式是继高薪酬、高股权激励后，迎合异质性人力资本特殊需求偏好的有效激励方式。创新创业活动具有复杂性、整体性、高风险、高回报等特征，因此，具有异质性、黏滞性的隐性知识、信息和资源的有效获取、开发利用是促进海外归国人才创新创业事业成功和动机实现的关键与核心。

创新是知识与信息的函数，当海外归国人才占据网络中的关键节点时，可以通过网络优势发掘更多的交流渠道，获得更多的同质性或异质性信息，进而有效地促进其产生创新思想，并通过网络内丰富的硬件条件和充足的资源供应实现创新结果的产出。高新技术产业开发区等创新网络汇聚了大量信息、资源及机会，嵌入内部的创新主体能够减少搜寻成本及交易成本，不仅能够满足海外归国人才对创新资源的需求，还能增强其心理效能，进而促使海外归国人才关系网络与结构网络的双重叠加式嵌入。一系列的实证研究结果表明，创新网络嵌入的两个维度（关系嵌入和结构嵌入）均能够促进海外归国人才的创新行为和创新绩效。海外归国人才嵌入创新网络的规模越大、程度越深，越能够获取更多信息和知识，而具有高知识获取能力的海外归国人才的创新绩效也会有所提升。因此，创新网络嵌入是新时代对海外归国人才进行激励开发的有效手段和途径。

9.1.3 创新网络嵌入通过多种中介机制影响创新绩效

本书不仅验证了创新网络嵌入各维度对海外归国人才创新绩效的激励作用，还探索了其中的中介机制。创新网络是一个资源庞大、关系复杂的完整系统，创新支持感、创新效能感、个体吸收能力是影响海外归国人才创新网络嵌入作用于创新行为和结果的重要中介机制。第 4 章提出，当海外归国人才嵌入创新网络时，能够获得具体的资源支持和合作机会，也能够感受到网络内部成员间的信任、尊重以及共同追求创新目标的氛围，在这种氛围下海外归国人才更能感受到网络对其创新活动的情感支持和鼓励，并进一步增强投入创新活动的意愿。因此创新支持感是创新网络嵌入和海外归国人才创新绩效的重要中介机制。第 5 章提出，创新活动往往承担着失败的风险，而海外归国人才的"外来者劣势"使得他们所面临的创新风险困境尤为严峻。只有当海外归国人才相信自己拥有足够的资源、能力和信息来应对创新活动中的困难时，他们才会全身心投入创新活动。本书验证了创新网络嵌入能够通过提升员工的创新效能感，从而促进其创新行为。

创新网络嵌入是海外归国人才适应社会网络、获取创新信息、扩展关系资源、增强创新效能感的关键激励手段。同时，当海外归国人才作为个体节点嵌入创新网络时，其在创新网络中获取的资源能否转换为对创新活动的信心，仍然在很大程度上受到其所在组织是否支持和鼓励创新的影响。本书也验证了组织创新氛围在创新网络嵌入通过创新效能感影响创新行为的机制中所起到的正向调节作用。

第6章提出，海外归国人才所嵌入的创新网络，是其获取和吸收知识的重要途径。创新网络嵌入有助于海外归国人才对网络内部新知识信息、新理念观点、技术方法等要素进行获取识别、吸收整合并最终转化利用。高校内的海外归国人才在创新网络中接触的资源和知识越多，对知识的获取识别以及吸收整合效率也就越高，并进一步促进后续科研创新活动的开展。本书验证了个体吸收能力在创新网络嵌入（关系嵌入和结构嵌入两个维度）和高校海外归国人才创新绩效（过程创新和结果创新两个维度）中所起到的中介作用。

9.1.4 企业网络能力和协同创新氛围是创新网络嵌入激励开发的前提

此外，本章还探讨了提升创新网络嵌入的有效外部因素。企业网络能力和协同创新氛围是提升海外归国人才创新网络嵌入，并进一步作用其创新绩效的重要环境因素。从海外归国人才自身来看，企业网络能力是指其所在企业在创新网络结构、形态、环境等不断变化的情况下获取、整合信息知识等资源，发展自身实力的综合能力。良好的网络能力能够帮助企业和企业中的海外归国人才更好地嵌入创新网络，从而影响海外归国人才创新创业绩效。第7章显示，企业网络能力对创新网络嵌入有显著正向影响，企业网络能力的两个维度即网络资质和网络运营能力均对创新网络嵌入有显著正向影响；创新网络嵌入与海外归国人才创新绩效呈正相关关系；企业网络能力对海外归国人才创新绩效具有显著正向影响；创新网络嵌入在企业网络能力与结果创新的关系中起中介作用，而在企业网络能力与过程创新的关系中不起中介作用。

作为海外归国人才的一个特殊群体，海外归国高校教师较长时期的海外留学、工作背景，决定了其在科学研究前沿、语言能力、国际化思维、国际交流与合作能力等方面具有不可替代的优势。第8章还关注海外归国高校教师的激励开发政策。高校产学研合作是一项涉及大学、科研院所、企业、政府等跨组织、跨文化、跨区域的研发与创新组织活动的创新系统范式，而海外归国人才作为高校子系统内部的重要一员，受到产学研合作网络的协同创新氛围影响。协同创新氛围注重多元主体协同互动的要素集成机制的形成，具备整体性、层次性、复杂性、耗散性和动态性等特点。良好的协同创新氛围能帮助海外归国人才进一步嵌入网络的资源平台，使其获取知识、信息、技术等新资源，加深嵌入程度并最终影响海外归国教师的创新绩效。

9.2 政策建议

工业 4.0 时代以来，科技创新成为提高核心竞争力的关键驱动力。实现创新驱动发展，要以人才资源作为首要因素。海外归国人才具有丰富的海外人脉以及国际化素质，是创新创业的第一要素。积极引进、开发海外归国人才是我国人才工作的主要组成部分，也是实现创新型国家建设的重大战略举措。以习近平同志为核心的党中央站在党和国家事业发展全局的高度，统筹规划并积极推进人才，尤其是海外归国人才的引进和开发工作，并多次强调不唯地域、不唯学历引进人才，聚天下英才而用之。《中国留学发展报告蓝皮书（2023—2024）》调查数据显示，我国留学人员回国创业热情高，创业领域集中在高新技术和现代服务业。以留学生创业园为代表的创业网络组织可在产业链内各创新主体（企业、科研机构、技术转移机构及中介服务机构等）间，促进有效信息、技术等创新要素流动，提高创新创业水平，发展高新技术产业，抢夺创新技术人才资本。基于对海外归国人才创新网络嵌入开发现状和问题的分析，本书进一步提出促进海外归国人才创新网络嵌入开发的政策建议，旨在为海外归国人才激励措施提供参考，从而激发创新创业活力，提高创新能力。

9.2.1 优化海外归国人才组织政策支持体系

基于海外归国人才异质性特点，应在健全现有保健激励政策的基础上，着重关注情感性支持对海外归国人才创新绩效的激励作用。团队调查研究数据显示，一线城市和新一线城市的海外归国人才普遍感受到的区域创新网络的情感性支持较低。应尊重海外归国人才创业梦想，给予其充分的人文关怀，搭建青年海外归国人才交流平台；扩大引才引智项目规模，加大海外归国人才和创新创业团队奖励力度，适当增加海外归国人才创业税收优惠政策、安家购房补贴；奠定网络内部共同话语基础，提高海外归国人才对创业环境的认同感及支持度，构建园区和谐的人际关系。从社会网络关系角度来看，海外人才归国后首先需要面对不同价值观念和社会伦理带来的冲击，处理好企业与政府、行业组织和服务机构的关系能够使创业活动更加有效。创新网络内应统筹规划、合理布局，持续推进基础设施建设，加大硬件设施投入，建立配套管理机制，整合网络资源，改善创业环境。加强组织文化建设，强化人性化服务和管理，削弱海外归国人才"水土不服"带来的负面效应。把握新时代市场化引才、用才的正确方向，制订和组织实施人才战略发展规划，做好人才战略的引导、协调、统筹工作。

坚持以"筑巢引凤"和"引凤筑巢"相结合的方式，重视海外归国人才的培养和使用。坚持正确用人导向,以提高海外归国人才创新素质为核心,注重对海外归国人才能力的培养,充分挖掘人才潜力,探索人尽其才、才尽其用的用人规划;转变用人观念,不仅要让海外归国人才进得来,还要让他们留得住,并能够发挥所长。打造具有中国特色比较优势的人才政策,与创新驱动接轨,构建有竞争力的人才制度,加大人才奖励力度,落实特殊激励措施,牢牢把握时代机遇,应对国际挑战,以战略性和前瞻性视野,持续推进长期性、创造性人才政策,扩大政策影响力,凝聚人才力量,增强海外归国人才认同感和成就感。以海外归国人才的价值观、能力个性、职业目标为出发点,选定适宜的职业发展通道,关注职业生涯规划,创造公平、合理的创业环境和广阔的发展空间,明确创新创业发展方向,提升海外归国人才网络能力,使其更好地嵌入创新网络。以海外归国人才异质性特点为突破点,提供多层次、多方面、智能化、优质化服务,促进海外归国人才做出创新创业新成绩,取得技术新突破。

9.2.2 建设海外归国人才集聚平台和战略高地

区域创新网络联结企业研发中心、研发机构、高校等创新主体,集聚创新要素和经济要素,是人才、知识、信息等创新资源与要素集聚的重要平台。创新网络要完善网络内信任与信息交流机制,充分利用知识溢出效应、共享效应,增强有效沟通,降低交易成本;利用互联网技术和新兴媒体增加信息传播渠道,设立信息公布网站和共享资源数据库,开发科学的信息检测与加工程序,降低信息收集成本和交易成本;积极引进国内外研发团队和技术人才,增强与高等院校、科研院所、产业链上下游企业等的联络与协作,扩大创业网络规模,提高网络资源支配能力,为人才提供优质的产业集聚网络通道。健全人才引进培养机制,与国际知名院校、专业培训机构、著名跨国集团及世界知名高校建立联盟关系,共同开展职业经理人、国际产业专才、国际通行资格证书等专项培训。各类高新技术产业开发区、孵化器等园区、海归创业联盟和海外人才协会也应主动牵线搭桥,帮助海外归国人才和行业人才建立联系;同时,海外归国人才要同海外积累的人脉资源保持稳定密切联系,进而提高企业国际化经营能力。通过产业集群与人才集聚两大效应,让创新网络内的海外归国人才通过结构嵌入、关系嵌入、认知嵌入获取异质信息和隐性知识,从而实现信息、知识等创新资源在网络内的充分转移和交流。

高新技术开发区等海外归国人才创业园实质上属于产业集群概念的发展与延伸,入驻的企业包含竞争企业以及其上下游的合作企业等,并依托产业集群的地理区位优势形成创新网络,提供良好的基础设施以及创新氛围,从而获得规模创新效能与正向的外部效应。应深入推进创新网络内部产学研合作,鼓励企业与高校、科研院所深入开展产学研合作,共建科技合作平台,促进区域内科技和经济资源优化配置，建设更多院士工作站、博士后科研工作站、工程技术研究中心、高层次人才驿站等科研平台，为企业培育人才筑巢搭台。从引进人才、搭建平台、布局资源等多方面形成创新网络内良性行业联动，促进产业科技互动、创新互动，鼓励网络内企业以入股、合资等多种方式开展合作，统筹同质竞争型企业和异质互补型企业协同发展；增强与产业链上下游企业、政府、金融机构等网络主体的联系与合作，搭建项目对接平台，扩大创业企业"朋友圈"，提高网络资源支配能力，为海外归国人才提供优质的产业集聚网络通道；发挥具有核心技术的高端领头企业辐射带动效应，吸引产业链上下游企业入驻；整合多方资源，培养明星企业，搭建相互培育平台；对企业分层分类梳理，根据具体需求，提供精准支持。将以高新技术产业开发区、孵化器为主的创新网络打造为集引导规划、投资运营、综合服务于一体的人才集聚、培养高地；扩大网络规模，打造良好的区域创新生态环境，为区域内企业提供便利、高效、安全的创新创业环境，力争打造国际一流创新生态，搭建海外归国人才集聚战略高地。建设具有国际竞争力和全球感召力的事业发展平台，为海外归国人才提供全方位支持保障。

9.2.3 完善创新网络生态和人力资源服务体系

积极搭建和完善各级各类人才发展与服务平台，为产业转型升级提供有力的人才支撑。《2017 中国海归就业创业调查报告》称，据统计，52.9%的海外归国创业者有创业失败经历。创业失败案例遇到的困难中排名前四位的分别是经营运行成本高（56.6%）、融资困难（44.1%）、对国内市场缺乏了解（42.6%）、相关创业服务不到位（39.7%）。以园区为依托，以海外归国人才需求为导向，以信息技术为支持，充分利用和整合各类服务资源，建立包括银行、会计师事务所、法律咨询、政策咨询等智能化、信息化、门类齐全、梯次合理的中介服务体系。在评价机制方面，实行分类评价，建立科学化、社会化、市场化人才评价制度。在流动机制方面，促进海外归国人才合理流动和有效配置，强化柔性引才理念，解决流动障碍问题。在激励机制方面，体现人才创造价值，完善分配政策，解决创新成果转化难、收益难问题。依托知名"猎头"、驻外机构、人才联络站、华人社会团体等，在全球范围内寻访人才；利用中介服务机构信息优势地位和专业化水平，深化产学研合作；鼓励各类创新主体设立海外创新研究机构、海外院士工作站或科学家工作站，通过远程在线指导、离岸创新等多种方式共享全球智力资源，打造跨境协同创新和成果转化平台。

注重培育创新网络内各中介服务主体，推动网络内知识、信息等创新资源充分流动，构建布局结构优、规模体量大、延伸配套性好、支撑带动力强的现代产业创新网络。设立海外归国人才服务绿色通道，推进线上公共服务平台，优先办理相关手续，简化行政流程，提高办事效率；完善语言翻译、政策咨询、生活配套、创业辅导、项目申报等全方位、"一站式"服务体系；加大对海外归国人才的技术支持，在技术创新方面引进国外优秀人才，提供融资支持、智力支持、技术支持、风险管理支持，进一步完善政府创业支持体系。强化柔性引才理念，允许双向自由流动；体现人才创造价值，完善分配政策；加强知识产权和科技成果保护，完善产权法律体系，引导创业企业建立产权保护制度和维权制度；授予有突出贡献的海外归国人才荣誉称号，使其可享受特殊奖励；完善试错容错机制，给予海外归国人才的创业创新活动一定成长时间和空间，鼓励再次创业，同时帮助海外归国人才规划职业发展通道与创业发展阶梯，提供海外归国人才创新创业辅导以及职业规划建议，使其明确个人及企业发展方向。

9.2.4 打造宜人、宜居、宜业、宜创的国际生态圈

宜居的生活环境、便利的交通设施、配套的医疗教育体系等基础设施是区域创新网络建设管理的基础，而激励、公平、竞争、监督的创新制度是吸引海外归国人才嵌入网络的核心，良好的创新氛围和创新文化则是区域创新网络的灵魂。对于海外回国人才来说，在海外进行长时间的学习、工作、生活，自身行为规范、价值观、隐含信念和基本假设将会潜移默化地融入本地文化价值体系，而当海外人才归国后将不可避免地面临文化价值的差异。团队调查数据显示，在整体平均满意度之下，文化创意行业在行业政策导向、与他人建立联系等多方面的满意度在所有行业中均偏低，这可能是其行业性质受到文化差异的影响较大导致的。不同文化背景下的创作导向与氛围大不相同，国内外文化氛围的差异也是海外归国人才文化艺术类创新网络发展的天然障碍。创新网络应充分发挥配置和整合资源的优势，依靠自身网络能力协助开展网络内主体深度跨组织合作，打破组织边界，对知识、信息、资源进行高效的吸收、整合、分享和再创造，打造支持创新、鼓励创新的文化氛围。除了积极促进创新网络内部各企业主体间的交流合作外，平台管理者也应规范、引导、协助其他组织（如中介机构、高等院校）为企业提供必要的服务与技术支持。建设以创新、公平、均衡、稳健为内涵的竞合文化，塑造共同理想，缔造共同目标，以更和谐有效的方式，营造园区产业发展新态势；倡导创新学习型、共享合作型文化，着力于优化投资、经营、人居等综合环境。坚持先进的创新思想，利用高端信息技术优势，打造具有"国际范"的服务设施和语言环境。倡导建设创新学习、共享合作型文化，打造最优人才发展生态圈。

打造宜人、宜居、宜业、宜创的国际化智慧式生活社区，需要尊重海外归国人才双重文化背景和生活习惯而具有的异质性需求，全面优化其工作生活的软环境，以周到细致的人文精神促进城市与产业共同发展。政府要深化"放管服"改革，精准施策，打造"互联网+政务服务"一体化平台，全面梳理审批服务事项，精简审批程序与材料，即办即评，着力打造服务优先的营商环境模式。统筹高新

技术产业开发区、留创园等各类园区布局,建设与国际接轨、高起点、高科技的成熟园区;尊重海外归国人才双重文化背景和生活习惯,适应其高品质生活需求,立足于国际化、专业化视角,打造"四宜式"国际化生活社区应统筹规划、合理布局,持续推进基础设施建设,加大硬件设施投入,建立配套管理机制,整合网络资源,改善创业环境;完善以家庭为单位的就业、医疗、教育保障体系;引进国际化学校、医疗资源,完善交通网络、休闲娱乐等配套生活设施,推进新型创新网络形态建设,打造具有"国际范"的居住社区;统筹布局,提升公共服务配置能力,完善社区配套设施和公共交通体系,加快配套建设现代服务业集聚区、商业综合体和文化娱乐设施,提高海外归国人才归属感,增强思想认同、情感认同、价值认同,构筑集创新创业、文化娱乐、绿色智慧于一体的国际人才社区。

9.3 研究展望

创新网络嵌入契合海外归国人才异质性人力资本需求,也是激励其创新创业活动的新模式。虽然本书针对海外归国人才的异质性特征、创新网络嵌入对海外归国人才创新绩效影响的作用机制、创新网络嵌入的开发前提等多个方面的问题展开了探讨,并取得了一系列研究成果,但仍有很大的发展空间。未来有关创新网络嵌入对海外归国人才创新绩效的研究可以从以下几个方面进行思考。

9.3.1 深化个体层面创新网络嵌入理论研究

现有研究主要关注组织层面的网络嵌入,本书将网络嵌入引入到个体层面,探讨海外归国人才作为异质性人力资本嵌入创新网络的影响。海外归国人才通常具备国际视野与先进的科学技术和知识,在创新网络中扮演着重要的角色,但如何有效地将这些优势转化为实际贡献是当前面临的一大挑战。未来研究可以引入其他理论视角来解释个体层面网络嵌入和创新行为之间的关系机理,如社会认同理论、资源保存理论等,以便更全面地理解个体作为网络中的重要节点在网络中扮演怎样的角色,以及海外归国人才应该如何更好地融入本地创新生态系统,并从中获得资源支持。例如,从社会认同的角度来看,个体在网络中的位置不仅反映了他们可以获得的信息和资源,还体现了他们的身份感和社会归属感。而从资源保存理论的角度来看,对于具有双重网络嵌入背景的海外归国人才来说,如何有效利用已有的人脉资源并迅速获取新的资源成为关键问题之一。因此,有关个体层面网络嵌入对员工心理、行为和绩效影响的内在运作机制,以及如何构建相关概念框架和完整的理论体系,仍然有待进一步的探讨和思考。

9.3.2 完善创新网络嵌入的影响效应及作用机制研究

本书验证了创新网络嵌入通过影响海外归国人才的创新效能感、创新支持感、个体吸收能力等个体认知和能力，并进一步影响其创新绩效。同时，本书也验证了组织创新氛围作为可能的边界条件在其中所起的作用。一方面，未来研究可以基于理论分析探讨其他可能的中介机制，例如，除了已有认知路径的作用机制，探索创新网络嵌入是否能够通过增强个体积极情感提升海外归国人才的创新绩效等；另一方面，未来学者也可以关注领导风格、工作特征、组织文化氛围等环境变量以及主动性人格、成就目标导向等个体特质在创新网络嵌入对创新绩效作用机制中可能起到的边界条件的作用。不同情境下创新网络嵌入对海外归国人才创新绩效效用的程度可能有所不同，而不同特征的海外归国人才针对同一外部环境也有可能产生不同的反应模式。深化对网络嵌入影响机制的理解不仅有助于揭示哪些因素最能促进海外归国人才的创新活动，还能为企业制定更具针对性的人才管理策略提供科学依据。

9.3.3 拓展海外归国人才不同群体网络嵌入差异影响研究

本书对海外归国人才的分析主要关注高校归国教师和企业核心员工群体。针对不同性质海外归国人才的工作岗位和职能定位（拥有海外归国背景的创业型人才、战略科技人才、科研团队等），网络嵌入所产生的效应可能会存在显著差异。在创业领域内，拥有广泛且高质量人脉关系的海外归国人才可能更容易获得融资机会和支持；而在科学研究领域，有效连接国内外顶尖学者与实验室的团队更有可能取得突破性成果。因此，有必要进一步细分研究对象，根据不同行业、职业特点以及所处发展阶段，具体分析网络嵌入如何影响各类人才的职业轨迹与发展潜力，如针对创业型人才、战略科技人才或是科研团队分别设计实验或调查问卷，以识别出各自最有效的网络嵌入策略；未来研究也可以对比不同海外归国人才群体的网络嵌入激励效果，总结出各个群体面临挑战的共性和差异。

9.3.4 丰富创新网络嵌入相关研究方法

本书主要通过调查问卷和访谈相结合的形式收集数据。未来研究可运用二手数据或质化研究、实验研究等方法，对海外归国人才网络嵌入的特征以及网络嵌入和创新行为的关系进行探索。随着信息技术的迅猛发展，大数据分析正逐渐成为社会科学领域内不可或缺的研究工具之一。在未来针对海外归国人才网络嵌入问题展开的研究中，可以充分利用社交媒体数据或其他公开可获取的信息源来构建大规模样本数据库，以此为基础运用机器学习算法识别海外归国人才对不同激励制度的态度和看法，尤其是对网络嵌入的需求程度，进一步分析该群体的特征。

另外，采用纵向跟踪式设计将有助于观察更长时间范围内，海外归国人才在创新网络中与其周围网络节点之间互动模式的变化趋势，进而为制定长期人才培养计划提供依据。总的来说，未来研究可以尝试更多元化的研究方法，更为准确地描绘出复杂多变的创新网络嵌入激励开发模式，也为优化激励开发政策奠定坚实的基础。

参 考 文 献

艾志红. 2017. 创新网络中网络结构、吸收能力与创新绩效的关系研究[J]. 科技管理研究, 37(2): 26-32.

鲍威, 田明周, 陈得春. 2021. 新形势下海外高端人才的归国意愿及其影响因素[J]. 高等教育研究, 42(2): 24-34.

北京高校归国留学人员研究课题组, 汪远航. 2017. 北京高校归国留学人员有关情况调查分析报告[J]. 北京教育(高教), (12): 59-61.

布迪厄 P, 华康德 L D. 1998. 实践与反思: 反思社会学导引[M]. 李猛, 李康, 译. 北京: 中央编译出版社.

曹科岩, 窦志铭. 2015. 组织创新氛围、知识分享与员工创新行为的跨层次研究[J]. 科研管理, 36(12): 83-91.

常路, 汪旭立, 符正平. 2019. 高校及科研院所机构协同创新绩效的影响因素研究: 基于社会网络的视角[J]. 科技管理研究, 39(14): 100-108.

陈德球, 孙颖, 王丹. 2021. 关系网络嵌入、联合创业投资与企业创新效率[J]. 经济研究, 56(11): 67-83.

陈健, 柳卸林, 邱姝敏, 等. 2017. 海归创业的外来者劣势和知识资本的调节作用[J]. 科学学研究, 35(9): 1348-1358.

陈劲, 阳银娟. 2012. 协同创新的理论基础与内涵[J]. 科学学研究, 30(2): 161-164.

陈如芳, 徐卫星. 2016. 企业网络关系嵌入与技术创新绩效关系的实证研究: 知识获取的中介作用[J]. 科技与管理, 18(4): 74-81.

陈玉萍, 高强, 谢家平. 2020. 研发国际化与企业创新绩效: 吸收能力的调节作用[J]. 上海对外经贸大学学报, 27(6): 113-122.

崔丹. 2022. 从硅谷到伦敦东区: 如何打造创新风向标[EB/OL]. https://m.gmw.cn/baijia/2022-04/14/35657644.html[2024-11-01].

戴勇, 朱桂龙, 刘荣芳. 2018. 集群网络结构与技术创新绩效关系研究: 吸收能力是中介变量吗?[J]. 科技进步与对策, 35(9): 16-22.

党兴华, 常红锦. 2013. 网络位置、地理临近性与企业创新绩效: 一个交互效应模型[J]. 科研管理, 34(3): 7-13, 30.

丁栋虹, 刘志彪. 1999. 从人力资本到异质型人力资本[J]. 生产力研究, (3): 7-9.

杜德斌, 段德忠. 2015. 全球科技创新中心的空间分布、发展类型及演化趋势[J]. 上海城市规划, (1): 76-81.

杜鹏程, 贾玉立, 倪清. 2015. 差错能成为创新之源吗: 基于差错管理文化对员工创造力影响的跨层次分析[J]. 科技管理研究, 35(9): 161-166.

范巍, 蔡学军. 2012-01-31. 创业环境: "海归"的期盼与梦想[N]. 光明日报, (15).

范旭, 李蓓黎, 李键江. 2023. 海外人才回流对企业技术创新的影响研究[J]. 科研管理, 44(11): 85-93.

冯丹, 陈思宇, 荀怡. 2020. 新时期青年归国留学人员群体基本情况与思想动态调查[J]. 中国人事科学, (7): 43-54.

冯熹宇, 王菡丽, 徐娜. 2023. 绿色创新网络嵌入、资源获取与企业绿色创新质量[J]. 中国软科学, (11): 175-188.

付平, 张萃. 2021. 海外人才回流的城市创新效应研究[J]. 现代经济探讨, (2): 96-107.

付雅宁, 刘凤朝, 马荣康. 2018. 发明人合作网络影响企业探索式创新的机制研究: 知识网络的调节作用[J]. 研究与发展管理, 30(2): 21-32.

高灵新. 2017. 基于文化维度的高校"海归"教师跨文化逆向性适应研究[J]. 中国成人教育, (10): 48-52.

高远东, 花拥军. 2012. 异质型人力资本对经济增长作用的空间计量实证分析[J]. 经济科学, (1): 39-50.

高子平. 2019. 中美竞争新格局下的我国海外人才战略转型研究[J]. 华东师范大学学报(哲学社会科学版), 51(3): 125-132, 176.

葛诺, 白旭, 陈政霖, 等. 2022. 创建科学城过程中如何防止"筑波病"?——日本筑波科学城发展的历史经验、教训及启示[J]. 中国软科学, (9): 74-84.

耿丽君, 张华, 何水儿. 2013. 社会网络对个体知识创新的影响机理研究[J]. 科技管理研究, 33(12): 1-6.

顾建平, 房颖莉. 2022. 战略性企业社会责任与组织韧性: 网络嵌入与创新能力的链式中介作用[J]. 科技管理研究, 42(16): 146-153.

顾远东, 彭纪生. 2010. 组织创新氛围对员工创新行为的影响: 创新自我效能感的中介作用[J]. 南开管理评论, 13(1): 30-41.

顾远东, 彭纪生. 2011. 创新自我效能感对员工创新行为的影响机制研究[J]. 科研管理, 32(9): 63-73.

顾远东, 周文莉, 彭纪生. 2014a. 组织创新氛围、成败经历感知对研发人员创新效能感的影响[J]. 研究与发展管理, 26(5): 82-94.

顾远东, 周文莉, 彭纪生. 2014b. 组织创新支持感对员工创新行为的影响机制研究[J]. 管理学报, 11(4): 548-554, 609.

顾远东, 周文莉, 彭纪生. 2016. 组织创新支持感与员工创新行为: 多重认同的中介作用[J]. 科技管理研究, 36(16): 129-136.

郭东杰, 詹梦琳. 2021. 创业团队、人力资本异质性与企业绩效: 基于研发投入的中介效应研究[J]. 产经评论, 12(2): 76-86.

郭彦丽, 付旭, 陈建斌. 2024. 人机交互场景下用户知识吸收能力影响因素的组态分析[J]. 经济问题, (6): 51-57.

哈肯 H. 1995. 协同学: 大自然构成的奥秘[M]. 凌复华, 译. 上海: 上海译文出版社.

韩凤芹, 马婉宁, 陈亚平, 等. 2024. 创新生态系统的演进逻辑: 基于江苏产研院的单案例分析[J/OL]. 科学学研究: 1-20. https://doi.org/10.16192/j.cnki.1003-2053.20240806.002[2024-11-07].

韩联郡, 李侠. 2018. 研发活动、科学文化土壤与高端科技人才集聚[J]. 科学与社会, 8(4): 80-93.

韩翼. 2006. 雇员工作绩效结构模型构建与实证研究[D]. 武汉: 华中科技大学.

韩翼, 廖建桥, 龙立荣. 2007. 雇员工作绩效结构模型构建与实证研究[J]. 管理科学学报, 10(5): 62-77.

郝旭光, 张嘉祺, 雷卓群, 等. 2021. 平台型领导: 多维度结构、测量与创新行为影响验证[J]. 管理世界, 37(1): 186-199, 216, 12.

何会涛, 袁勇志. 2018. 海外人才创业双重网络嵌入及其交互对创业绩效的影响研究[J]. 管理学报, 15(1): 66-73.

何圣东. 2002. 非正式交流与企业集群创新能力[J]. 科学学与科学技术管理, 23(6): 44-46.

何喜军, 吴爽爽, 武玉英, 等. 2022. 专利转让网络中结构洞占据者识别及角色演化: 粤港澳大湾区的实证研究[J]. 科学学与科学技术管理, 43(4): 75-94.

何郁冰. 2012. 产学研协同创新的理论模式[J]. 科学学研究, 30(2): 165-174.

何郁冰. 2015. 国内外开放式创新研究动态与展望[J]. 科学学与科学技术管理, 36(3): 3-12.

侯浩翔, 王旦. 2018. 基于多群组结构模型的学校创新氛围与教师教学创新关系研究[J]. 现代教育管理, (9): 74-79.

胡双钰, 吴和成. 2023. 技术多元化、吸收能力与创新绩效[J]. 系统工程, 41(6): 30-40.

胡双钰, 吴和成. 2024. 促进还是抑制: 合作网络嵌入对组织创新绩效影响[J]. 系统工程, 42(6): 16-29.

黄杜鹃, 陈松. 2015. 主动组织遗忘对吸收能力的影响: 环境动荡性的调节作用[J]. 科技进步与对策, 32(17): 89-93.

黄杜鹃, 陈松, 叶江峰. 2016. 主动组织遗忘、吸收能力与创新绩效关系研究[J]. 科研管理, 37(10): 18-25.

季小立, 龚传洲. 2010. 区域创新体系构建中的人才集聚机制研究[J]. 中国流通经济, 24(4): 73-76.

姜海宁, 丁海龙. 2018. 留创园建设与区域社会空间分异: 对杭州余杭留创园及其周边的实证研究[J]. 浙江师范大学学报(自然科学版), 41(2): 99-106.

姜平, 杨付, 张丽华. 2020. 领导幽默如何激发员工创新: 一个双中介模型的检验[J]. 科学学与科学技术管理, 41(4): 98-112.

姜骞, 唐震. 2018. "资源-能力-关系"框架下网络能力与科技企业孵化器服务创新绩效研究: 知识积累的中介作用与知识基的调节作用[J]. 科技进步与对策, 35(5): 126-133.

蒋佳, 赵晶晶, 盛玉雪. 2019. 高等教育、异质性人力资本和全要素生产率: 基于空间溢出视角的实证研究[J]. 学海, (3): 170-175.

蒋天颖, 丛海彬, 王峥燕, 等. 2014. 集群企业网络嵌入对技术创新的影响: 基于知识的视角[J]. 科研管理, 35(11): 26-34.

教育部留学服务中心. 2024. 中国留学回国就业蓝皮书 2023[M]. 北京: 中国言实出版社.

李纲, 陈静静, 杨雪. 2017. 网络能力、知识获取与企业服务创新绩效的关系研究: 网络规模的调节作用[J]. 管理评论, 29(2): 59-68, 86.

李桂华, 赵珊, 王亚. 2020. 供应网络位置、吸收能力与企业创新绩效[J]. 软科学, 34(12): 1-7.

李浩, 胡海青. 2015. 孵化网络视角下毕业企业角色转换影响研究[J]. 软科学, 29(11): 70-74.

李季. 2013. 关系嵌入视角下的高校海外高层次人才服务研究[J]. 江苏高教, (1): 78-80.

李建国, 李罗丝. 2005. 当前影响留学人员回国工作相关因素解析[J]. 中国现代医学杂志, 15(4): 639-640.

李健, 余悦. 2018. 合作网络结构洞、知识网络凝聚性与探索式创新绩效: 基于我国汽车产业的实证研究[J]. 南开管理评论, 21(6): 121-130.

李京勋, 金意颖. 2017. 创新氛围、双元创新与创新绩效: 网络嵌入性的调节作用[J]. 延边大学学报（社会科学版）, 50(2): 99-105.

李静芝, 李永周. 2022. 组织创新氛围、网络嵌入对员工创新行为的影响[J]. 科技进步与对策, 39(12): 130-139.

李久鑫, 郑绍濂. 2002. 管理的社会网络嵌入性视角[J]. 外国经济与管理, 24(6): 2-6.

李玲, 党兴华, 贾卫峰. 2008. 网络嵌入性对知识有效获取的影响研究[J]. 科学学与科学技术管理, 29(12): 97-100, 140.

李平, 许家云. 2011. 金融市场发展、海归与技术扩散: 基于中国海归创办新企业视角的分析[J]. 南开管理评论, 14(2): 150-160.

李万, 常静, 王敏杰, 等. 2014. 创新 3.0 与创新生态系统[J]. 科学学研究, 32(12): 1761-1770.

李雪松, 党琳, 赵宸宇. 2022. 数字化转型、融入全球创新网络与创新绩效[J]. 中国工业经济, (10): 43-61.

李永周, 高楠鑫, 易倩, 等. 2018. 创新网络嵌入与高技术企业研发人员创新绩效关系研究[J]. 管理科学, 31(2): 3-19.

李永周, 李静芝, 袁波. 2020. 网络能力、网络嵌入对来华境外优秀人才创新绩效的影响研究[J]. 中国软科学, (2): 158-166.

李永周, 谭园, 张金霞. 2011. 企业异质型人力资本的体验性特征及应用研究[J]. 中国软科学, (12): 147-156.

李永周, 姚婳, 桂彬. 2009. 网络组织的知识流动结构与国家高新区集聚创新机理[J]. 中国软科学, (5): 89-95.

李永周, 张宏浩, 朱迎还, 等. 2022. 创新支持感对来华境外人才创新行为的影响: 创新网络嵌入的中介作用[J]. 科技进步与对策, 39(17): 142-151.

李永周, 庄芳丽. 2008. 论高新技术企业网络组织的集聚创新机制[J]. 科技管理研究, 28(12): 33-36.

李远. 1999. 创新环境及其政策的出发点: 兼论增强区域的全球化竞争力[J]. 经济地理, 19(3): 7-12.

李振华, 刘迟, 吴文清. 2019. 孵化网络结构社会资本、资源整合能力与孵化绩效[J]. 科研管理, 40(9): 190-198.

厉娜, 林润辉, 谢在阳. 2020. 多重网络嵌入下企业探索式创新影响机制研究[J]. 科学学研究, 38(1): 169-179.

梁娟, 陈国宏. 2015. 多重网络嵌入与集群企业知识创造绩效研究[J]. 科学学研究, 33(1): 90-97.

梁帅, 李正风. 2021. "人才帽子"下的资本转换与再生产: 中国海归科学家适应融入研究[J]. 高教探索, (7): 5-10.

廖泉文, 宋培林. 2002. 论异质型人力资本的形成机理[J]. 中国人才, (3): 21-22.

廖思华, 丁凤仪, 徐迩嘉, 等. 2021. 从"留学热"到"海归潮": 海归群体反向文化震荡的心理与行为效应[J]. 应用心理学, 27(3): 204-214.

林竞君. 2004. 嵌入性、社会网络与产业集群: 一个新经济社会学的视角[J]. 经济经纬, 21(5): 45-48.

林南. 2005. 社会资本: 关于社会结构与行动的理论[M]. 张磊, 译. 上海: 上海人民出版社.

林润辉, 李维安. 2000. 网络组织: 更具环境适应能力的新型组织模式[J]. 南开管理评论, 3(3): 4-7.

林涛. 2013. 基于协同学理论的高校协同创新机理研究[J]. 研究生教育研究, (2): 9-12.

林新奇, 丁贺. 2017. 人岗匹配对员工创新行为的影响机制研究: 内部人身份感知和创新自我效能感的作用[J]. 商业经济与管理, (7): 37-44.

凌文辁, 杨海军, 方俐洛. 2006. 企业员工的组织支持感[J]. 心理学报, 38(2): 281-287.

凌文辁, 张治灿, 方俐洛. 2001. 中国职工组织承诺研究[J]. 中国社会科学, (2): 90-102, 206.

刘柏, 郭书妍. 2017. 董事会人力资本及其异质性与公司绩效[J]. 管理科学, 30(3): 23-34.

刘斌, 王孟飞, 孙笑明, 等. 2018. 海外科研人才网络关系强度变化对其创造力的影响[J]. 科技进步与对策, 35(22): 123-130.

刘兰剑, 项丽琳. 2019. 创新网络研究的演化规律及热点领域可视化分析[J]. 研究与发展管理, 31(3): 145-158.

刘善仕, 冯镜铭, 王红椿, 等. 2016. 基于合作型人力资源实践的员工网络嵌入与角色外行为的关系研究[J]. 管理学报, 13(11): 1641-1647.

刘松博, 李育辉. 2014. 员工跨界行为的作用机制: 网络中心性和集体主义的作用[J]. 心理学报, 46(6): 852-863.

刘晓燕, 孙丽娜, 单晓红, 等. 2025. 嵌入性视角下创新网络社团创新绩效提升路径研究: 以我国集成电路产业为例[J]. 科技进步与对策, 42(8): 116-127.

刘学元, 丁雯婧, 赵先德. 2016. 企业创新网络中关系强度、吸收能力与创新绩效的关系研究[J]. 南开管理评论, 19(1): 30-42.

刘禹, 王春. 2017-11-27. 上海张江示范区: 创新驱动, 构造人才生态的"地心引力"[N]. 科技日报, (3).

刘玉敏, 李广平. 2016. 用工单位组织支持感对派遣员工离职倾向的影响: 有调节的中介效应[J]. 管理评论, 28(10): 193-201.

刘云, 石金涛, 张文勤. 2009. 创新气氛的概念界定与量表验证[J]. 科学学研究, 27(2): 289-294.

刘云, 王雪静, 郭栋. 2023. 新时代我国科技人才分类评价体系构建研究: 以中国科协人才奖励为例[J]. 科学学与科学技术管理, 44(11): 15-26.

柳学信, 程园, 孙忠娟. 2024. 服务业平台企业的网络能力、数字平台能力如何促进数字化创新?——资源编排视角[J/OL]. 经济管理: 1-23. https://kns.cnki.net/kcms/detail/11.1047.F.20240108.1306.016.html[2024-11-07].

鲁若愚, 周阳, 丁奕文, 等. 2021. 企业创新网络: 溯源、演化与研究展望[J]. 管理世界, 37(1): 217-233, 14.

罗瑾琏, 刘志文, 钟竞. 2017. 高校海归人才归国适应影响因素及效应研究[J]. 科技进步与对策, 34(14): 133-139.

罗晓燕. 2024-07-01. 留创园30年, 创新潮起活力涌[N]. 中国高新技术产业导报, (9).

罗勇, 高爽. 2019. 异质性人力资本、产业转移和产业结构优化[J]. 工业技术经济, 38(12): 41-50.

毛义华, 康晓婷, 方燕翎. 2021. 创新氛围与知识管理对创新绩效的影响研究[J]. 科学学研究, 39(3): 519-529.

孟庆时, 熊励, 余江, 等. 2022. 创新网络双重嵌入、网络耦合与产业升级: 基于上市企业面板数据的实证分析[J]. 科技进步与对策, 39(9): 42-52.

缪根红, 薛利, 陈万明, 等. 2014. 知识扩散路径与员工创新绩效关系的实证研究: 考虑知识吸收能力与主动遗忘能力的调节作用[J]. 研究与发展管理, 26(3): 12-21.

倪渊. 2019. 核心企业网络能力与集群协同创新: 一个具有中介的双调节效应模型[J]. 管理评

论, 31(12): 85-99.

欧阳娟, 唐开翼, 任浩, 等. 2025. 数字化如何赋能区域创新效率提升: 基于创新网络的作用机制[J]. 科技进步与对策, (2): 40-50.

潘娜, 宋雪儿, 黄婉怡. 2023. 新一线城市海外人才政策变现的比较研究[J]. 中国科技论坛, (5): 110-122.

庞博, 邵云飞, 王思梦. 2018. 联盟组合管理能力与企业创新绩效: 结构洞与关系质量的影响效应[J]. 技术经济, 37(6): 48-56.

彭伟, 金丹丹, 符正平. 2018. 双重网络嵌入、双元创业学习与海归创业企业成长关系研究[J]. 管理评论, 30(12): 63-75.

彭伟, 朱晴雯, 符正平. 2017. 双重网络嵌入均衡对海归创业企业绩效的影响[J]. 科学学研究, (9): 1359-1369.

彭英, 陆纪任, 闫家梁. 2022. 网络嵌入对企业创新绩效的影响: 兼论吸收能力的中介效应[J]. 科学与管理, 42(4): 9-15.

秦佳良, 张玉臣. 2018. 个人知识吸收能力与双元创新关系研究[J]. 科技进步与对策, 35(8): 128-136.

秦琳, 姜晓燕, 张永军. 2022. 国际比较视野下我国参与全球战略科技人才竞争的形势、问题与对策[J]. 国家教育行政学院学报, (8): 12-23.

权德衡. 2019. 网络嵌入、个体吸收能力与高校海外回国人才的创新绩效关系研究[D]. 武汉: 武汉科技大学.

人民智库. 2018. 中国海归群体思想观念调查报告(2018)[J]. 人民论坛, (6): 86-103.

任胜钢. 2010. 企业网络能力结构的测评及其对企业创新绩效的影响机制研究[J]. 南开管理评论, 13(1): 69-80.

芮正云, 罗瑾琏. 2019. 产业网络双重嵌入与新创企业创新追赶[J]. 科学学研究, 37(2): 267-275.

生命园留创园. 2018. 中关村生命园留学人员创业园: 海外人才为园区发展添瓦助力[J]. 中关村, (10): 51-53.

施蒙. 2021. 国际人才流动有哪些新趋势[EB/OL]. https://m.gmw.cn/baijia/2022-04/21/35676599.html[2024-11-01].

宋华, 卢强. 2017. 什么样的中小企业能够从供应链金融中获益?——基于网络和能力的视角[J]. 管理世界, 33(6): 104-121.

宋水正, 邵云飞. 2021. 联盟组合中焦点企业的网络能力对创新绩效的影响: 吸收能力的中介作用[J]. 技术经济, 40(11): 23-34.

宋占新. 2015. 将科技人才队伍建设放到更加突出的位置[J]. 党建研究, (1): 48-49.

苏国勋. 2003. 全球化背景下的文化冲突与共生(上)[J]. 国外社会科学, (3): 2-12.

苏中兴, 周梦菲. 2022. 实施新时代人才强国战略强化现代化建设人才支撑[J]. 中国行政管理, (12): 81-86.

隋杨, 陈云云, 王辉. 2012. 创新氛围、创新效能感与团队创新: 团队领导的调节作用[J]. 心理学报, 44(2): 237-248.

孙国强, 胡小雨, 邱玉霞. 2022. 大数据背景下企业网络与数字经济融合路径研究[J]. 中国科技论坛, (2): 95-104.

孙国强, 杨晶, 闫绪娴. 2021. 网络嵌入、知识搜索与组织韧性: 数字化转型的调节作用[J]. 科学决策, (11): 18-31.

孙乃娟, 郭国庆. 2016. 顾客承诺、自我提升与顾客公民行为: 社会交换理论视角下的驱动机制与调节作用[J]. 管理评论, 28(12): 187-197.

孙文浩. 2023. 高级劳动力要素阶段性"断点"特征与企业创新: 来自吸收能力理论和"威廉姆森"假说的解释[J]. 系统管理学报, 32(6): 1299-1312.

孙雯, 刘人境. 2023. 任务冲突对重大科学工程协同创新网络中参研人员结构嵌入性的作用机制: 一个链式中介模型[J]. 科技进步与对策, 40(6): 4-13.

孙学玉. 2016-06-22. 构建具有全球竞争力的人才制度体系[N]. 光明日报, (13).

孙永波, 刘竞言. 2020. 网络嵌入与企业合作创新绩效: 联盟信任的中介效应[J]. 科技管理研究, 40(12): 187-196.

谭蓉. 2016. 网络嵌入对高新技术企业研发人员创新绩效的影响研究: 以创新效能感为中介变量[D]. 武汉: 武汉科技大学.

唐朝永, 牛冲槐. 2017. 协同创新网络、人才集聚效应与创新绩效关系研究[J]. 科技进步与对策, 34(3): 134-139.

唐厚兴, 李芳, 胡启帆. 2024. 市场竞争结构对产学研协同创新意愿的影响机制[J]. 科技管理研究, 44(12): 170-176.

田红云, 刘艺玲, 贾瑞. 2016. 中小企业创新网络嵌入性与知识吸收能力的关系[J]. 科技管理研究, 36(15): 186-191, 196.

田真真, 王新华, 孙江永. 2020. 创新网络结构、知识转移与企业合作创新绩效[J]. 软科学, 34(11): 77-83.

屠兴勇, 王泽英, 张琪, 等. 2019. 基于动态环境的网络能力与渐进式创新绩效: 知识资源获取的中介作用[J]. 管理工程学报, 33(2): 42-49.

汪怿. 2016. 全球人才竞争的新趋势、新挑战及其应对[J]. 科技管理研究, 36(4): 40-45, 49.

王大洲. 2001. 企业创新网络的进化与治理: 一个文献综述[J]. 科研管理, 22(5): 96-103.

王伏虎, 赵喜仓. 2014. 知识获取、吸收能力与企业创新间关系研究[J]. 科技进步与对策, 31(6): 130-134.

王海花, 谢萍萍, 熊丽君. 2019. 创业网络、资源拼凑与新创企业绩效的关系研究[J]. 管理科学, 32(2): 50-66.

王核成, 李鑫. 2019. 企业网络嵌入性对创新绩效的影响: 网络权力的中介作用及吸收能力的调节作用[J]. 科技管理研究, 39(21): 122-129.

王辉, 常阳. 2017. 组织创新氛围、工作动机对员工创新行为的影响[J]. 管理科学, 30(3): 51-62.

王缉慈. 2001. 创新的空间: 企业集群与区域发展[M]. 北京: 北京大学出版社.

王建红. 2011. 海外归国人员创业自我效能及其与创业意向关系研究: 基于上海海归的实证[D]. 上海: 华东师范大学.

王江哲, 刘益, 陈晓菲. 2018. 产学研合作与高校科研成果转化: 基于知识产权保护视角[J]. 科技管理研究, 38(17): 119-126.

王婕, 宋耘. 2020. 关系管理能力对企业创新绩效的影响研究: 基于网络结构特征的视角[J]. 电子科技大学学报(社科版), 22(6): 76-85.

王金凤, 朱雅健, 冯立杰, 等. 2023. 基于Meta分析的供应链网络嵌入性与协同创新绩效关系研究[J]. 技术经济, 42(6): 47-59.

王进富, 张颖颖, 苏世彬, 等. 2013. 产学研协同创新机制研究: 一个理论分析框架[J]. 科技进步与对策, 30(16): 1-6.

王凯, 胡赤弟, 陈艾华. 2019. 大学网络能力对产学知识协同创新绩效的影响[J]. 科研管理, 40(8): 166-178.

王雷. 2013. 外部社会资本与集群企业创新绩效的关系: 知识溢出与学习效应的影响[J]. 管理学报, 10(3): 444-450.

王丽平, 何亚蓉. 2016. 互补性资源、交互能力与合作创新绩效[J]. 科学学研究, 34(1): 132-141.

王天力, 张秀娥. 2013. 吸收能力构念解析与理解误区解读[J]. 外国经济与管理, 35(2): 2-11.

王婉娟, 危怀安. 2016. 协同创新能力评价指标体系构建: 基于国家重点实验室的实证研究[J]. 科学学研究, 34(3): 471-480.

王巍, 孙笑明, 崔文田, 等. 2019. 关系强度和结构洞对关键研发者知识扩散的影响: 成长阶段的调节效应[J]. 管理科学, 32(4): 105-116.

王新华, 车珍, 于灏, 等. 2019. 网络嵌入、多途径知识集聚与创新力: 知识流耦合的调节作用[J]. 南开管理评论, 22(3): 28-39.

王永贵, 刘菲. 2019. 网络中心性对企业绩效的影响研究: 创新关联、政治关联和技术不确定性的调节效应[J]. 经济与管理研究, 40(5): 113-127.

魏浩, 王宸, 毛日昇. 2012. 国际间人才流动及其影响因素的实证分析[J]. 管理世界, 28(1): 33-45.

魏江, 徐蕾. 2014. 知识网络双重嵌入、知识整合与集群企业创新能力[J]. 管理科学学报, 17(2): 34-47.

魏杰, 赵俊超. 2001. 关于人力资本作为企业制度要素的思考[J]. 理论前沿, (10): 3-4.

魏立才. 2019. 海外青年理工科人才回国流向及其影响因素研究[J]. 高等教育研究, 40(6): 25-33.

吴礼雄. 2018. 创新氛围、网络嵌入与高校海外回国优秀人才的创新绩效关系研究[D]. 武汉: 武汉科技大学.

吴明隆. 2010. 结构方程模型: AMOS 的操作与应用[M]. 2 版. 重庆: 重庆大学出版社.

吴松强, 曹新雨, 蔡婷婷. 2020. 网络嵌入性、知识搜索与企业创新能力关系研究: 基于江苏先进制造业集群的实证检验[J]. 科技进步与对策, 37(22): 99-105.

吴伟伟, 刘业鑫, 高鹏斌. 2019. 研发项目群人员创新效能感对创新行为的影响[J]. 科研管理, 40(8): 243-252.

吴文清, 石昆, 黄宣. 2019. 科技企业孵化器网络嵌入、知识能力与孵化绩效[J]. 天津大学学报(社会科学版), 21(3): 208-220.

吴晓波, 刘雪锋, 胡松翠. 2007. 全球制造网络中本地企业知识获取实证研究[J]. 科学学研究, 25(3): 486-492.

吴晓波, 许冠南, 杜健. 2011. 网络嵌入性: 组织学习与创新[M]. 北京: 科学出版社.

吴兴宇, 王满. 2020. 产学研协同创新视角下联盟网络嵌入对创新绩效的影响[J]. 科技进步与对策, 37(3): 16-23.

吴治国, 石金涛, 杨帆. 2008. 组织创新气氛概念的讨论与界定[J]. 科学学研究, (2): 435-441.

项保华, 刘丽珍. 2007. 社会资本与人力资本的内在关系研究[J]. 商业研究, (11): 1-4.

项杨雪, 梅亮, 陈劲. 2014. 基于高校知识三角的产学研协同创新实证研究: 自组织视角[J]. 管理工程学报, 28(3): 100-109, 99.

解学梅, 左蕾蕾. 2013. 企业协同创新网络特征与创新绩效: 基于知识吸收能力的中介效应研究[J]. 南开管理评论, 16(3): 47-56.

邢海燕, 陈梦娜. 2024. 海归人才的回国适应现状及新时代我国人才高地建设的路径探索: 以上海为例[J]. 上海市社会主义学院学报, (1): 63-81.

邢小强, 仝允桓. 2006. 网络能力: 概念、结构与影响因素分析[J]. 科学学研究, 24(S2): 558-563.

徐爱萍, 高爽. 2012. 高层次创新型科技人才的内涵、特征及成长规律[J]. 价值工程, 31(19): 262-263.

徐刚, 杨陈, 孙金花. 2014. 知识吸收能力视角的企业IT能力与联盟创新绩效的作用机理研究: 基于系统动力学的建模与仿真[J]. 现代情报, 34(5): 69-75.

徐蕾, 倪嘉君. 2019. 网络异质性如何提升创新绩效?——基于设计驱动型创新解析视角的实证研究[J]. 科学学研究, 37(7): 1334-1344.

徐晓俊. 2023. 商贸流通企业网络关系嵌入、双元能力与创新绩效[J]. 商业经济研究, (17): 158-161.

徐言琨, 侯克兴. 2020. 科技型企业创新网络结构与创新绩效影响关系研究[J]. 工业技术经济, 39(4): 36-41.

徐艳. 2016. 大数据时代企业人力资源绩效管理创新[J]. 江西社会科学, 36(2): 182-187.

许冠南, 周源, 刘雪锋. 2011. 关系嵌入性对技术创新绩效作用机制案例研究[J]. 科学学研究, 29(11): 1728-1735.

许慧, 郭丕斌, 暴丽艳. 2021. 组织创新支持对科研人员创新行为的影响: 基于创新自我效能感、知识共享的链式中介效应[J]. 科技管理研究, 41(8): 124-131.

许礼刚, 刘兴龙, 詹庆武, 等. 2024. 人才导向的创新创业生态系统协同机制与动态演化[J/OL]. 系统工程: 1-21. https://kns.cnki.net/kcms/detail/43.1115.N.20240827.1414.002.html[2024-11-07].

许庆瑞, 毛凯军. 2003. 论企业集群中的龙头企业网络和创新[J]. 研究与发展管理, 15(4): 53-58.

许欣, 胡兴球, 唐震. 2018. 组织伦理氛围对外派回任员工离职倾向的影响研究: 以工作嵌入为中介变量[J]. 管理现代化, 38(2): 101-104.

闫嘉欣. 2023-12-06. 深圳着力打造留学回国人才筑梦"登陆点"深爱人才汇菁英[N]. 中国组织人事报, (4).

阎亮, 张治河. 2017. 组织创新氛围对员工创新行为的混合影响机制[J]. 科研管理, 38(9): 97-105.

杨博旭, 王玉荣, 李兴光. 2019. "厚此薄彼"还是"雨露均沾": 组织如何有效利用网络嵌入资源提高创新绩效[J]. 南开管理评论, 22(3): 201-213.

杨河清, 陈怡安. 2013. 中国海外智力回流影响动因的实证研究: 基于动态面板模型的经验分析[J]. 经济经纬, 30(3): 86-90.

杨蕙馨, 孙芹, 王海花. 2022. 知识网络动态性对高校协同创新绩效的影响研究: 合作网络的调节作用[J]. 经济与管理研究, 43(10): 68-80.

杨晶照, 杨东涛, 赵顺娣, 等. 2011. 工作场所中员工创新的内驱力: 员工创造力自我效能感[J]. 心理科学进展, 19(9): 1363-1370.

杨靓, 曾德明, 邹思明, 等. 2021. 科学合作网络、知识多样性与企业技术创新绩效[J]. 科学学研究, 39(5): 867-875.

杨震宁, 侯一凡, 李德辉, 等. 2021. 中国企业"双循环"中开放式创新网络的平衡效应: 基于数字赋能与组织柔性的考察[J]. 管理世界, 37(11): 184-205, 12.

杨中华, 李亚鑫, 向纯洁. 2021. 组织支持感对高校科技人员创新行为的影响: 心理资本的中介作用[J]. 科技与经济, 34(1): 81-85.

姚艳虹, 衡元元. 2013. 知识员工创新绩效的结构及测度研究[J]. 管理学报, 10(1): 97-102.

叶伟巍, 梅亮, 李文, 等. 2014. 协同创新的动态机制与激励政策: 基于复杂系统理论视角[J]. 管理世界, (6): 79-91.

易倩. 2017. 组织支持感、网络嵌入与境外优秀人才创业绩效关系研究[D]. 武汉: 武汉科技大学.

余东华, 芮明杰. 2007. 基于模块化网络组织的知识流动研究[J]. 南开管理评论, 10(4): 11-16, 28.

余维新, 熊文明. 2021. 创新网络非正式治理对知识优势形成的影响研究: 知识活性视角[J]. 软科学, 35(2): 26-31, 45.

余维新, 熊文明, 黄卫东, 等. 2020. 创新网络关系治理对知识流动的影响机理研究[J]. 科学学研究, 38(2): 373-384.

俞兆渊, 鞠晓伟, 余海晴. 2020. 企业社会网络影响创新绩效的内在机理研究: 打开知识管理能力的黑箱[J]. 科研管理, 41(12): 149-159.

袁璐. 2018-07-12. 有效发明专利拥有量首次突破8万件 中关村跻身全球科技创新中心行列[N]. 北京晚报, (2).

原长弘, 孙会娟. 2013. 政产学研用协同与高校知识创新链效率[J]. 科研管理, 34(4): 60-67.

原毅军, 高康. 2020. 产业协同集聚、空间知识溢出与区域创新效率[J]. 科学学研究, 38(11): 1966-1975, 2007.

岳振明, 赵树宽. 2022. 我国创新网络研究现状与趋势分析[J]. 科研管理, 43(5): 141-153.

詹坤, 邵云飞, 唐小我. 2018. 联盟组合的网络结构对企业创新能力影响的研究[J]. 研究与发展管理, 30(6): 47-58.

詹小慧, 李群. 2020. 组织支持感与员工创新绩效: 一个跨层次的调节模型[J]. 当代经济管理, 42(1): 71-77.

张宝建, 胡海青, 张道宏. 2011. 企业创新网络的生成与进化: 基于社会网络理论的视角[J]. 中国工业经济, (4): 117-126.

张宝建, 裴梦丹, 陈劲, 等. 2021. 价值共创行为、网络嵌入与创新绩效: 组织距离的调节效应[J]. 经济管理, 43(5): 109-124.

张宝建, 孙国强, 裴梦丹, 等. 2015. 网络能力、网络结构与创业绩效: 基于中国孵化产业的实证研究[J]. 南开管理评论, 18(2): 39-50.

张方华. 2010. 网络嵌入影响企业创新绩效的概念模型与实证分析[J]. 中国工业经济, (4): 110-119.

张涵. 2018. 《2018年中国海归就业创业调查报告》在京发布[J]. 中国国情国力, (9): 80.

张涵, 杨晓昕. 2019. 异质性人力资本、空间溢出与高技术产业创新[J]. 科技进步与对策, 36(22): 51-59.

张浩, 孙新波. 2017. 网络嵌入视角下创业者外部社会资本对创业机会识别的影响研究[J]. 科学学与科学技术管理, 38(12): 133-147.

张恒俊, 杨皎平. 2015. 双重网络嵌入、学习空间与集群企业技术创新的实证研究[J]. 研究与发展管理, 27(1): 51-60.

张宏浩. 2022. 创新支持感、网络认同与海外归国人才创新绩效关系研究[D]. 武汉: 武汉科技大学.

张静, 邓大胜. 2021. 异质性科技人力资源集聚及影响因素研究[J]. 技术经济, 40(3): 108-118.

张静, 王宏伟, 陈多思. 2024. 人才计划激发高层次科技人才的成就动机吗?[J]. 技术经济, 43(4): 51-63.

张军玲, 许鑫. 2024. 发明人关系网络对创新绩效的影响研究: 多层网络视角[J]. 软科学, 38(6): 20-27.

张珺涵, 罗津, 罗守贵, 等. 2022. 客户异质性对科技企业创新效率影响机理探究: 异质性人力资本的调节作用[J]. 中央财经大学学报, (12): 123-133.

张利斌, 张鹏程, 王豪. 2012. 关系嵌入、结构嵌入与知识整合效能: 人—环境匹配视角的分析框架[J]. 科学学与科学技术管理, 33(5): 78-83.

张首魁, 党兴华. 2009. 关系结构、关系质量对合作创新企业间知识转移的影响研究[J]. 研究与发展管理, 21(3): 1-7, 14.

张爽, 陈晨. 2022. 创新氛围对创新绩效的影响: 知识吸收能力的中介作用[J]. 科研管理, 43(6): 113-120.

张曦如, 林道谧. 2015. 移动互联网产业海归人才适应国内环境机制的研究[J]. 管理现代化, 35(5): 63-65.

张雪, 窦硕华. 2021. 返乡文化休克中的文化适应调查研究: 以海外归国人员为例[J]. 文化创新比较研究, (35): 5-8.

张悦, 梁巧转, 范培华. 2016. 网络嵌入性与创新绩效的 Meta 分析[J]. 科研管理, 37(11): 80-88.

张振刚, 付斯洋, 余传鹏. 2018. 个体知识吸收能力对员工创新绩效的影响[J]. 中国人力资源开发, 35(3): 73-83.

张振刚, 余传鹏, 李云健. 2016. 主动性人格、知识分享与员工创新行为关系研究[J]. 管理评论, 28(4): 123-133.

张志强, 吕爽. 2019. 创新自我效能感与创新行为的关系研究: 创新支持的调节作用[J]. 技术经济与管理研究, (4): 50-54.

赵树宽, 岳振明. 2023. 网络惯例、知识转移与创新绩效的关系: 以合作公平、吸收能力为调节变量[J]. 科技管理研究, 43(24): 151-163.

赵炎, 齐念念, 阎瑞雪, 等. 2023. 结构嵌入、吸收能力与企业持续性创新: 来自高新技术企业联盟创新网络的证据[J]. 管理工程学报, 37(4): 85-98.

赵炎, 叶舟, 韩笑. 2022. 创新网络技术多元化、知识基础与企业创新绩效[J]. 科学学研究, 40(9): 1698-1709.

赵云辉, 李亚慧, 郭毅. 2018. 社会网络结构对跨国公司知识转移的影响研究: 看门人角色的中介作用[J]. 中国软科学, (5): 147-159.

郑继兴, 刘静. 2015. 社会网络对小微企业创新成果采纳的影响: 知识吸收能力的中介效应[J]. 科技进步与对策, 32(19): 79-83.

郑巧英, 王辉耀, 李正风. 2014. 全球科技人才流动形式、发展动态及对我国的启示[J]. 科技进步与对策, 31(13): 150-154.

中国科协创新战略研究院中国科技人力资源研究项目组. 2025. 中国科技人力资源发展研究报

告(2022)[M]. 北京：科学出版社.

中华人民共和国科学技术部. 2020.中国科技人才发展报告(2020)[M]. 北京：科学技术文献出版社.

周劲波, 李炫灿. 2023. 用户创业学习、创业能力与创业绩效的影响关系：基于众创空间网络嵌入的调节作用[J]. 科技管理研究, 43(23): 195-203.

周密, 赵西萍, 司训练. 2009. 团队成员网络中心性、网络信任对知识转移成效的影响研究[J]. 科学学研究, 27(9): 1384-1392.

周霞, 何健文. 2011. 组织知识吸收能力与个人知识吸收能力的连通性研究[J]. 中国科技论坛, (11): 113-118, 125.

朱桂龙, 李兴耀, 杨小婉. 2020. 合作网络视角下国际人才对组织知识创新影响研究：以人工智能领域为例[J]. 科学学研究, 38(10): 1879-1887.

朱金强, 徐世勇, 周金毅, 等. 2020. 跨界行为对创造力影响的跨层次双刃剑效应[J]. 心理学报, 52(11): 1340-1351.

朱金生, 陈丽丝, 蒋武. 2021. 基于知识图谱的国内海归创业研究进展综述[J]. 管理现代化, 41(4): 116-120.

朱秀梅, 陈琛, 蔡莉. 2010. 网络能力、资源获取与新企业绩效关系实证研究[J]. 管理科学学报, 13(4): 44-56.

朱雪春, 赵卓然, 贡文伟. 2024. 网络嵌入与双元学习如何提升供应商创新性：一个模糊集定性比较分析[J]. 科技进步与对策, 41(3): 123-132.

朱颖俊, 裴宇. 2014. 差错管理文化/心理授权对员工创新行为的影响：创新效能感的调节效应[J]. 中国人力资源开发, 31(17): 23-29.

庄子匀, 陈敬良. 2015. 服务型领导对员工创新行为和团队创新能力的影响：个体与团队的多层次实证研究[J]. 预测, 34(5): 15-21.

Abbott D H. 2010. Constructing a creative self-efficacy inventory: a mixed methods inquiry[D]. Lincoln : The University of Nebraska-Lincoln ProQuest Dissertations.

Acosta A S, Crespo Á H, Collado Agudo J. 2018. Effect of market orientation, network capability and entrepreneurial orientation on international performance of small and medium enterprises (SMEs)[J]. International Business Review, 27(6): 1128-1140.

Adler P S, Kwon S W. 2002. Social capital: prospects for a new concept[J]. The Academy of Management Review, 27(1): 17-40.

Ahuja G. 2000. Collaboration networks, structural holes, and innovation: a longitudinal study[J]. Administrative Science Quarterly, 45(3): 425-455.

Akbari F, Saberi M, Hussain O K. 2020. Social network structure-based framework for innovation evaluation and propagation for new product development[J]. Service Oriented Computing and Applications, 14(3): 189-201.

Allen D G, Shore L M, Griffeth R W. 2003. The role of perceived organizational support and supportive human resource practices in the turnover process[J]. Journal of Management, 29(1): 99-118.

Altbach P G, Reisberg L, Yudkevich M, et al. 2012. Paying the Professoriate: A Global Comparison of Compensation and Contracts[M]. New York: Routledge.

Amabile T M. 1997. Motivating creativity in organizations: on doing what you love and loving what you do[J]. California Management Review, 40(1): 39-58.

Amabile T M, Barsade S G, Mueller J S, et al. 2005. Affect and creativity at work[J]. Administrative Science Quarterly, 50(3): 367-403.

Anderson N, Potočnik K, Zhou J. 2014. Innovation and creativity in organizations: a state-of-the-science review, prospective commentary, and guiding framework[J]. Journal of Management, 40(5): 1297-1333.

Andersson U, Forsgren M, Holm U. 2002. The strategic impact of external networks: subsidiary performance and competence development in the multinational corporation[J]. Strategic Management Journal, 23(11): 979-996.

Araki M E, Bennett D L, Wagner G A. 2024. Regional innovation networks & high-growth entrepreneurship[J]. Research Policy, 53(1): 104900.

Armanios D E, Eesley C E, Li J Z, et al. 2017. How entrepreneurs leverage institutional intermediaries in emerging economies to acquire public resources[J]. Strategic Management Journal, 38(7): 1373-1390.

Bai W S, Holmström-Lind C, Johanson M. 2016. The performance of international returnee ventures: the role of networking capability and the usefulness of international business knowledge[J]. Entrepreneurship & Regional Development, 28(9/10): 657-680.

Ballot G, Fakhfakh F, Taymaz E. 2001. Firms' human capital, R&D and performance: a study on French and Swedish firms[J]. Labour Economics, 8(4): 443-462.

Bammens Y, Notelaers G, van Gils A. 2013. Employees as a source of innovation: the role of perceived organizational support in family firms[J]. Academy of Management Proceedings, 2013(1): 10400.

Bandura A. 1977. Self-efficacy: toward a unifying theory of behavioral change[J] Psychological Review, 84(2): 191-215.

Bandura A. 1986. Social Foundations of Thought and Action: A Social Cognitive Theory[M]. Englewood Cliffs: Prentice Hall.

Baruffaldi S H, Landoni P. 2012. Return mobility and scientific productivity of researchers working abroad: the role of home country linkages[J]. Research Policy, 41(9): 1655-1665.

Bathelt H, Li P F. 2014. Global cluster networks: foreign direct investment flows from Canada to China[J]. Journal of Economic Geography, 14(1): 45-71.

Beckett R C, Vachhrajani H. 2017. Transdisciplinary innovation: connecting ideas from professional and user networks[J]. Journal of Industrial Integration and Management, 2(4): 1750016.

Beghetto R A. 2006. Creative self-efficacy: correlates in middle and secondary students[J]. Creativity Research Journal, 18(4): 447-457.

Belso-Martinez J A, Diez-Vial I. 2018. Firm's strategic choices and network knowledge dynamics: how do they affect innovation?[J]. Journal of Knowledge Management, 22(1): 1-20.

Boadi I, Abekah J, Okoe Amartey A, et al. 2022. Social capital and knowledge creation: a higher education institution networks[J]. Cogent Education, 9(1): 2107313.

Bollen K A. 1989. Structural Equations with Latent Variables[M]. New York: John Wiley & Sons.

Boyd N G, Vozikis G S. 1994. The influence of self-efficacy on the development of entrepreneurial intentions and actions[J]. Entrepreneurship Theory and Practice, 18(4): 63-77.

Braczyk H J, Cooke P, Heidenreich M. 1998. Regional Innovation Systems: The Role of Governances in a Globalized World[M]. London: Routledge.

Brass D J, Galaskiewicz J, Greve H R, et al. 2004. Taking stock of networks and organizations: a multilevel perspective[J]. Academy of Management Journal, 47(6): 795-817.

Briscoe F, Rogan M. 2016. Coordinating complex work: knowledge networks, partner departures, and client relationship performance in a law firm[J]. Management Science, 62(8): 2392-2411.

Buchmann T, Kaiser M. 2019. The effects of R&D subsidies and network embeddedness on R&D output: evidence from the German biotech industry[J]. Industry and Innovation, 26(3): 269-294.

Buchmann T, Pyka A. 2015. The evolution of innovation networks: the case of a publicly funded German automotive network[J]. Economics of Innovation and New Technology, 24(1/2): 114-139.

Burt R S. 1992. Structural Holes: The Social Structure of Competition[M]. Cambridge: Harvard University Press.

Burt R S. 2004. Structural holes and good ideas[J]. American Journal of Sociology, 110(2): 349-399.

Cadorin E, Klofsten M, Löfsten H. 2021. Science parks, talent attraction and stakeholder involvement: an international study[J]. The Journal of Technology Transfer, 46(1): 1-28.

Callens C. 2023. User involvement as a catalyst for collaborative public service innovation[J]. Journal of Public Administration Research and Theory, 33(2): 329-341.

Camisón C, Villar-López A. 2014. Organizational innovation as an enabler of technological innovation capabilities and firm performance[J]. Journal of Business Research, 67(1): 2891-2902.

Caniëls M C J, de Stobbeleir K, de Clippeleer I. 2014. The antecedents of creativity revisited: a process perspective[J]. Creativity and Innovation Management, 23(2): 96-110.

Cantrell S M, Smith D. 2010. Workforce of One: Revolutionizing Talent Management Through Customization[M]. Cambridge: Harvard Business Press.

Caridi-Zahavi O, Carmeli A, Arazy O. 2016. The influence of CEOs' visionary innovation leadership on the performance of high-technology ventures: the mediating roles of connectivity and knowledge integration[J]. Journal of Product Innovation Management, 33(3): 356-376.

Carlsson B. 1997. Technological Systems and Industrial Dynamics[M]. Boston: Kluwer Academic.

Carlsson B, Stankiewicz R. 1991. On the nature, function and composition of technological systems[J]. Journal of Evolutionary Economics, 1(2): 93-118.

Carmeli A, Schaubroeck J. 2007. The influence of leaders' and other referents' normative expectations on individual involvement in creative work[J]. The Leadership Quarterly, 18(1): 35-48.

Carmeli A, Spreitzer G M. 2009. Trust, connectivity, and thriving: implications for innovative behaviors at work[J]. The Journal of Creative Behavior, 43(3): 169-191.

Cenamor J, Parida V, Wincent J. 2019. How entrepreneurial SMEs compete through digital platforms: the roles of digital platform capability, network capability and ambidexterity[J]. Journal of Business Research, 100: 196-206.

Chandler G N, Keller C, Lyon D W. 2000. Unraveling the determinants and consequences of an innovation-supportive organizational culture[J]. Entrepreneurship Theory and Practice, 25(1): 59-76.

Chandran V G R, Rasiah R, Lim T H. 2024. Driving labor productivity: the role of capability and human capital in Malaysia's food manufacturing firms[J]. The Singapore Economic Review, 69(1): 335-356.

Chen C, Liao J Q, Wen P. 2014. Why does formal mentoring matter? The mediating role of psychological safety and the moderating role of power distance orientation in the Chinese context[J]. The International Journal of Human Resource Management, 25(8): 1112-1130.

Chesbrough H W. 2003. The era of open innovation[J]. MIT Sloan Management Review, 44(3): 35-41.

Christensen-Salem A, Walumbwa F O, Hsu C I, et al. 2021. Unmasking the creative self-efficacy: creative performance relationship: the roles of thriving at work, perceived work significance, and task interdependence[J]. The International Journal of Human Resource Management, 32(22): 4820-4846.

Cohen W M, Levinthal D A. 1990. Absorptive capacity: a new perspective on learning and innovation[J]. Administrative Science Quarterly, 35(1): 128-152.

Contreras F, Aldeanueva I, Espinosa J C, et al. 2021. Potential and realized absorptive capacity in Colombian firms: the mediating role of the organizational climate for innovation[J]. Sage Open, 11(4): 1-11.

Cook M, Mo J P T. 2019. Architectural modeling for managing risks in forming an alliance[J]. Journal of Industrial Integration and Management, 4(3): 1950006.

Crawford-Mathis K, Darr S, Farmer A. 2010. The village network™: partnership and collaboration to alleviate poverty in subsistence marketplaces[J]. Journal of Business Research, 63(6): 639-642.

D'Costa P A. 2008. The International mobility of talent: trends and development implications[M]//Solimano A. The International Mobility of Talent: Types, Causes, and Development Impact. Oxford: Oxford University Press: 44-83.

Dahl M S, Sorenson O. 2012. Home sweet home: entrepreneurs' location choices and the performance of their ventures[J]. Management Science, 58(6): 1059-1071.

Dai Y H, Kong D M, Liu S S. 2018. Returnee talent and corporate investment: evidence from China[J]. European Accounting Review, 27(2): 313-337.

de Clercq D, Haq I U, Azeem M U. 2018. Self-efficacy to spur job performance[J]. Management Decision, 56(4): 891-907.

de Hoyos-Ruperto M, Romaguera J M, Carlsson B, et al. 2013. Networking: a critical success factor for entrepreneurship[J]. American Journal of Management, 13(2): 55-72.

de Jonge J, Spoor E, Sonnentag S, et al. 2012. "Take a break?!" Off-job recovery, job demands, and job resources as predictors of health, active learning, and creativity[J]. European Journal of Work and Organizational Psychology, 21(3): 321-348.

Docquier F, Rapoport H. 2012. Globalization, brain drain, and development[J]. Journal of Economic

Literature, 50(3): 681-730.

Dogbe C S K, Tian H Y, Pomegbe W W K, et al. 2020. Effect of network embeddedness on innovation performance of small and medium-sized enterprises[J]. Journal of Strategy and Management, 13(2): 181-197.

Donate M J, Peña I, Sánchez de Pablo J D. 2016. HRM practices for human and social capital development: effects on innovation capabilities[J]. The International Journal of Human Resource Management, 27(9): 928-953.

Drucker P F. 1954. The Practice of Management[M]. New York: Harper & Row.

Duchek S. 2015. Enhancing absorptive capacity for innovation and change: the role of structural determinants[J]. Journal of Change Management, 15(2): 142-160.

Dul J, Ceylan C, Jaspers F. 2011. Knowledge workers' creativity and the role of the physical work environment[J]. Human Resource Management, 50(6): 715-734.

Dunn M B. 2019. Early career developmental networks and professionals' knowledge creation[J]. Journal of Management, 45(4): 1343-1371.

Eisenberger R, Huntington R, Hutchison S, et al. 1986. Perceived organizational support[J]. Journal of Applied Psychology, 71(3): 500-507.

Eisenberger R, Stinglhamber F. 2011. Perceived Organizational Support: Fostering Enthusiastic and Productive Employees[M]. Washington DC: American Psychological Association.

Elsayed A M, Zhao B, Goda A E, et al. 2023. The role of error risk taking and perceived organizational innovation climate in the relationship between perceived psychological safety and innovative work behavior: a moderated mediation model[J]. Frontiers in Psychology, 14: 1042911.

Ernst D. 2006. Innovation off shoring: Asia's emerging role in global innovation networks[R]. Honolulu: East-West Center.

Farh C I C, Lanaj K, Ilies R. 2017. Resource-based contingencies of when team: member exchange helps member performance in teams[J]. Academy of Management Journal, 60(3): 1117-1137.

Feeley T H, Moon S I, Kozey R S, et al. 2010. An erosion model of employee turnover based on network centrality[J]. Journal of Applied Communication Research, 38(2): 167-188.

Flatten T C, Engelen A, Zahra S A, et al. 2011. A measure of absorptive capacity: scale development and validation[J]. European Management Journal, 29(2): 98-116.

Florida R, Adler P, Mellander C. 2017. The city as innovation machine[J]. Regional Studies, 51(1): 86-96.

Ford J A, Verreynne M L, Steen J. 2018. Limits to networking capabilities: relationship trade-offs and innovation[J]. Industrial Marketing Management, 74: 50-64.

Fosfuri A, Rønde T. 2004. High-tech clusters, technology spillovers, and trade secret laws[J]. International Journal of Industrial Organization, 22(1): 45-65.

Fredrickson B L. 2004. The broaden-and-build theory of positive emotions[J]. Philosophical Transactions of the Royal Society of London Series B: Biological Sciences, 359(1449): 1367-1377.

Freeman C. 1987. Technology, Policy, and Economic Performance: Lessons From Japan[M]. London: Pinter Publishers.

Freeman C. 1991. Networks of innovators: a synthesis of research issues[J]. Research Policy, 20(5): 499-514.

Gebreeyesus M, Mohnen P. 2013. Innovation performance and embeddedness in networks: evidence from the Ethiopian footwear cluster[J]. World Development, 41: 302-316.

Georgiou C, Dodd S D, Andriopoulos C, et al. 2013. Exploring the potential impact of colonialism on national patterns of entrepreneurial networking[J]. International Small Business Journal: Researching Entrepreneurship, 31(2): 217-224.

Ghasemzadeh K, Bunjak A, Bortoluzzi G, et al. 2021. Efficaciously smuggling ideas: untangling the relationship between entrepreneurial self-efficacy, creative bootlegging and embedded lead users[J]. International Journal of Innovation Management, 25(3): 2150032.

Giovannetti E, Piga C A. 2017. The contrasting effects of active and passive cooperation on innovation and productivity: evidence from British local innovation networks[J]. International Journal of Production Economics, 187: 102-112.

Gist M E. 1987. Self-efficacy: implications for organizational behavior and human resource management[J]. The Academy of Management Review, 12(3): 472-485.

Gloor P A. 2006. Swarm Creativity: Competitive Advantage Through Collaborative Innovation Networks[M]. Oxford: Oxford University Press.

González-Brambila C N, Veloso F M, Krackhardt D. 2013. The impact of network embeddedness on research output[J]. Research Policy, 42(9): 1555-1567.

Granovetter M. 1985. Economic action and social structure: the problem of embeddedness[J]. American Journal of Sociology, 91(3): 481-510.

Granovetter M. 1992. Economic institutions as social constructions: a framework for analysis[J]. Acta Sociologica, 35(1): 3-11.

Grigoriou K, Rothaermel F T. 2017. Organizing for knowledge generation: internal knowledge networks and the contingent effect of external knowledge sourcing[J]. Strategic Management Journal, 38(2): 395-414.

Gronum S, Verreynne M L, Kastelle T. 2012. The role of networks in small and medium-sized enterprise innovation and firm performance[J]. Journal of Small Business Management, 50(2): 257-282.

Gulati R, Gargiulo M. 1999. Where do interorganizational networks come from?[J]. American Journal of Sociology, 104(5): 1439-1493.

Gulati R, Srivastava S B. 2014. Bringing agency back into network research: constrained agency and network action[M]//Brass D J, Labianca G, Mehra A, et al. Contemporary Perspectives on Organizational Social Networks. Bingley: Emerald Group Publishing Limited: 73-93.

Guzmám G M, Castro S Y P. 2023. Collaboration, eco-innovation and economic performance in the automotive industry[J]. International Journal of Industrial Engineering and Operations Management, 5(3): 200-219.

Hagedoorn J, Roijakkers N, van Kranenburg H. 2006. Inter-firm R&D networks: the importance of strategic network capabilities for high-tech partnership formation1[J]. British Journal of

Management, 17(1): 39-53.

Håkansson H. 1987. Industrial Technological Development: A Network Approach[M]. London: Routledge.

Haken H, Fraser A M. 1989. Information and self-organization: a macroscopic approach to complex systems[J]. American Journal of Physics, 57: 958-959.

Haken H P J. 1988. Synergetics[J]. IEEE Circuits and Devices Magazine, 4(6): 3-7.

Halgin D S, Gopalakrishnan G M, Borgatti S P. 2015. Structure and agency in networked, distributed work: the role of work engagement[J]. American Behavioral Scientist, 59(4): 457-474.

Hani M, Dagnino G B. 2021. Global network coopetition, firm innovation and value creation[J]. Journal of Business & Industrial Marketing, 36(11): 1962-1974.

Hao X, Yan K, Guo S B, et al. 2017. Chinese returnees' motivation, post-return status and impact of return: a systematic review[J]. Asian and Pacific Migration Journal, 26(1): 143-157.

Hao Y J, Fan C C, Long Y G, et al. 2019. The role of returnee executives in improving green innovation performance of Chinese manufacturing enterprises: implications for sustainable development strategy[J]. Business Strategy and the Environment, 28(5): 804-818.

Harris C, Vickers J. 1995. Innovation and natural resources: a dynamic game with uncertainty[J]. The RAND Journal of Economics, 26(3): 418-430.

Harris L, Coles A M, Dickson K. 2000. Building innovation networks: issues of strategy and expertise[J]. Technology Analysis & Strategic Management, 12(2): 229-241.

Harter J K, Schmidt F L, Hayes T L. 2002. Business-unit-level relationship between employee satisfaction, employee engagement, and business outcomes: a meta-analysis[J]. Journal of Applied Psychology, 87(2): 268-279.

Hashim H, Amir Ishak N, Ghani Hilmi Z A. 2017. Job embeddedness and organizational climate[J]. Asian Journal of Quality of Life, 2(6): 31-42.

Hashim H, Marzuki S Z S, Mansor F. 2023. Leader-member exchange and employees with disabilities' job embeddedness: mediating effects of organizational climate[J]. Jurnal Pengurusan, 67: 17-30.

Haucap J, Klein G J. 2012. How regulation affects network and service quality in related markets[J]. Economics Letters, 117(2): 521-524.

Hayton J C, Carnabuci G, Eisenberger R. 2012. With a little help from my colleagues: a social embeddedness approach to perceived organizational support[J]. Journal of Organizational Behavior, 33(2): 235-249.

Hess M. 2004. 'Spatial' relationships? Towards a reconceptualization of embeddedness[J]. Progress in Human Geography, 28(2): 165-186.

Huggins R, Thompson P. 2014. A network-based view of regional growth[J]. Journal of Economic Geography, 14(3): 511-545.

Hughes D J, Lee A, Tian A W, et al. 2018. Leadership, creativity, and innovation: a critical review and practical recommendations[J]. The Leadership Quarterly, 29(5): 549-569.

Human G, Naudé P. 2009. Exploring the relationship between network competence, network capability, and firm performance: a resource-based perspective in an emerging economy[J]. Management Dynamics: Journal of the Southern African Institute for Management Scientists, 18(1): 2-14.

Imai K, Baba Y. 1989. Systemic innovation and cross-border networks: transcending markets and hierarchies to create a new techno-economic system[R]. Tokyo: Institute of Business Research, Hitotsubashi University.

Inkpen A C, Tsang E W K. 2005. Social capital, networks, and knowledge transfer[J]. The Academy of Management Review, 30(1): 146-165.

Iurkov V, Benito G R G. 2018. Domestic alliance networks and regional strategies of MNEs: a structural embeddedness perspective[J]. Journal of International Business Studies, 49(8): 1033-1059.

Janssen O. 2005. The joint impact of perceived influence and supervisor supportiveness on employee innovative behaviour[J]. Journal of Occupational and Organizational Psychology, 78(4): 573-579.

Jiang H, Cannella A A, Xia J,Jr, et al. 2017. Choose to fight or choose to flee? A network embeddedness perspective of executive ship jumping in declining firms[J]. Strategic Management Journal, 38(10): 2061-2079.

Jiang Y H, Yan X Y, Yang Z, et al. 2023. Returnee employees or independent innovation? The innovation strategy of latecomer countries: evidence from high-tech enterprises in China[J]. Technological Forecasting and Social Change, 192(1): 122591.

Jolly P M, Self T T. 2020. Psychological diversity climate, organizational embeddedness, and turnover intentions: a conservation of resources perspective[J]. Cornell Hospitality Quarterly, 61(4): 416-431.

Jung H J, Ali M. 2017. Corporate social responsibility, organizational justice and positive employee attitudes: in the context of Korean employment relations[J]. Sustainability, 9(11): 1992.

Kang S C, Morris S S, Snell S A. 2007. Relational archetypes, organizational learning, and value creation: extending the human resource architecture[J]. The Academy of Management Review, 32(1): 236-256.

Kanter R M. 1984. Innovation: our only hope for times ahead?[J]. MIT Sloan Management Review, 25(4): 51-55.

Kedia B L, Bhagat R S. 1988. Cultural constraints on transfer of technology across nations: implications for research in international and comparative management[J]. The Academy of Management Review, 13(4): 559-571.

Khaddam A A, Alzghoul A, Khawaldeh K, et al. 2023. How spiritual leadership influences creative behaviors: the mediating role of workplace climate[J]. International Journal of Professional Business Review, 8(2): e01106.

Kim H S. 2019. How a firm's position in a whole network affects innovation performance[J]. Technology Analysis & Strategic Management, 31(2): 155-168.

Koffka K. 1935. Principles of Gestalt Psychology[M]. London: Routledge.

Kogut B, Zander U. 1996. What firms do? Coordination, identity, and learning[J]. Organization

Science, 7(5): 502-518.

Kohtamäki M, Bourlakis M. 2012. Antecedents of relationship learning in supplier partnerships from the perspective of an industrial customer: the direct effects model[J]. Journal of Business & Industrial Marketing, 27(4): 299-310.

Koka B R, Prescott J E. 2002. Strategic alliances as social capital: a multidimensional view[J]. Strategic Management Journal, 23(9): 795-816.

Koka B R, Prescott J E. 2008. Designing alliance networks: the influence of network position, environmental change, and strategy on firm performance[J]. Strategic Management Journal, 29(6): 639-661.

Koschatzky K. 1999. Innovation networks of industry and business: related services: relations between innovation intensity of firms and regional inter-firm cooperation[J]. European Planning Studies, 7(6): 737-757.

Kumar P, Bhattacharya U, Nayek J K. 2014. Return migration and development: evidence from India's skilled professionals[M]//Tejada G, Bhattacharya U, Khadria B, et al. Indian Skilled Migration and Development: To Europe and Back. New Delhi: Springer: 263-284.

Kwon K, Kim T. 2020. An integrative literature review of employee engagement and innovative behavior: revisiting the JD-R model[J]. Human Resource Management Review, 30(2): 100704.

Lakshman C. 2014. Leveraging human capital through performance management process: the role of leadership in the USA, France and India[J]. The International Journal of Human Resource Management, 25(10): 1351-1372.

Lambooy J. 2004. The transmission of knowledge, emerging networks and the role of universities: an evolutionary approach[J]. European Planning Studies, 12(5): 643-657.

Landsperger J, Spieth P, Heidenreich S. 2012. How network managers contribute to innovation network performance[J]. International Journal of Innovation Management, 16(6): 1-21.

Lane P J, Lubatkin M. 1998. Relative absorptive capacity and interorganizational learning[J]. Strategic Management Journal, 19(5): 461-477.

Lapalme M È, Stamper C L, Simard G, et al. 2009. Bringing the outside in: can "external" workers experience insider status?[J]. Journal of Organizational Behavior, 30(7): 919-940.

Larcker D F, So E C, Wang C C Y. 2013. Boardroom centrality and firm performance[J]. Journal of Accounting and Economics, 55(2/3): 225-250.

Laursen K, Masciarelli F, Prencipe A. 2012. Regions matter: how localized social capital affects innovation and external knowledge acquisition[J]. Organization Science, 23(1): 177-193.

Laursen K, Salter A J. 2014. The paradox of openness: appropriability, external search and collaboration[J]. Research Policy, 43(5): 867-878.

Lepak D P, Snell S A. 1999. The human resource architecture: toward a theory of human capital allocation and development[J]. The Academy of Management Review, 24(1): 31-48.

Lewin K. 1951. Field Theory in Social Science[M]. New York: Harper & Row.

Li H Y, Zhang Y, Li Y, et al. 2012. Returnees versus locals: who perform better in China's technology entrepreneurship?[J]. Strategic Entrepreneurship Journal, 6(3): 257-272.

Li W, Veliyath R, Tan J. 2013. Network characteristics and firm performance: an examination of the relationships in the context of a cluster[J]. Journal of Small Business Management, 51(1): 1-22.

Liao H, Liu D, Loi R. 2010. Looking at both sides of the social exchange coin: a social cognitive perspective on the joint effects of relationship quality and differentiation on creativity[J]. Academy of Management Journal, 53(5): 1090-1109.

Lin D M, Lu J Y, Liu X H, et al. 2014. Returnee CEO and innovation in Chinese high-tech SMEs[J]. International Journal of Technology Management, 65(1/2/3/4): 151-171.

Lin N. 2002. Social Capital: A Theory of Social Structure and Action[M]. Cambridge: Cambridge University Press.

Litwin G H, Stringer R A,Jr. 1968. Motivation and Organizational Climate[M]. Boston: Harvard Business School.

Liu F, Chow I H, Zhang J C, et al. 2019. Organizational innovation climate and individual innovative behavior: exploring the moderating effects of psychological ownership and psychological empowerment[J]. Review of Managerial Science, 13(4): 771-789.

Liu Y P, Almor T. 2016. How culture influences the way entrepreneurs deal with uncertainty in inter-organizational relationships: the case of returnee versus local entrepreneurs in China[J]. International Business Review, 25(1): 4-14.

Loch C H, Tapper U A S. 2002. Implementing a strategy-driven performance measurement system for an applied research group[J]. Journal of Product Innovation Management, 19(3): 185-198.

Lowik S, Kraaijenbrink J, Groen A. 2016. The team absorptive capacity triad: a configurational study of individual, enabling, and motivating factors[J]. Journal of Knowledge Management, 20(5): 1083-1103.

Luo T Y, Zhang Z G. 2021. Multi-network embeddedness and innovation performance of R&D employees[J]. Scientometrics, 126(9): 8091-8107.

Luthans F, Avolio B J, Avey J B, et al. 2007. Positive psychological capital: measurement and relationship with performance and satisfaction[J]. Personnel Psychology, 60(3): 541-572.

Madjar N, Oldham G R, Pratt M G. 2002. There's no place like home? The contributions of work and nonwork creativity support to employees' creative performance[J]. Academy of Management Journal, 45(4): 757-767.

Mahmood I P, Zhu H J, Zajac E J. 2011. Where can capabilities come from? Network ties and capability acquisition in business groups[J]. Strategic Management Journal, 32(8): 820-848.

Majid A, Yasir M, Yousaf Z, et al. 2019. Role of network capability, structural flexibility and management commitment in defining strategic performance in hospitality industry[J]. International Journal of Contemporary Hospitality Management, 31(8): 3077-3096.

Malibari M A, Bajaba S. 2022. Entrepreneurial leadership and employees' innovative behavior: a sequential mediation analysis of innovation climate and employees' intellectual agility[J]. Journal of Innovation & Knowledge, 7(4): 100255.

Malik M A R, Butt A N, Choi J N. 2015. Rewards and employee creative performance: moderating effects of creative self-efficacy, reward importance, and locus of control[J]. Journal of

Organizational Behavior, 36(1): 59-74.

Mariani L, Trivellato B, Martini M, et al. 2022. Achieving sustainable development goals through collaborative innovation: evidence from four European initiatives[J]. Journal of Business Ethics, 180(4): 1075-1095.

Martins G S, Rossoni L, Duarte A L C M, et al. 2017. Supply chain relationships: exploring the effects of both relational and structural embeddedness on operational performance[J]. International Journal of Procurement Management, 10(5): 639-664.

Marullo C, Piccaluga A, Cesaroni F. 2022. From knowledge to impact. An investigation of the commercial outcomes of academic engagement with industry[J]. Technology Analysis & Strategic Management, 34(9): 1065-1080.

Massard N, Mehier C. 2009. Proximity and innovation through an "accessibility to knowledge" lens[J]. Regional Studies, 43(1): 77-88.

Matić D, Cabrilo S, Grubić-Nešić L, et al. 2017. Investigating the impact of organizational climate, motivational drivers, and empowering leadership on knowledge sharing[J]. Knowledge Management Research & Practice, 15(3): 431-446.

Mazzola E, Perrone G, Kamuriwo D S. 2015. Network embeddedness and new product development in the biopharmaceutical industry: the moderating role of open innovation flow[J]. International Journal of Production Economics, 160: 106-119.

McAuliffe M, Triandafyllidou A. 2021. World migration report 2022[R]. Geneva: International Organization for Migration.

McEvily B, Marcus A. 2005. Embedded ties and the acquisition of competitive capabilities[J]. Strategic Management Journal, 26(11): 1033-1055.

McGrath H, Medlin C J, O'Toole T. 2019. A process-based model of network capability development by a start-up firm[J]. Industrial Marketing Management, 80: 214-227.

McMillan J, Rothschild M, Wilson R. 1997. Introduction[J]. Journal of Economics & Management Strategy, 6(3): 425-430.

Melander L, Arvidsson A. 2022. Green innovation networks: a research agenda[J]. Journal of Cleaner Production, 357: 131926.

Mian S A, Hattab H W. 2013. How individual competencies shape the entrepreneur's social network structure: evidence from the MENA region[J]. International Journal of Business and Globalisation, 11(4): 399-412.

Miller K, McAdam R, Moffett S, et al. 2016. Knowledge transfer in university quadruple helix ecosystems: an absorptive capacity perspective[J]. R&D Management, 46(2): 383-399.

Minbaeva D, Pedersen T, Björkman I, et al. 2014. MNC knowledge transfer, subsidiary absorptive capacity and HRM[J]. Journal of International Business Studies, 45(1): 38-51.

Moran P. 2005. Structural vs. relational embeddedness: social capital and managerial performance[J]. Strategic Management Journal, 26(12): 1129-1151.

Mu J F. 2013. Networking capability, new venture performance and entrepreneurial rent[J]. Journal of Research in Marketing and Entrepreneurship, 15(2): 101-123.

Mumford M D, Scott G M, Gaddis B, et al. 2002. Leading creative people: orchestrating expertise and relationships[J]. The Leadership Quarterly, 13(6): 705-750.

Nahapiet J, Ghoshal S. 1998. Social capital, intellectual capital, and the organizational advantage[J]. The Academy of Management Review, 23(2): 242-266.

Nassani A A, Sinisi C, Paunescu L, et al. 2022. Nexus of innovation network, digital innovation and frugal innovation towards innovation performance: investigation of energy firms[J]. Sustainability, 14(7): 4330.

Neal D. 1995. Industry-specific human capital: evidence from displaced workers[J]. Journal of Labor Economics, 13(4): 653-677.

Nonaka I, Toyama R, Konno N. 2000. SECI, ba and leadership: a unified model of dynamic knowledge creation[J]. Long Range Planning, 33(1): 5-34.

OECD. 2008. The global competition for talent: mobility of the highly skilled[R]. Paris: Organisation for Economic Co-operation and Development.

Owen-Smith J, Powell W W. 2004. Knowledge networks as channels and conduits: the effects of spillovers in the Boston biotechnology community[J]. Organization Science, 15(1): 5-21.

Padmore T, Gibson H. 1998. Modelling systems of innovation: II. A framework for industrial cluster analysis in regions[J]. Research Policy, 26(6): 625-641.

Pangarkar N. 2018. The formula for successful innovation at SAS: integrating internal and external knowledge[J]. Global Business and Organizational Excellence, 37(2): 24-31.

Parker G G, van Alstyne M W. 2005. Two-sided network effects: a theory of information product design[J]. Management Science, 51(10): 1494-1504.

Perri T J. 2003. The cost of specialized human capital[J]. Economics of Education Review, 22(4): 433-438.

Perry-Smith J E, Mannucci P V. 2017. From creativity to innovation: the social network drivers of the four phases of the idea journey[J]. Academy of Management Review, 42(1): 53-79.

Petryk M, Rivera M, Bhattacharya S, et al. 2022. How network embeddedness affects real-time performance feedback: an empirical investigation[J]. Information Systems Research, 33(4): 1467-1489.

Phelps C C. 2010. A longitudinal study of the influence of alliance network structure and composition on firm exploratory innovation[J]. Academy of Management Journal, 53(4): 890-913.

Polanyi K. 1944. The Great Transformation: The Political and Economic Origins of Our Time[M]. Boston: Beacon Press.

Polanyi M. 1958. Personal Knowledge: Towards a Post-Critical Philosophy[M]. Chicago: University of Chicago Press.

Powell W W, Koput K W, Smith-Doerr L. 1996. Interorganizational collaboration and the locus of innovation: networks of learning in biotechnology[J]. Administrative Science Quarterly, 41(1): 116-145.

Prokop V, Gerstlberger W D, Zapletal D, et al. 2023. Do we need human capital heterogeneity for energy efficiency and innovativeness? Insights from European catching-up territories[J]. Energy

Policy, 177(3): 113565.

Rabl T, Petzsche V, Baum M, et al. 2023. Can support by digital technologies stimulate intrapreneurial behaviour? The moderating role of management support for innovation and intrapreneurial self-efficacy[J]. Information Systems Journal, 33(3): 567-597.

Rainie L, Wellman B. 2012. Networked: The New Social Operating System[M]. Cambridge: The MIT Press.

Reed R, Lewin K. 1951. Field theory in social science[J]. The American Catholic Sociological Review, 12(2): 103.

Ren F F, Zhang J H. 2015. Job stressors, organizational innovation climate, and employees' innovative behavior[J]. Creativity Research Journal, 27(1): 16-23.

Rich B L, Lepine J A, Crawford E R. 2010. Job engagement: antecedents and effects on job performance[J]. Academy of Management Journal, 53(3): 617-635.

Ritter T, Gemünden H G. 2003. Network competence: its impact on innovation success and its antecedents[J]. Journal of Business Research, 56(9): 745-755.

Robertson K M, O'Reilly J, Hannah D R. 2020. Finding meaning in relationships: the impact of network ties and structure on the meaningfulness of work[J]. The Academy of Management Review, 45(3): 596-619.

Robertson P L, Casali G L, Jacobson D. 2012. Managing open incremental process innovation: absorptive capacity and distributed learning[J]. Research Policy, 41(5): 822-832.

Rodan S. 2002. Innovation and heterogeneous knowledge in managerial contact networks[J]. Journal of Knowledge Management, 6(2): 152-163.

Romer P M. 1986. Increasing returns and long-run growth[J]. The Journal of Political Economy, 94(5), 1002-1037.

Rooney D, Mandeville T, Kastelle T. 2013. Abstract knowledge and reified financial innovation: building wisdom and ethics into financial innovation networks[J]. Journal of Business Ethics, 118(3): 447-459.

Rost K. 2011. The strength of strong ties in the creation of innovation[J]. Research Policy, 40(4): 588-604.

Rusanen H, Halinen A, Jaakkola E. 2014. Accessing resources for service innovation: the critical role of network relationships[J]. Journal of Service Management, 25(1): 2-29.

Rypestøl J O, Martin R, Kyllingstad N. 2022. New regional industrial path development and innovation networks in times of economic crisis[J]. Industry and Innovation, 29(7): 879-898.

Sari V A, Tiwari S. 2024. The geography of human capital: insights from the subnational human capital index in Indonesia[J]. Social Indicators Research, 172(2): 673-702.

Saxenian A. 1994. Regional Advantage: Culture and Competition in Silicon Valley and Route 128[M]. Cambridge: Harvard University Press.

Saxenian A. 2006. The New Argonauts: Regional Advantage in a Global Economy[M]. Cambridge: Harvard University Press.

Schilling M A, Steensma H K. 2001. The use of modular organizational forms: an industry-level analysis[J]. Academy of Management Journal, 44(6): 1149-1168.

Schøtt T, Jensen K W. 2016. Firms' innovation benefiting from networking and institutional support: a global analysis of national and firm effects[J]. Research Policy, 45(6): 1233-1246.

Schumpeter J A. 1912. The Theory of Economic Development: An Inquiry into Profits, Capital, Credit, Interest, and the Business Cycle[M]. Cambridge: Harvard University Press.

Schwab K. 2016. The fourth industrial revolution: what it means, how to respond[EB/OL]. http://publicservicesalliance.org/wp-content/uploads/2017/10/The-Fourth-Industrial-Revolution-what-it-means-and-how-to-respond-World-Economic-Forum.pdf[2024-11-01].

Scott J. 2011. Social network analysis: developments, advances, and prospects[J]. Social Network Analysis and Mining, 1(1): 21-26.

Scott S G, Bruce R A. 1994. Determinants of innovative behavior: a path model of individual innovation in the workplace[J]. Academy of Management Journal, 37(3): 580-607.

Scuotto V, del Giudice M, Carayannis E G. 2017. The effect of social networking sites and absorptive capacity on SMES' innovation performance[J]. The Journal of Technology Transfer, 42(2): 409-424.

Seijts G H, Latham G P. 2011. The effect of commitment to a learning goal, self-efficacy, and the interaction between learning goal difficulty and commitment on performance in a business simulation[J]. Human Performance, 24(3): 189-204.

Seo M G, Ilies R. 2009. The role of self-efficacy, goal, and affect in dynamic motivational self-regulation[J]. Organizational Behavior and Human Decision Processes, 109(2): 120-133.

Simsek Z, Lubatkin M H, Floyd S W. 2003. Inter-firm networks and entrepreneurial behavior: a structural embeddedness perspective[J]. Journal of Management, 29(3): 427-442.

Smale T. 2016. Why national culture should be at the heart of innovation management[J]. Technology Innovation Management Review, 6(4): 18-25.

Sørensen F, Mattsson J. 2016. Speeding up innovation: building network structures for parallel innovation[J]. International Journal of Innovation Management, 20(2): 1-30.

Stajkovic A D, Luthans F. 1998. Self-efficacy and work-related performance: a meta-analysis[J]. Psychological Bulletin, 124(2): 240-261.

Szulanski G. 1996. Exploring internal stickiness: impediments to the transfer of best practice within the firm[J]. Strategic Management Journal, 17(S2): 27-43.

Tang H D, Wang G, Zheng J W, et al. 2020. How does the emotional intelligence of project managers affect employees' innovative behaviors and job performance? The moderating role of social network structure hole[J]. Sage Open, 10(4): 21582440209.

Tarmizi H A A, Quoquab F, Salam Z A. 2016. Why shouldn't I stay overseas? knowledge gained from Malaysian expatriates[J]. Advanced Science Letters, 22(12): 4133-4137.

Tasheva S, Hillman A. 2019. Integrating diversity at different levels: multilevel human capital, social capital, and demographic diversity and their implications for team effectiveness[J]. The Academy of Management Review, 44(4): 746-765.

Tasselli S, Kilduff M, Menges J I. 2015. The microfoundations of organizational social networks: a review and an agenda for future research[J]. Journal of Management, 41: 1361-1387.

Thao N P H, Kang S W. 2018. Servant leadership and follower creativity via competence: a moderated mediation role of perceived organisational support[J]. Journal of Pacific Rim Psychology, 12: 1-11.

Tharenou P, Caulfield N. 2010. Will I stay or will I go? Explaining repatriation by self-initiated expatriates[J]. Academy of Management Journal, 53(5): 1009-1028.

Tierney P, Farmer S M. 2002. Creative self-efficacy: its potential antecedents and relationship to creative performance[J]. Academy of Management Journal, 45(6): 1137-1148.

Tierney P, Farmer S M. 2004. The pygmalion process and employee creativity[J]. Journal of Management, 30(3): 413-432.

Tierney P, Farmer S M. 2011. Creative self-efficacy development and creative performance over time[J]. Journal of Applied Psychology, 96(2): 277-293.

Tomlinson P R. 2010. Co-operative ties and innovation: some new evidence for UK manufacturing[J]. Research Policy, 39(6): 762-775.

Tonby O, Woetzel J, Choi W, et al. 2019. The future of Asia: Asian flows and networks are defining the next phase of globalization[R]. New York: Mckinsey Global Institute.

Tortoriello M. 2015. The social underpinnings of absorptive capacity: the moderating effects of structural holes on innovation generation based on external knowledge[J]. Strategic Management Journal, 36(4): 586-597.

Tsai W. 2001. Knowledge transfer in intraorganizational networks: effects of network position and absorptive capacity on business unit innovation and performance[J]. Academy of Management Journal, 44(5): 996-1004.

Tseng C Y, Lin S C, Pai D C, et al. 2016. The relationship between innovation network and innovation capability: a social network perspective[J]. Technology Analysis & Strategic Management, 28(9): 1029-1040.

Uhl-Bien M, Marion R, McKelvey B. 2007. Complexity leadership theory: shifting leadership from the industrial age to the knowledge era[J]. The Leadership Quarterly, 18(4): 298-318.

Uzzi B. 1996. The sources and consequences of embeddedness for the economic performance of organizations: the network effect[J]. American Sociological Review, 61(4): 674-698.

Uzzi B. 1997. Social structure and competition in interfirm networks: the paradox of embeddedness[J]. Administrative Science Quarterly, 42(1): 35-67.

Uzzi B, Lancaster R. 2003. Relational embeddedness and learning: the case of bank Loan managers and their clients[J]. Management Science, 49(4): 383-399.

Venkataramani V, Dalal R S. 2007. Who helps and harms whom? Relational antecedents of interpersonal helping and harming in organizations[J]. Journal of Applied Psychology, 92(4): 952-966.

Venkataramani V, Labianca G J, Grosser T. 2013. Positive and negative workplace relationships, social satisfaction, and organizational attachment[J]. Journal of Applied Psychology, 98(6): 1028-1039.

Villanueva-Felez Á, Fernández-Zubieta A, Palomares-Montero D. 2014. Propiedades relacionales de Las redes de colaboración y generación de conocimiento científico: ¿Una cuestión de tamaño o equilibrio?[J]. Revista Española de Documentación Científica, 37(4): 1-13.

Vriens E, Buskens V, de Moor T. 2021. Networks and new mutualism: how embeddedness influences commitment and trust in small mutuals[J]. Socio-Economic Review, 19(3): 1149-1170.

Walker G, Kogut B, Shan W J. 1997. Social capital, structural holes and the formation of an industry network[J]. Organization Science, 8(2): 109-125.

Walter A, Auer M, Ritter T. 2006. The impact of network capabilities and entrepreneurial orientation on university spin-off performance[J]. Journal of Business Venturing, 21(4): 541-567.

Wang C J, Tsai H T, Tsai M T. 2014. Linking transformational leadership and employee creativity in the hospitality industry: the influences of creative role identity, creative self-efficacy, and job complexity[J]. Tourism Management, 40: 79-89.

Wang X Y, Li J M, Qi Y. 2023. Fostering knowledge creation through network capability ambidexterity with the moderation of an innovation climate[J]. Journal of Knowledge Management, 27(3): 613-631.

Wang Y G, Tian Q H, Li X, et al. 2022. Different roles, different strokes: how to leverage two types of digital platform capabilities to fuel service innovation[J]. Journal of Business Research, 144: 1121-1128.

Wang Z. 2015. The antecedents and impact of network capabilities on innovation performance[J]. Journal of Marketing Thought, 2(3): 41-51.

Wehner M C, Schwens C, Kabst R. 2015. Individual-level experience and organizational-level absorptive capacity: the special case of international new ventures[J]. Journal of Business Economics, 85(5): 545-568.

West P T. 1972. Self-actualization: resolving the individual-organization conflict[J]. The Clearing House: A Journal of Educational Strategies, Issues and Ideas, 47(4): 249-252.

Whittington K B, Owen-Smith J, Powell W W. 2009. Networks, propinquity, and innovation in knowledge-intensive industries[J]. Administrative Science Quarterly, 54(1): 90-122.

Williamson O E. 2008. Outsourcing: transaction cost economics and supply chain management[J]. Journal of Supply Chain Management, 44(2): 5-16.

Willoughby K W. 2004. The affordable resources strategy and the milieux embeddedness strategy as alternative approaches to facilitating innovation in a knowledge-intensive industry[J]. The Journal of High Technology Management Research, 15(1): 91-121.

World Economic Forum. 2024. Realizing the potential of global digital jobs[R]. World Economic Forum.

Yang H Y, Zhou D H. 2022. Perceived organizational support and creativity of science-technology talents in the digital age: the effects of affective commitment, innovative self-efficacy and digital thinking[J]. Psychology Research and Behavior Management, 15: 2421-2437.

Yaqub M Z, Srećković M, Cliquet G, et al. 2020. Network innovation versus innovation through networks[J]. Industrial Marketing Management, 90: 79-89.

Yi L F, Wang Y, Upadhaya B, et al. 2021. Knowledge spillover, knowledge management capabilities, and innovation among returnee entrepreneurial firms in emerging markets: does entrepreneurial ecosystem matter?[J]. Journal of Business Research, 130: 283-294.

Yin M, Jiang S Y, Niu X Y. 2024. Can AI really help? The double-edged sword effect of AI assistant on employees' innovation behavior[J]. Computers in Human Behavior, 150: 107987.

Zahra S A, George G. 2002. Absorptive capacity: a review, reconceptualization, and extension[J]. The Academy of Management Review, 27(2): 185-203.

Zeng J J, Liu D J, Yi H T. 2019. Agglomeration, structural embeddedness, and enterprises' innovation performance: an empirical study of Wuhan biopharmaceutical industrial cluster network[J]. Sustainability, 11(14): 3922.

Zhao H, Seibert S E, Lumpkin G T. 2010. The relationship of personality to entrepreneurial intentions and performance: a meta-analytic review[J]. Journal of Management, 36(2): 381-404.

Zukin S, DiMaggio P J. 1990. Structures of Capital: The social Organization of the Economy[M]. Cambridge: Cambridge University Press.